북방정책과
한국정치의 정책결정

A NORTHWARD POLICY

북방정책과
한국정치의 정책결정

|임춘건 지음|

한국학술정보㈜

이 책은 필자의 박사학위 논문인 「한국의 북방정책 선택과 추진과정에 관한 연구」를 수정·보완하여 발간한 것이다.

필자는 20여 년 전 풋내기 정치학도로서 한국의 북방외교정책이 선택되고 추진되는 현장을 가까운 거리에서 볼 수 있는 기회를 가졌다. 그때부터 필자는 한국의 북방외교정책이 왜, 누구에 의해, 어떻게 선택되고 추진되었는지, 정책엘리트와 정책환경은 어떻게 상호작용을 하는 것인지, 정책과정과 정책엘리트는 어떠한 관계인지, 그렇게 선택되고 추진되는 국가정책은 어떠한 정책적 의미와 정치적 성격을 갖는지 깊이 고민해 왔다.

한국의 북방정책은 정책결정자의 정치적 동기와 정책능력에 대한 확신에 의해 선택되었다. 그것은 국제정치적 목적을 위한 자원추출 전략과 이익배분 전략 그리고 국제적 비준을 통해서 국내의 정통성 및 국민의 지지를 확보하기 위한 국내정치적 목적의 전략이었다. 다시 말해 대외정책과 통일정책을 연계시키는 개념적 발전을 통해서 집행의 성과를 극대화시킨 상징화된 국가정책이었던 것이다.

이러한 한국의 북방정책은 세계 속에서 민족적 가치추구와 국가로서 한국의 위상을 높이는데 기여했으며 오늘날의 남북관계의 진전과 통일여건의 조성이라는 성과를 이룩해 낸 출발점이었다고 해도 과언이 아닐 것이다이 책을 통해 한국의 주요 국가정책의 정책결정과 그 속에 내포되어 있는 많은 의미들에 대해 후학 제현들의 깊이 있는 관심과 연구 분위기가 확산될 수 있다면 필자는 그것으로 고마울 따름이다.

이 글이 책이 되어 세상에 나오기까지 많은 도움을 받았다.

힘든 삶 속에서도 항상 인내와 사랑으로 함께 해 준 아내 행숙과 정희, 진성, 정민의 대견스런 사랑이 있었기에 가능한 일이었다. 사회적으로 논문 지도교수이신 경희대 정치학과의 신정현 교수님을 잊을 수 없다. 신정현 교수님의 따뜻한 지도와 냉엄한 충고가 없었다면 학문적으로 비천한 나로서는 결코 이 논문을 완성하지 못했을 것이다. 오로지 감사드릴 따름이다. 또한 이 자리를 빌어 최근 건강이 좋지 않은 교수님의 빠른 쾌유를 빌어마지 않는다.

끝으로 이 글과 인연을 맺고 흔쾌히 세상에 빛을 보게 해준 한국학술정보(주)의 채종준 사장님과 바쁜 와중에도 출간을 위해 애써 주신 임은정님 그리고 출판팀 관계자 여러분에게 고마움을 전하고자 한다.

2008년 1월
여의도에서 저자....

차 례

제 1 장

서 론

제1절 문제제기

1988년 2월 노태우(盧泰愚) 대통령은 제13대 대통령 취임사에서 북방외교를 활발히 전개할 것을 밝혔다.[1] 이념과 체제가 다른 국가들과의 관계개선을 통해 동아시아의 안정과 평화, 공동의 번영을 이룩하고, 통일로 가는 길을 열기 위하여 북방정책을 추진해 나가겠다는 정책의지를 천명한 것이다. 그리고 1992년 11월에 마지막 '북방정책 보고회의'에서 노태우 대통령은 북방정책의 성과를 첫째, 우리는 능동적, 창조적 외교로 전방위 외교 시대를 개화시켰으며, 둘째, 북방대륙의 무한한 시장이 열리게 되었으며, 셋째, 북방정책은 국가안보에 크게 기여했으며, 넷째, 가장 중요한 성과는 통일의 큰 길이 열린 점이라고 지적하고 있다.[2]

한국의 북방정책은 '냉전의 고도'[3]에서 벗어나기 위하여 1988년 2월 제6공화국 정부가 들어서면서 본격적으로 추진되었다. 그러나 이미 1960년대 말부터 한국은 사회주의 국가들과의 직·간접적인 접촉을 시작하였으며, 1973년 '평화통일 외교정책에 관한 특별성명'(6·23선언)을 통해서 사회주의 국가들과의 우호적인 외교관계를 형성하고자 하는 문호개방원칙을 대외적으로 공식 천명함으로써 한국의 주요한 국가정책으로 설정되었다. 제5공화국의 전두환(全斗煥) 정권에서도 86 아세안게임과 88서울올림픽 유치를 계기로 스포츠 외교를 더욱 활발

---

1) 대통령 공보비서실, 『민주·번영·통일의 큰 길을 열며』(서울: 동화출판사, 1993), 133-4쪽.
2) 공보처, 『제6공화국 실록—노태우 대통령 정부 5년』 제5권, 1992년, 427-429쪽.
3) James A. Baker Ⅲ, "America in Asia: Emerging Architecture for the Pacific Community", Foreign Affairs, Vol.7. No.5. (Winter, 1991), p.12.

히 전개하였다. 이러한 과거의 노력들은 제6공화국의 북방정책을 추진하는 데 기초가 되었으며, 제6공화국의 임기 말에 이르러 사회주의 국가와의 국교수립이 완료되고, 남북한 관계가 급격히 진전됨으로써 북방정책의 목적을 달성하고 있었다.

적대적 의존관계에 있던 남북한 관계를 비롯하여 진영외교에 의하여 접촉 및 교류가 금기되었던 사회주의 국가들과 교류·협력을 증진시키고 국교를 수립하겠다는 정부의 의지는 국민들에게 뜻밖의 발표였고, 정책의 획기적인 전환을 의미하는 것이다. 그리고 약소국가들은 국제환경의 변화나 강대국의 대외정책에 의하여 많은 영향을 받기 때문에 비동맹외교나 진영외교를 통해 자국의 이익을 확보하려는 노력을 전개하지만, 이를 넘어서는 독자적인 대외정책을 전개하는 데 한계가 지적되고 있는 상황에서 한국은 기존의 진영외교를 극복하는 독자적인 북방정책을 추진했던 것이다. 또한 제4공화국 이후 냉전과 탈냉전의 세계체제를 비롯하여 남북한의 이념대결과 적대적 갈등 그리고 협상과 화해가 순환적으로 전개되고 있는 상황에서도[4] 한국의 북방정책은 30여년을 지속적으로 유지·발전되어 왔다.

이러한 관점에서 북방정책에 관한 본 연구는 첫째, 국가 주요 정책의 선택이 미치는 국내 정치적 의미, 둘째, 독립된 주권 국가로서의 한국의 전략적 선택 그리고 셋째, 특정시점에서 다시 선택되고 다시 추진되는 단절성과 정책기조로 유지되어 온 연속성이라는 양면성을 가진 중장기 대외정책의 역사적 전개에 대한 연구라는 의미를 기초로 하고자 한다.

그리고 한국의 북방정책에 대한 본 연구는 다음과 같은 문제의식을

---

4) 한배호, "남북한 정치사회구조와 남북한 관계", 『통일연구논총』 창간호, (1992), 120-1쪽.

바탕으로 진행하고자 한다. 첫째, 누가 북방정책을 선택하였는가 하는 것이다. 정책의 선택은 정책환경으로서의 구조(structure)에 의한 것인가, 아니면 정책주체로서의 행위자(actor)에 의한 것인가의 문제이다. 진영외교가 냉전과 한국전쟁의 산물이라면, 6·23선언이나 제6공화국의 북방정책은 탈냉전의 산물인가, 아니면 정책결정자가 주도적으로 선택한 것인가를 밝히고자 하는 문제의식이다.

둘째, 북방정책이 왜 특정 시기에 선택되었으며, 그 성과를 발휘할 수 있었는가 하는 것이다. 특정정책이 선택되어 목적이 달성되는 것은 탈냉전이나 사회주의 동맹의 붕괴와 같은 정책환경이 변화가 이루어져 북방정책이 추진되었는가 혹은 정책주체가 정치적 거래나 협상수단을 동원하는 정책능력이 북방정책의 선택과 추진성과를 결정했던 것인가의 문제이다. 그리고 정책주체와 정책대상과의 상호 작용에 의한 산출인가, 일방적인 조작적 산물인가, 아니면 다자적 관계의 산물인가의 문제이다.

셋째, 공공의 이익이라는 북방정책의 목적이 가지는 정치적 의미는 무엇인가 하는 것이다. 북방정책의 성과가 민족이익을 구현하는 것인가, 혹은 분단에 근거하는 국가이익을 구현하는 것인가? 그리고 정책엘리트의 정치적 동기가 정책과정과의 상호 관계에서 구체적으로 어떻게 구현되었는가 하는 것을 분석함으로써 북방정책의 성격을 규명하고자 하는 것이다.

넷째, 북방정책의 정책환경을 구성하는 요소들이 정책목적 달성을 위해 어떠한 우선순위를 설정하고, 정책의 추진과정에서 어떻게 환경의 변화가 이루어졌는가 하는 것이다. 북방정책은 '국내·국제' 혹은 '안과 밖'의 양면적 환경요소, 남북한 분단의 특수한 환경에 의하여 결합된 복합적인 정책환경을 가지고 있다. 이러한 정책환경은 환경요소들 간의 상호 작용을 통해서 어떠한 새로운 정책환경을 구성하였으며, 어떤 요소들이 정책환경의 재구성이나 정책의 변화에 근본적인 영향을 미쳤는가에 대한 문제이다.

다섯째, 북방정책과 통일정책 사이의 논리적 모순과 갈등을 어떻게 해석할 것인가의 문제이다. 북방정책은 대외정책의 성격과 우회전략으로 표현되어 추진된 통일정책으로 평가할 수 있다. 그러나 북방정책은 교차승인과 한반도 문제의 국제화를 통해서 북한을 고립화시키고, 분단을 고착화시켰다는 비판과 우회전략을 통해 한반도 문제를 '한국화'했다는 평가를 받고 있다. 북방정책의 목적과 추진 성과의 괴리와 모순을 밝혀, 북방정책이 가지고 있는 민족적 이익과 국가적 이익의 갈등을 어떻게 조화시켜 왔으며, 이에 대한 평가를 통해서 북방정책의 성격을 밝힐 수 있다는 문제의식이다.

이러한 문제의식은 한국의 대외정책으로서 북방정책이 가지는 성격을 규명하며, 북방정책의 정책분석틀을 설정함으로써 정책분석의 유용성을 높이는 연구의 효과를 가져올 수 있을 것이다. 이를 위하여 본 연구는 다음과 같은 목적으로 분석하고자 한다. 첫째, 북방정책이 어떻게 개념적으로 규정되었으며, 둘째, 정책환경이 정책엘리트와 어떻게 관계를 설정하고 있었는지, 셋째, 북방정책이 어떠한 요인에 의하여 선택되어 추진되었으며, 어떠한 정책과정을 밟게 되었는지를 밝히고, 넷째, 북방정책의 실천전략과 정책수단, 전략 등이 어떻게 선택되어 추진되었는지를 밝히며, 다섯째, 북방정책이 가지고 있는 의미와 성격을 살펴보고자 하는 것이다.

제2절 연구 범위와 내용

북방정책은 제4공화국의 6·23선언을 통해서 국가의 정책으로 공식
화되었다. 그러나 본 연구는 제6공화국의 이전을 북방정책의 태동기로
하고, 제6공화국 이후를 발전기로 구분하고, 제6공화국의 노태우 정권
의 북방정책을 중심으로 연구의 범위를 정하면서도 북방정책이 연속
적으로 변화와 선택, 발전의 과정을 거쳐 왔다는 측면에서 제6공화국
이전의 북방정책에 대해서도 개괄적인 검토를 하고자 한다.

이러한 구분은 첫째, 국가의 정책으로서 내용의 구체성 측면에서
제4공화국이나 제5공화국까지는 국가의 주요한 정책으로서 구체화된
정책목표와 실천전략들이 마련되지 못했기 때문이다. 둘째, 국가의 정
책으로서 체계성의 측면에서, 제6공화국에 들어서야 북방정책이 개념
화, 수단 및 실천전략이 체계적으로 설계되었으며, 남북한 관계와 사
회주의 국가와의 관계를 연계하는 전략이 마련되는 등 이전의 북방정
책과는 확연한 차이가 있기 때문이다.

또한 본 연구는 정책분석을 위한 대상의 범위는 1차로 모든 사회주
의 국가를 대상으로 하지만, 제6공화국에서 주요 국가별로 단계를 설
정하였던 분류를 따라 동구권 사회주의 국가, 소련, 중국을 중심으로
살펴보고, 2차로 정책환경을 구성하는 세계체제, 지역체제 그리고 양
자체제의 쌍무적 관계인 미국, 일본 등의 서방 동맹국가를 포함하여
분석하고자 한다. 그리고 3차로 분단환경에 의한 한국의 특수성과 북
방정책의 개념 규정에 따라서 북한을 주요한 정책대상으로 분석하고
자 한다.

정책 내용의 범위에 있어서도, 정치·군사·외교적인 측면에서의

일반적인 대외정책 분석보다는 모든 영역을 포괄하는 국가의 주요한 정책이며, 비정치적 관계를 우선하는 기능주의적 대외정책이라는 측면에서 정치, 경제, 사회문화 등의 모든 영역을 포함하고자 한다. 정책 참여자의 범위에 의해서 국가행위로서 표현되는 정책엘리트의 활동을 포함하여 민간의 모든 정책참여 활동도 정책분석의 내용을 대상으로 하고자 한다.

이러한 연구 범위에 따라서 분석을 위한 자료의 활용은 우선 청와대, 외무부나 안기부, 경제부처 등의 북방정책 관련 정책 참여기구들의 발간자료 및 회의록, 정책 담당자들의 연설문 및 관련 실무자료들을 중심으로 살펴보고자 한다. 그리고 당시 정책 관련자들의 인터뷰 자료, 회고록, 증언자료 등을 살펴보며, 마지막으로 관련기관이나 연구기관 등의 각종 분석자료를 비롯하여 통계자료, 신문 및 연감 등의 1차 자료를 본 연구에 활용하고자 한다.

북방정책의 연구를 위하여 본 연구는 다음과 같이 논의를 전개하고자 한다. 첫째, 북방정책의 개념을 명확히 하고, 기존의 연구 동향을 살펴보고자 한다. 그리고 기존연구에 대한 검토를 통해서 지적된 문제점을 연구의 발전적 토대로 삼아서, 정책의 선택과 추진에 관한 분석틀을 모색하고자 하는 것이다. 분석틀은 첫째, 정책이 왜 선택되는지, 어떠한 요인에 의하여 선택되는지를 정책능력과 정치적 동기의 개념을 도입하여 검토해 보고자 한다. 그리고 정책환경을 유형화하여 어떠한 요소들로 구성되어 있는지 살펴보고, 정책환경이 정책엘리트와 어떠한 상호 작용을 하는지 살펴보고자 한다. 또한 정책과정을 분석함으로써 정책구조와의 관계를 명확히 하여, 정책의 의미를 규명하는 분석틀로서 설정하고자 한다.

둘째, 북방정책연구를 위한 분석틀을 적용하여 제6공화국 이전에 사회주의 국가에 대한 정책의 선택과 추진과정을 살펴보고자 한다. 여기서는 제3공화국까지의 할슈타인 독트린(Hallstein Doctrine)과 반공정책, 제4공화국의 6·23선언과 문화개방정책 그리고 외교다변화전략, 제5공화국의 문호개방원칙과 스포츠외교를 중심으로 정책의 선택과 추진을 구체적으로 살펴보고자 한다.

셋째, 제6공화국의 북방정책의 선택을 중심으로 살펴보고자 한다. 노태우 정권에서 어떠한 정책결정조직과 절차를 거쳐서 국가의 주요 정책으로 선택되었으며, 정책엘리트의 역할과 정책결정자의 선택과 정책추진의 요인들을 살펴보고, 북방정책의 추진을 위한 정책기구의 형성과 그 의미에 대해서 살펴보고자 한다.

넷째, 북방정책 추진과정과 성과에 대해 살펴보고자 한다. 제6공화국이 동구, 소련, 중국 등의 사회주의 국가들과의 관계를 개선하고 수교가 이루어지는 과정과 의미를 살펴보고, 아울러 우회전략을 통해서 남북한의 관계가 변화되는 과정과 의미를 살펴보고자 한다. 그리고 이를 통해서 북방정책의 추진전략과 정책수단, 정책성과에 대해서 평가하며, 북방정책이 가지는 국가의 주요 정책으로서의 의미를 살펴보고자 한다.

제 2 장

북방정책 연구를 위한 분석틀

제1절 북방정책의 개념 설정

북방이란 한 국가를 기준으로 북쪽에 위치하고 있다는 지리적 개념[1]으로 북방정책은 특정 국가의 북쪽에 위치한 국가를 상대로 한 대외정책을 의미한다.[2] 따라서 북방정책은 남방정책에 상응하는 개념이며, 서독의 브란트(Willy Brandt) 정부의 동방정책(Ostpolitik)[3]과 유사한 개념이라 할 수 있다. 지리적 개념에서 출발하는 북방정책은 문호개방원칙, 북방외교, 대공산권정책, 북방외교정책, 북방3각관계, 북방정책 등의 형식으로 시기적으로 다양하게 적용되어 왔다. 6·23선언이 발표되는 탈냉전기에는 대공산권정책이나 문호개방원칙으로 사용되었고, 1970년대 후반의 냉전 강화시기에는 북방외교라는 명칭으로도 사용되었다. 1980년대 초반에는 냉전이 강화되면서 남-북방 삼각관계에 대한 논의가 중심이 되었으며, 북방외교 혹은 북방정책이라는 용어는 1980년대 중반 이후 탈냉전기와 제6공화국의 성립 이후에 본격적으로 사용되었다.

---

1) 이희승, 『국어대사전』(서울: 민중서림, 1981), 1308쪽.
2) 대외정책의 개념에 대해서는 Klaus Knorr, *The Power of Nations* (New York: Basics Books, Inc. 1975), pp.27-29; James N. Rosenau (ed.), *The Analysis of International Politics*(New York: The Free Press, 1972), p.71; William Wallace, *Foreign Policy and the Political Process* (London: Macmillan, 1971), p.11; Bruce Russett and Harvy Star, *World Political Process* (London: Macmillan, 1971), p.11. 참조.
3) 1951-58년까지 아데나워의 동방정책은 할슈타인 독트린에 근거하고 있었다. 그러나 브란트 정부는 동독 및 소련, 동구권 국가에 대한 관계개선 정책으로 동방정책을 추진했으며, 1973년부터 동독은 지리적 반대 개념으로 서방정책(Westpolitik)을 추진했다. 김학성, "독일의 외교정책", 구분학(외), 『세계외교정책론』(서울: 을유문화사, 1995), 525-40쪽.

　북방정책 개념의 다양성은 국제관계의 변화나 정책 내용, 정책대상
의 변화를 반영하는 것으로서 논자의 관점이나 접근방법, 정부의 입장
에 따라 다양하게 사용되었으며, 정부나 학계에서도 통일적인 개념으
로 정립시키지 못하고 있다.[4] 이로 인하여 학문적 차원에서는 가치중
립적이고 이론적인 분석을 어렵게 하는 원인이 되었으며, 정책 실무
차원에서는 정책목적을 설정하고 추진방법이나 전략을 모색하는 데
있어서 불필요한 혼란이나 논쟁의 원인이 되었다.

　북방정책이라는 용어는 1971년 미 국무성의 한국과장인 아브라모비
츠(Morton Abramowitz)가 자신의 논문에서 북방정책(Northern
Policy)이라는 용어를 사용한 것이 처음이다.[5] 이러한 북방정책이라는
용어는 지속적으로 사용되지 않았지만, 개념적 의미는 6·23선언에서
정부의 대공산권 문호개방원칙으로 천명되었다.[6] 그 후 북방정책이란

---

4) 북방정책 개념 정립에 관한 연구들은 홍순호, "'북방'의 개념에 대한 제
　관점: 한국 북방정책의 국제관계사적 연구를 위한 방법론적 시론", 이화
　여대 법정대학, 『사회과학논총』 제9집, (1989. 12); 김달중, "북방정책의
　개념, 목표 및 배경", 『국제정치논총』 제29집 제2호, (1989), 41-43쪽; 김
　명기, 『북방정책과 국제법』(서울: 국제문제연구소, 1989), 16-22쪽; 최영,
　"한국의 북방정책과 서독의 동방정책", 『현대공론』 제1권 제9호, (1989.
　1), 130-135쪽; 김국진, 『아국의 북방정책 전개방향』 외교안보연구원 정
　책연구 88-20, (1988. 12), 14-29쪽 등이 있다.
5) 아브라모비츠는 자신의 글에서 "국제정세가 긴장완화의 흐름에 있기 때문
　에 한국도 북한의 존재를 인정하는 것과 동시에 중국, 소련 등의 공산권
　국가들과의 외교적인 접촉을 하는 북방정책을 채용해야 한다"고 주장하였
　다. Mortn Adramowitz, "Moving the Clacier: Two Koreas and the
　Powers", *Adelphi Papers*, No.80, (London: The International Institute
　for Strategic Studies, 1971), p.10.
6) 1970년대 초반의 북방정책에 관한 연구는 최영, "6·23선언에 대한 중소의
　반응과 북방정책의 개념에 대하여", 『정경연구』 제102호, (1973. 7), 85-87
　쪽; 이철, "소련의 대한국 접근정책과 대소외교의 문제점", 『국토통일』
　(1974. 1), 26-31쪽; 이기택, "한국의 대중소외교의 가능성", 『북한』(1974.

용어가 정부 차원에서 공식적으로 처음 사용된 것은 1983년 6월 29일 이범석(李範錫), 외무부장관이 국방대학원에서 '선진조국의 창조를 위한 외교과제'라는 주제로 한 특강에서 비롯되었으나, 구체적인 개념을 정의하지 않고 있으며, 단지 중국과 소련이라는 사회주의 국가와의 관계개선을 역설한 것이다.7)

그리고 1988년 2월 노태우 대통령은 취임사에서 북방외교(Northern Diplomacy)를 정책결정자로서는 최초로 언급하였으나, 북방정책의 명확한 개념 규정을 하지 않고 있었다.8) 그리고 1988년 4월 4일에 북방정책의 추진에 따른 관련부처 실무자회의9)나 1988년 4월 29일 이홍구(李洪九) 통일원 장관의 전경련 월례조찬 특강10)에서도 마찬가지로 북방정책의 대상이나 목적, 실천전략 등을 구체적으로 규정하지 않고 있다.

이러한 입장에서 북방정책의 개념을 보다 구체적으로 논한다면, 첫째 '북방'이라는 지역은 지정학적인 대상범위에 따라 분류될 수 있다. 즉 한반도와 인접한 소련 및 중국에 한정하는 시각,11) 이에 북한을 추가하여 동북아를 중심으로 보려는 시각,12) 또 중국, 소련, 동구국가

2), 58-70쪽 등이 있다.
7) 이범석,『선진조국 창조를 위한 외교과제』(서울: 국방대학원, 1983), 52-58쪽.
8) 대통령공보비서실, (1993), 133-5쪽.
9) 외무부,『북방정책회의 자료(안)』(1988. 3. 4): 국가안전기획부,『아국의 북방정책 발전 방향』(1988. 3), 참조.
10) 이홍구,『한국의 통일정책과 북방외교』전경련 월례조찬특강, (1988. 4. 29.).
11) 북방정책을 중-소와의 관계개선을 통해 분단 상황을 개선하고자 하는 정책으로 이해하는 입장은 이범석, (1983. 6. 29), 52-53쪽; 강석승, "한국북방외교의 추진현황과 과제",『안전보장』(1988. 8), 31쪽; 엄재호, "한국의 북방외교", 경북대 평화문제연구소,『평화연구』제10집 제1호, (1985. 7), 250쪽.

로 한정하려는 시각[13)과 동구뿐만 아니라 베트남 및 쿠바 등 모든 사
회주의 국가를 포괄하는 광의의 시각,[14) 북한을 제외한 사회주의 국
가로 보려는 시각들이 산재되어 있다.[15) 북방정책에 대한 개념의 미

---

12) 소련·중국·북한과 개별적 혹은 2-3개국과 동시에 관계개선을 추구하는
    외교정책과 외교행위로 보는 입장은 김유남, "한국외교의 현안문제와 전망",
    『국회보』(1983.1), 70쪽; 외교안보연구원, 『북방외교』, 정책자료 83-07,
    (1983. 11), 4쪽.
13) 지리적으로 한국의 북쪽에 있는 소련, 중국, 동구권 국가들과 북한을 대상
    으로 하는 정책으로 이해하는 연구로 박홍규, "북방정책과 한국의 대미-
    일관계", 『국제정치논총』 제29집 제2호, (1989), 106쪽; 이경숙, "북방정
    책과 통일정책", 숙명여대, 『통일논총』 제8권 (1991. 12), 16쪽; 유석렬,
    "북방정책과 통일환경 개선", 『외교』 제20호, (1991. 12), 16쪽; 김대환,
    "북방정책 추진에 따른 북한의 대응전략 방향", 국제문제조사연구소 『정
    책연구』 제98호, (1990), 28쪽; 이상우, 『한국의 북방정책』 평양고보동문
    회-이북5도민회-조선일보, "북방정책과 통일문제 토론회" 발표논문,
    (1989. 3), 25쪽; Park, Sang-Seek, "Northern Diplomacy and Inter-
    Korea Relations", Korea and World Affairs, Vol.12, No.4, (Winter 1988),
    p.750.
14) 북한, 중국, 소련, 동구제국은 물론 베트남 등 모든 사회주의 국가를 포함
    하는 입장에서 최광의의 연구로서 김달중, "북방정책의 개념, 목표 및 배
    경"(1989), 42쪽; 허만 "북방정책과 평화통일: 2000년대의 외교", 『외교』
    제12집, (1989. 12), 89쪽; 이석호, "한국의 북방정책: 현황과 전망", 『외
    교』 제9호, (1989. 3), 7쪽; 김명기, (1989), 19쪽; 나창주, 『한국의 북방정
    책의 과제와 전망』, "북방정책연구소 주최 한국 북방정책 및 통일정책관
    련 세미나" 발표문, (1988. 12), 2쪽; 박영호, "북방정책과 북한의 대외관
    계: 대소련·중국관계를 중심으로", 『국제정치논총』 제29집 제2호,
    (1989), 118쪽; 김태구, "북방정책 추진에 따른 북한의 대응전략 방향", 『정
    책연구』 제98집(1990), 28쪽; 전정환, "한국의 대공산권 외교에 관한 북한
    의 대응태도 및 전략", 단국대 미소연구소 『미소연구』 제2집 (1988), 165
    쪽; 전락희, "북방정책의 추진과 남북한 관계의 개선", 국가안전보장회의,
    『국가안전보장논총』 제16집 (1989), 285쪽; Choung-Il Chee, "South
    Korea's Foreign Ploicy in Transition", Korea and World Affairs, Vol.12,
    No.4, (1988), p.750. 등이다.
15) 대북정책과 대공산권 정책을 구분해야 한다는 입장은 안병준, "북방외교

정립에도 불구하고, 노태우 정권의 북방정책은 소련, 중국, 동유럽 등
의 모든 사회주의 국가를 포함하는 정책으로 추진되었으며, 남북한 관
계개선과 통일 한국의 건설을 북방정책의 최종 목적지로 하고 있었
다.[16]

둘째, 정책의 내용을 중심으로 북방정책의 개념을 살펴보면, 국교수
립 등의 정치적 관계에 관한 외교정책과 경제적 교류협력에 관한 통
상정책, 국가 안전과 평화에 관한 안보정책, 통일 여건의 조성에 관한
통일정책, 문화·체육 등의 사회문화정책 등으로 세분화할 수 있다.
그리고 북방정책을 세분화된 정책 내용에 따른 정책담당기구로서 외
무부의 외교행위로 보려는 시각, 외무부는 물론 청와대, 안기부, 통일
원, 국방부, 경제기획원, 상공부, 체육부 등이 관련되어 있는 종합적
대외정책으로 보는 시각, 대외정책을 국내문제와 연계시켜 보려는 시
각이 있다.[17]

의 과제와 전망", 『외교』 제6호, (1988. 7), 18쪽: 김국진, (1988. 12), 18
쪽: 김세균, "북방정책과 통일정책", 『국제정치논총』 제29집 제2호,
(1989), 143쪽: 서병철, "북방정책과 한국·동유럽 관계", 『국제정치논총』
제30집 제1호, (1990), 99쪽: 베트남이나 쿠바를 제외하는 사회주의 국가
만을 대상으로 하는 입장은 양영식, 『북방외교를 위한 초당적 협력 방안
연구』, 정무장관 (1)실 정책자료 89-16, (1989. 9) 등이 있다.
16) 대통령 공보비서실, 『민주·번영·통일의 큰 길을 열며』(서울: 동화출판
사, 1993), 133쪽: 일반 국민들도 북방정책의 대상 범위를 동구권(3.9%),
소련-중국(4.2%), 소련-중국-북한(27.19%), 소련-중국-북한-동구권
(36.2%), 모든 사회주의 국가(28.5%)의 순으로 이해하고 있다. 박인희, 엄재
호, 강지한, "북방정책에 관한 국민의식조사", 경북대 평화문제연구소, 『평
화연구』 제15집, (1992. 12), 65-163쪽. 참조.
17) 북방정책을 북방외교라는 관점에서 제한적으로 보는 연구는 외무부, 『한국
의 북방외교』 집무자료 90-113, (1990. 8): 김국진, (1988): 정책기구가 유
기적이고 체계적으로 관련되어 있는 종합적인 대외정책으로 보려는 연구들
은 최종기, "한국의 북방정책과 관료의 역할", 서울대, 『행정논총』 제28권
제1호, (1990. 6), 133-143쪽: 김명기, (1989), 19-21쪽: 국내 정치, 경제,

셋째, 북방정책의 개념은 이념적 측면에서 마르크스-레닌주의에
기초한 사회주의 국가들에 대한 한국의 대외정책이라는 성격을 가지
고 있다. 북방정책은 이념적으로 사회주의를 표방하는 북한이나 소련,
중국, 동구권의 국가들과의 관계를 개선하고자 하는 개념적 영역을 설
정하는 것이다. 이는 이념을 넘어서는 대외정책의 의미를 가지며, 적
대의식과 이념적 이질성을 넘어서 민족공동체로서 동질성을 회복하여
남북한이 통일에 이른다는 정치적 목적을 동시에 가지고 있다.

이러한 개념적인 분류를 바탕으로 본 연구에서는 북방정책의 개념과
개념이 가지는 의미를 살펴보면, 첫째로 북방정책은 지리정치학적 측
면에서 한반도의 북쪽에 위치한 국가들인 미개척지인 소련, 중국, 동구
제국 그리고 북한을 대상으로 하는 대륙정책이며 사회주의 국가에 대
한 외교다변화 전략이다. 둘째로 북방정책은 접촉과 교류가 전혀 없던
공산국가들과 상호 이해를 증진하고, 양국의 국익도모를 위한 협력관
계를 형성하기 위해 모든 영역을 망라하는 종합 대책의 성격을 가지고
있다. 셋째로 북방정책은 이념적으로 북한을 포함하여 사회주의 국가
들을 대상으로 하면서도, 기존의 자본주의 동맹국가들과의 관계를 다
시 설정한다는 현상타파 정책, 진영침투 외교의 의미를 가지고 있다.
넷째로 북방정책은 사회주의 국가를 대상으로 하는 대외정책이며, 궁
극적으로 북한을 대상으로 남북통일을 목표로 하는 통일정책이다. 이
러한 이중적, 인과적인 정책목표의 설정은 정책엘리트의 국내정치적
목적과 대외정책의 목적을 동시에 구현하고자 하는 정치적 동기를 가

사회적 합의과정이나 정당 및 의회의 역할, 정권 유지를 위한 정치적 목적
등을 중심으로 연구한 것은 양영식, (1989); 김달중, "북방정책의 개념, 목
표 및 배경"(1989), 48-49쪽; 홍득표, "북방정책과 연계이론",『민족지성』
통권 제38호, (1989. 4), 203-212쪽; 나필렵, "북방정책의 근본문제점",『민
족지성』통권 제38호, (1989. 4), 213-219쪽.

진 정책이라는 입장에서 북방정책을 분석하고자 한다.

제2절 북방정책에 대한 기존연구

한국의 대외정책에 관한 연구와 마찬가지로[18] 북방정책에 대한 기존의 연구도 시론의 범주를 벗어나지 못하고 있다. 북방정책이 한국의 특정한 정책이며, 최근에 가시화되고 있는 현실의 문제이기 때문에 시의성을 띤 서술 형식이나 대안체계를 마련하는 입장에서 분석되고 있다. 그리고 정기간행물이나 정부홍보물 등을 통해서 평면적, 부분적, 피상적, 부수적으로 연구되고 있는 것이 일반적 특징이다.

이러한 북방정책에 관한 기존연구는 북방국가들과의 관계진전이나 연구 필요성에 따라 연구의 초점과 범위, 강조점을 달리하고 있다. 1960년대까지는 북방정책에 대한 연구가 주로 마르크스-레닌주의 등 사회주의 이념에 관한 연구나 북한의 대남전략에 관한 연구가 주류를 형성했으며, 1970년대 북방정책 관련 연구들은 국제정세의 변화에 맞추어 주변 4대강국 간의 관계변화 및 한반도의 영향, 중-소 관계 등에 관한 연구, 남북한의 관계와 대외정책, 통일정책에 대한 평가 등의 안보, 이념에 초점을 맞춘 국제관계론적 입장에서 연구가 이루어졌다.[19] 1980년대에 들어 중국과 소련을 비롯한 사회주의 국가에 대한

---

18) 한국의 대외정책 연구의 문제점으로 연구자료에의 접근의 어려움과 그에 따른 자료의 빈곤성, 전문적 연구인력의 부족, 분석적 연구보다 처방적 연구의 강조, 공동연구 및 학문 간(interdisciplinary) 연구의 부재 등을 들고 있다. 김현, 『한국 정치학에 있어서 외교정책 분석론의 연구 현황과 문제점』 "96년 한국정치학회 연례학술 대회: 한국 정치학의 성찰과 전망" 발표논문, (1996. 12), 20쪽.

관심과 연구가 양적 증가와 다양성이 확보되기 시작하였다. 연구 내용
은 역사적이고 비교적인 북방정책 연구가 이루어졌으며, 사회주의 국
가와의 효과적인 접촉 및 교류 방법에 대한 논의가 주요 흐름을 이루
고 있다.[20] 그러나 중국과 소련 등에 대한 연구들이 양적인 성장을
이루고 있었지만, 정치 · 외교 분야에 대한 연구의 편중성, 연구대상으

---

19) 1970년대 북방정책에 대한 주요한 연구들은 오기평, "한국외교정책, 금후의
   방향", 『정경연구』 제10권, (1973. 7), 68 – 77쪽: 최영, "6 · 23선언에 대한
   중 – 소의 반응과 북방정책의 개념에 대하여"(1973. 7), 78 – 87쪽: 김순규,
   "6 · 23선언과 안보개념의 위치", 『정경연구』 제10권, (1973. 7), 88 – 97쪽:
   이상우, "다극체제하의 남북한 관계: 국제관계 국면에서의 주요 가설들에
   대한 검토", 『정경연구』 제10권, (1973. 7), 108 – 116쪽: 최종기, "국제무대
   에서의 남북한각축의 전망과 한국 대외정책의 발전", 『정경연구』 제10권,
   (1973. 7), 117 – 127쪽: 민병천, "한국외교에 대한 국제적 도전: 중립성의
   세계화 과정 속에서 우리의 지향을 제약하는 것", 『정경연구』 제9권
   (1972), 20 – 25쪽: 우재승, "한국외교정책 · 현상타파를 위한 조준: 통일 ·
   안보 · 번영＝외교기준 3원칙의 이념적 재정립", 『정경연구』 제9권, (1972),
   26 – 33쪽: 안병영, "북한의 외교행태와 그 대응: 현재의 갈등외교는 지속
   되어야 하는가", 『정경연구』 제9권, (1972), 34 – 43쪽: 김달중, "공존효과의
   발생과 평화공존, 한국외교의 갈등외교의 적용과정에서 제기되는 한 개념
   의 위치", 『정경연구』 제9집, (1972), 52 – 59쪽: 이명식, "대중공 · 대소련
   접근 방식에 대한 가설 검토: 적응의 이론을 당위의 체결로 하여", 『정경연
   구』 제9권, (1972), 85 – 93쪽: 김덕, "남북한 관계의 특징과 체제경쟁", 『국
   제문제』 제7권 12호, (1976), 27 – 31쪽: 홍순호, "도전과 대응 속 한국외교
   의 평가", 『국제문제 제7권 제12호, (1976), 18 – 26쪽: 유석렬, 『6 · 23선언
   의 발전적 정책연구』 외교안보연구원 정책논문, 77 – 01. 참조.
20) 이호재, 『북방외교의 길』(서울: 흥사단출판부, 1984): 정종욱, "한국외교
   정책의 변천과 공산권외교의 등장", 단국대 미소연구소, 『미소연구』 제2
   집, (1988), 145 – 163쪽: 김정환, "한국의 대공산권 외교에 대한 북한의
   대응태도 및 전략", 단국대 미소연구소, 『미소연구』 제2집, (1988), 165 –
   191쪽: 정용길, "서독의 동방정책과 한국의 북방정책", 한국국제정치학회,
   『국제정치논총』 제29집 제2호, (1989), 53 – 69쪽: 안병준, 『북방외교에 관
   한 연구』 외교안보연구원 정책연구 82 – 04, (1983. 2): 안병준, "북방정책
   의 성과와 문제점 검토", 『정책연구』(1989. 4), 25 – 52쪽.

로서 중국과 소련, 북한에 대한 편중성, 공공기관의 지원에 대한 의존
성이 지적되고 있다.21) 북한에 대한 연구도 연구의 절대량이 증대하
기 시작한 것은 1970년대 이후이나, 정치나 외교에 대한 편중된 연구,
정부의 지원에 대한 의존성, 학문적 연구의 절대적 부족 등이 지적되
고 있다.22)

특히 제6공화국 출범과 더불어 안보, 경제, 사회, 문화, 통일 등의
연구 대상 범위가 확대되었으며, 민주화나 정권교체, 시민사회 등과
같은 국내적 요인에 관한 연구도 활발해지기 시작하였다.23) 그리고
초기에는 기본개념이나 추진방향에 대한 연구가 주류를 이루었지만,
점차 정책대상과 목표, 문제점 등에 대한 분석과 정책집행의 결과에
대한 평가도 제시되기 시작하였다.24)

---

21) 서진영, "공산권연구 현황", 한국공산연구협의회, 『한국공산권연구백서』
   (1989. 11), 16-17쪽.
22) 신정현, "북한연구 현황", 한국공산연구협의회, 『한국공산권연구백서』
   (1989. 11), 67-8쪽.
23) 대부분의 연구가 속해 있는 안보적 관점은 유석렬, "북방정책 전개에 따른
   한국의 군사적 대응", 『국방학술논총』 제4집, (1990. 8), 5-45쪽; 경제적
   관점은 Dan C. Sanford, *South Korea and the Socialist Countries: The
   Politics of Trade* (New York: St. Martin's Press, 1990); Dan C. Sanford,
   "ROK's Nordpolitik, Revisited", *Important*, Vol.7, No.1.(Winter/Spring,
   1993), pp.1-31; 노희목, "한국의 대북방 경제교류 증진방안", 『국제정치
   논총』 제29집 제2호, (1989), 155-168쪽; 사회문화 중심의 연구들은 양영
   식, (1989); 정용석, "남북한 교류시대의 좌경문제", 『자유논총』 제261호,
   (1988. 12), 59-67쪽; 조순환, "민족교류를 통한 남북한 통일", 『민족지성』
   제25호, (1988. 3), 34-41쪽; 국내정치의 민주화 관련된 북방연구는 박홍
   규, "남북한관계 변화와 국민의식", 『통일문제연구』 제4권 제4호, (1992. 겨
   울호), 108-118쪽; 최종기, "한국의 북방정책과 관료의 역할"(1990), 133
   -143쪽; 통일이나 민족의 문제와 관련된 연구는 김세균, "북방정책과 통
   일정책"(1989), 143-154쪽. 등이 있다.
24) 김학준, "현 정부의 외교정책과 평가: 제6공화국 외교의 중심과제", 『외

이러한 북방정책에 대한 연구는 정부의 필요성과 학계의 욕구가 일
치되어 급격히 증가하였다. 사회주의 국가에 관한 연구는 1970년대 말
부터 국책사업의 하나로 간주되어 정부와 민간단체의 지원으로 연구
가 행해지기 시작하였으며, 1979년에 출범한 한국공산권연구협의회는
4개 대학 부설연구소들이 모여 사회주의 국가들에 대한 연구를 주도
해 오면서, 1990년에는 단체회원이 13개 부설연구소로 확대되었으며,
개인회원도 초기에 20명에서 200명으로 증가하였다. 그 후 공산권 국
가들의 변화와 함께 명칭도 '한국사회주의체제연구협의회'로 개칭하여
많은 연구 업적을 남겼으며, 각 대학 연구소에서 내놓은 북방외교 관
련 연구도 그 양과 내용이 방대하다.[25]

그리고 1980년대 후반에 들어서 북방정책의 대한 종합적인 연구가
학회 등 연구단체를 중심으로 종합적 연구와 출판이 이루어지기 시작

교』제4호, (1992. 12), 18-25쪽; 구종서, "현 정부의 외교정책과 평가:
노대통령의 외교정책의 평가", 『외교』제4호, (1992. 12), 26-36쪽; 임동
원, "현 정부의 외교정책과 평가: 통일외교", 『외교』제4호, (1992. 12),
37-44쪽; 김달중, "현 정부의 외교정책과 평가", 『외교』제4호, (1992.
12), 45-56쪽; 김국진, "현 정부의 외교정책과 평가", 『외교』제4호,
(1992. 12), 57-68쪽; 정종욱, "북방정책의 평가: 외교적 측면", 서울대
국제문제연구소, 『논문집』제15집, (1991), 1-14쪽; 박상섭, "북방정책의
평가: 사회적·문화적 측면: 한국인의 국제정치인식의 변화를 중심으
로", 서울대 국제문제연구소, 『논문집』제15집, (1991), 15-31쪽; 문수
언, "탈정치적 제도화의 역설과 북방정책", 서울대 국제문제연구소, 『논
문집』제15집, (1991), 33-46쪽; 권태준, "노태우 정권의 5년 성적표:
어정쩡한 통치, 어중간한 치적", 『신동아』(1993. 2), 390-397쪽; 안병준,
"노태우 정권 5년 성적표: 북방정책의 성과, 전략이 아쉬웠다", 『신동아』
(1993. 2), 426-433쪽.
25) 한국공산권연구협의회, (1989), 91-136쪽; 정천구, "한국 대외정책 연
구", 김계수(외), 『한국정치연구의 대상과 방법』(서울: 한울, 1993), 336
-338쪽.

하였다. 먼저 외교사적 접근을 통해 한국의 북방관계에 내재되어 있는 역사적 뿌리와 성격, 내용을 분석한 한국정치외교사학회의 합동연구가 시도되었으며,[26] 한국국제정치학회는 1989년에 북방정책과 남북한 관계에 대한 국제관계론적 접근과 정책분석적 접근을 시도하는 공동기획연구를 했으며,[27] 1991년 통일정책과 민주화 쟁점에 대한 학자들의 학술적 논의와 정당, 사회단체의 입장에 관한 한국정치학회의 공동심포지엄의 결과물[28] 등은 북방정책연구의 질적 심화를 가져왔다. 특히 노태우 정권이 퇴진하고 김영삼(金永三) 정권의 '新外交'가 전개되면서 북방정책에 대한 시의적 연구는 감소하였으며, 제6공화국 평가라는 측면에서 이론적 연구가 활발해지고 있다.

이러한 북방정책의 연구결과를 종합해 볼 때, 아직은 방대한 양이 아닐지라도 한국의 대외정책 연구에 있어서 진전은 이루어지고 있으나, 이론적, 분석적 연구의 필요성은 더욱 확대되고 있다.[29] 이러한 북방정책에 대한 분석의 문제점을 지적하면, 첫째로 북방정책을 냉전체제 해체로 인한 영향으로 단순화함으로써 정책엘리트의 주도적 역할을 경시하는 경향이 있다. 제4공화국부터 시작된 북방정책의 필요성에 대해서 외무 관료들이나 당정 간의 협의, 대통령의 선언에 따른 선택의 원인과 추진과정의 역사적인 변화에 대한 문제의식을 간과하고 있다. 둘째로 정책환경을 세계체제의 변화로 단순화함으로써 동북아

---

26) 한국정치외교사학회, 『한국북방관계의 정치외교적 재조명』(서울: 평민사, 1990), 참조.
27) '북방정책과 남북한'이라는 주제로 10편의 연구 논문이 발표되어 출판되었다. 한국국제정치학회, 『국제정치논총』 제9집 제2호, (1989), 41-173쪽.
28) 한국정치학회(편), 『한국 정치의 민주화와 통일방안』(서울: 을유문화사, 1990).
29) 하영선, "한국외교정책 분석틀의 모색", 『국제정치논총』 제28집 제2호, (1988), 3-4쪽; 정천구, "한국대외정책 연구"(1993), 322-3쪽.

지역체제나 사회주의 국가와의 쌍무적인 관계 그리고 국내정책환경에 대한 분석을 결여하고 있다. 이로 인하여 한국의 북방정책이 가지는 정치적 성격이나 이들 환경요인들 간의 상호 인과적인 관계에 대한 중요성을 간과하게 하고 있다. 셋째, 북방정책을 통일정책과 분리하여 분석함으로써 국가의 주요 정책이 가지는 정책적 연계나 인과적인 관계를 간과하고 있다. 북방정책이 통일을 목적으로 하고 이를 위해 국내외의 자원을 동원하고 있음에도 이를 분리함으로써 국가의 주요 정책과 정책엘리트의 정치적 동기에 대한 분석을 결여하고 있다는 것이다. 따라서 이를 연계하는 분석틀과 정치적 동기에 대한 분석이 요구되고 있다. 넷째, 한국의 대외정책에 대한 정책과정을 체계이론으로 단순화하여, 정책엘리트의 정책선택이나 집행과정에 대한 분석을 결여하고 있다. 정책과정은 정책 산출의 의미를 면밀히 하며, 또한 정책과정과 정책엘리트의 관계를 명확히 할 수 있기 때문이다. 특히 한국의 대외정책에 관한 자료의 빈곤을 극복하고자 하는 의미에서 정책과정에 대한 분석은 절실히 요구되고 있는 것이다. 이러한 이론적 분석의 문제점을 본 연구의 분석틀을 설정하는 데 주요한 배경으로 하고자 한다.

제3절 정책의 선택과 추진에 관한 분석틀

누가, 왜 그리고 어떻게 정책을 선택하고 추진하는가라는 의문은 모든 정책에 관한 연구의 주요 관심사이다. 이러한 질문에 해답을 부여함으로써 향후 정책의 선택과 추진에 따른 결과를 예견하고, 정책의 실패와 성공의 동인을 분석하는 실용적 차원뿐만 아니라, 정책의 성격을 규명해 볼 수 있기 때문이다.

이러한 관점에서 본 연구를 위한 가설을 설정하고자 한다. 첫째, 정책결정자는 정책선택의 중심에 있다. 정책결정자의 선택은 조직화된 국내외의 사회이익이나 다양한 정치경제적 조건 등의 정책환경에 의하여 영향을 받고 있지만, 정책환경은 정책결정자를 완전히 구속하지는 못한다. 오히려 정책결정자는 정책선택의 산출물인 새로운 정책환경을 구성하려고 한다. 이는 정책결정자를 정점으로 하는 정책엘리트가 정책의 우선순위나 시간의 조정, 정책 비용, 정책 이니시어티브를 구체화시키는 데 필요한 정책공간(policy space)30)을 가지고 있기 때문이다.

둘째, 정책의 선택은 공공의 이익을 목적으로 하지만, 정책결정자는 정책의 성과를 자신의 정치적 동기와 일치시키려는 의도를 가진다. 정책결정자가 특정한 정책을 선택하는 것은 자신의 정치적 동기인 정치적 인식이나 정치적 이해를 바탕으로 하며, 이는 공공재로서 공공의 이익이라는 함목적성을 가진다. 또한 정책결정에 관련되어 있는 국가의 관료들이나 정책망도 국가이익과 지신들의 정치적 동기를 일치시키고 하며, 정책 산출을 공공재로 상징화하려 한다.

셋째, 정책의 선택이나 집행 여부는 정책엘리트가 동원할 수 있는 정책능력에 의존한다. 정책선택이나 실천전략을 마련하여 집행하는 것은 국내외의 자원을 동원하고 이의 배분을 통해 국민적 지지를 확보하며, 우호적인 지지 세력을 확보하는 등의 다양한 능력에 의한 것이

---

30) Merilee S. Grindle and John W. Thomas, *Public Choices and Policy Change: The Political Economy of Reform* (Baltimore: The John Hopkins University Press, 1991), Ch.2. 참조.

다. 정책엘리트는 이러한 능력에 대한 평가를 통해서 정책목적을 제한하며, 전략과 정책수단을 구체화시키게 된다.

넷째, 정책환경은 정책결정에 영향을 미치는 구조적 제약 요소이면서도 기회요소로 작용한다. 정책엘리트의 평가의 대상인 정책환경은 맥락적 요소들 간의, 혹은 정책엘리트와의 상호 작용을 하며, 정책엘리트는 정책의 목적을 구현하기 위한 정책환경으로 다시 구성하려고 한다.

다섯째, 국가의 주요한 정책은 정책과정을 통해서 구체화되며, 정치적 동기에 의하여 정책과정은 변형된다. 정책의 선택에도 불구하고, 체계화된 정책으로 형성되는 것은 정책추진을 위한 조직과 제도의 형성, 전략 및 수단의 마련, 국내외 정책망의 구성 등을 정책과정을 통해서 구체화시킴으로써 가능한 것이다. 여기서 정책결정자는 자신의 정치적 동기를 이루기 위하여 실행가능한 선호정책안(preferred or viable policy option)을 지속적으로 변화시키려 하며, 정책결정자의 정치적 동기가 강할수록 정책과정은 정책결정자를 중심으로 이루어진다.

이러한 가설들은 바탕으로 본 연구는 북방정책의 선택과 추진과정에 관한 연구를 위하여 다음과 같은 연구 분석틀에 의존하고자 한다.

〈도표 II −1: 정책 선택과 추진과정에 관한 분석틀〉

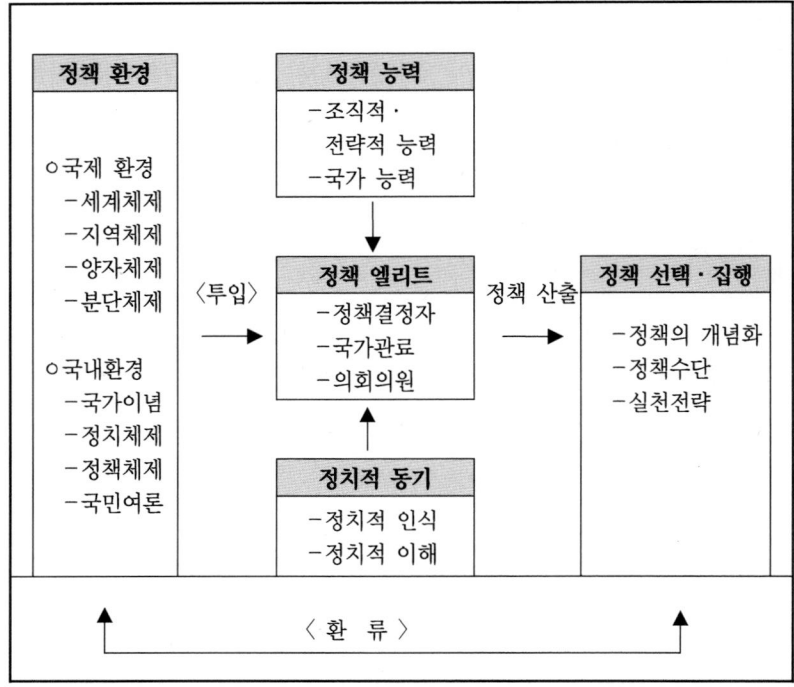

가. 정책의 선택과 정책엘리트, 정치적 동기, 정책능력

정책의 변화는 현상유지와 변화라는 이니시어티브의 선택을 의미한다. 이러한 정책의 선택과 추진을 설명함으로써 정책을 분석하는 것은 분석단위를 중심으로 하는 사회, 국가, 개인이라는 3가지 차원에서 이루어지고 있다.

이러한 사회중심적(society − centered) 연구방법이나 국가중심적(state − centered) 연구방법에서는 사회 혹은 국가를 주요한 분석의 대상으로 하지만, 국가의 주요 정책을 분석하는 데 있어서 부분적인 설명만을 제공하고 있다. 사회중심적 접근방법에서는 정책엘리트의 이니시어티브나 리더십, 문제해결 능력을 간과하고 있다. 이들이 단지 사회집단의 사회적 선호를 기계적으로 반영하거나 사회집단의 이익을 확보하기 위해 결탁하며, 집단들 사이의 합의를 중개하는 역할만을 상정하고 있다. 국가중심적 분석이론들도 정책엘리트의 역할을 인정하면서도 국가라는 거시적 단위로 포괄하고, 정책의 선택과 변화를 위한 역동적 모습을 국가라는 정책 단위로 환원하여 단순화시킨다. 그리고 정책의 선택이나 변화는 사회적 압력, 역사적 맥락 혹은 선행 정책의 유산 등으로부터 아무런 방해도 받지 않는 국가 기관의 종사자로서 정책엘리트 사이의 일련의 상호 작용으로 환원함으로써 정책엘리트들의 활동은 개인, 조직 및 직위와 관련된 이익을 갖는 관료적 게임으로 이해하거나, 정책을 합리적 선택(rational choice)의 한 피조물에 불과한 것으로 여기고 있는 것이다.

이러한 사회중심적, 국가중심적 정책분석 방법의 문제점을 극복하기 위해 본 연구는 정책의 선택에 기저를 이루는 정책결정자나 정책실무자들을 중심으로 정책의 선택과 추진과정을 분석하는 정책엘리트중심(policy elite-centered), 연구방법을 통해서 한국의 북방정책의 선택과 추진과정을 분석하고자 한다. 정책엘리트중심 연구방법은 정책을 선택하고 집행하는 일련의 정책과정에 직·간접적으로 관련되어 있는 정책엘리트가 정치적, 경제적, 역사적 맥락에 의해서 부분적으로라도 항상 제약받고 있으며, 정책엘리트 개개인의 권력, 관료조직 및 보다 일반화된 의미에서의 국가라는 분석단위와 빈번하게 관련되어 있다는 것이다. 그리고 정책엘리트 자신의 이념적 성향, 전문지식과 훈련, 유사한 선행 정책 경험들의 기억에 의해 영향을 받으며, 국가의 정책을 이해하기 위해서는 국가 내부에서 일어나는 현상을 살펴보아야 하며, 정책은 대체적으로 정책엘리트들이 형성해 가는 활동의 결과로 이해하는 것이다.

정책엘리트 중심 연구방법을 통해서 정책분석을 하기 위해 본 연구는 몇 가지 개념적 기술을 필요로 한다. 첫째로 정책엘리트의 범주를 설정해야 할 것이다. 정책엘리트는 관료모델이 제시하는 국가관료이지만, 권력엘리트 모델의 사회적 권력을 제외한 공적권위의 국가엘리트를 의미하고 있다.[31] 이를 세분화하여 살펴보면 정책엘리트는 대통령이나 수상 등의 최고 권위를 가진 정책결정자와 일반적 관련 정책업무를 담당하고 있는 국가관료 그리고 입법부의 의회의원들로 구분하여 살펴보고자 한다.

정책결정자는 정책결정체제의 최고의 상위에 위치하는 권위체이다.[32] 최종적으로 정책을 선택하는 결정자로서 정책결정자는 국가관료들과 권력적 위계를 형성하고, 충원, 승진, 제도형성을 통해서 국가관료나 사회집단의 접근을 제한한다.[33] 정책결정자와 국가관료의 이러한 위계적 구조의 상층에 이를수록 정책결정자를 비롯한 국가관료의 정책 참여범위나 정책공간이 넓어지게 된다. 그리고 정책결정자의 정책에 대한 관심이 많을수록 관련된 국가관료들의 정책참여는 축소되고 정책집행의 자율성은 위축된다. 정책엘리트로서의 관련정책기구의 국

---

31) Merilee S. Grindle and John W. Thomas, (1991), p.59.
32) 최고의 권위체로서 핵심적 역할과 독립성에 관해서는 Theda Skocpol, "Bringing the State Back In: Strategies of Analysis in Current Research", Peter Evans, Dietrich Rueschemeyer and Theda Skocpol(eds.), *Bringing the State Back In*, (Cambridge: Cambridge University Press, 1985), pp.3 - 37. 참조.
33) Peter A. Hall, "Conclusion", Peter A. Hall (ed.), *The Political Power of Economic Ideas: Keynesianism across Nations* (Princetion: Princetion University Press, 1989), p.370.

가관료들은 특정정책의 업무를 담당함으로써 정책참여가 이루어진
다.[34] 이러한 제한된 특정 국가관료들은 정책결정자와 함께 정책기구
를 구성하는 참모조직과 행정부의 해당부서의 정책엘리트가 해당된다.

정책결정자의 참모조직은 담당관, 보좌관, 비서실, 고문, 위원회 등
이나 혹은 별도의 지원정책기구 등과 같은 다양한 형태로 존재한다.
이들은 일반적인 행정부의 관료조직과 유사한 갈등과 타협의 조정과
정을 거치지만, 일반적인 행정부서와는 달리 정책결정자와 자신들을
일치시키려고 한다.

그리고 정책결정자의 의지가 중요한 변수이지만, 국가관료들은 업
무 영역에 따라서 특정정책에 참여하게 되며 국가관료 조직의 제도화
된 규칙에 따르게 된다. 이들 담당부서들은 주어진 과제를 인적자원,
예산, 관할이라는 조직이익의 관점에서 조직의 고유한 표준행동 절차
에 근거하여 대안체계가 마련하지만,[35] 공공의 이익을 위한다는 정책

---

34) 크래스너(Stephen D. Krasner)는 협의대상 선택이나 정책결정 과정에 참
    여하는 관료들의 접근 형태 결정, 관료조직의 조직적 이익에 영향을 주도
    적으로 대통령이 영향을 미치며, 단지 대통령이 이해관계나 관심을 가지고
    있지 않을 때 정책엘리트와 정책결정자를 동일시해야 한다고 관료정치 모
    델을 비판하면서, 통제력을 행사하는 최고 정책결정자의 실패에 의해 발생
    하는 통상적인 상황의 경우를 제외하고는 대통령의 절대권력에 의해 좌우
    된다고 지적하고 있다. Stephen D. Krasner, "Are Bureaucratic
    Important?: A Re-Examination of Accounts of the Cuban Missile
    Crisis", Charles Kegley and Eugene Wittkopf (eds.), *The Domestic
    Sources of American Foreign Policy: Insights and Evidence* (New York:
    St. Martin's Press, 1988), pp.215-26.
35) 베넷과 새프는 국가의 '각인된 정향'(embedded orientation)은 국가의 부서
    들과 기구들 안에 문제를 진단하고 처방하는 관행 그리고 참모의 업무와
    제반 자원을 조직화한 방식 안에 제도화되어 있다고 보았다. Douglas C.
    Bennett and Kenneth E. Sharpe, *Transnational Corporations Versus the
    State: The Political Economy of Mexican Auto Industry* (Princeton:

의 목적을 상징화하는 경향이 있다.[36] 그리고 조직의 가용자원이나 위상, 정책의 유형에 따라서[37] 그 영향력과 정책 참여의 정도가 결정되는 경향이 있으며, 정책의 성공 여부에 따라 관련 정책엘리트에 대한 평가가 달라짐으로써 성과주의적 정치적 이해가 나타나기도 한다.[38]

그리고 입법부도 법과 제도에 의한 권한을 행사한다는 측면에서 의

Princeton University Press, 1985).

36) 관료정치 모델에서 대통령은 다수의 정책결정참여자들에 의해 둘러싸여 있고, 그들과 협의하도록 구조화, 관례화되어 있기 때문에 대통령 한 사람만의 영향력은 작용할 수 없다고 본다. Graham T. Allision, *Essence of Decision*, (Boston: Little, Brown Company, 1971), pp.144-145.

37) 정책의 유형에 따른 북방정책을 성격을 유형화하면, 먼저 정치적 이해득실에 따라 분배적, 규제적, 재분배적 정책을 구분하는 로위의 견해에 의하면 분배적 정책이며, 이해득실의 균등성 여부와 분명성 여부에 따라 분배적, 규제적, 보호적 상호 작용적 그리고 재분배적 정책으로 구분하는 짐머만의 견해에 따르면 보호적 상호 작용적 정책이며, 정책의 비용과 수혜, 집중과 분산을 기준으로 상호 교차되는 정책 유형을 규정하고 있는 윌슨의 견해에 따르면 이익과 비용이 비용과 이익이 모두 집중되는 정책유형이라 할 수 있다. Theodore Lowi, "American Business, Public Policy, Case Studies and Political Theory", *World Politics*, Vol.16, (July, 1964), pp.677-715; William Zimmerman, "Issues Area and Foreign Policy Process: A Research Note in Search of a General Theory", *American Political Science Review*, Vol.67. No.4. (december, 1973), pp.1204-1212; James Q. Wilson, *Political Oranizations* (New York: Basic Books, 1973); Stephen D. Krasener, *Defending the National Interest; Raw Material Investments and US Foreign Policy* (Princetion: Princeton University Press, 1978), pp.84-85. 참조.

38) 관료정치 모델은 외교정책 결정에 있어서 국가이익이라는 합리성보다는 조직이익에 근거하며, 어느 개인이나 조직이 압도적이지 않으며, 정책기구가 단일화되어 있지 않고 다른 이익과 목표를 가지는 것을 전제로 하고 있다. 관료정치 모델에 대한 엄격한 관점은 Jerel Rosati, "Developing Decision - Making Framework: Bureaucratic Politics in Perspective", *World Politics*, Vol.33, (January, 1981), 참조.

회 의원은 정책엘리트의 중요한 부분을 차지한다. 입법부는 예산배정 기능, 법률안 심사 및 승인기능, 조약 승인기능 등의 헌법에 보장된 권리를 통하여 행정부의 정책과정을 민주적으로 통제한다.[39] 입법부 의 권한이 행정부를 압도하거나 반대당이 집권당보다 수적 우위에 있 을 경우에는 입법부의 기능행사가 선택된 정책의 추진에 대한 문제제 기 등의 이의제기로 인하여 정책의 추진을 어렵게 하기도 하며, 관련 된 정책 비용을 과다하게 집행하도록 하기도 한다.

　이러한 관점에서 북방정책의 정책기구는 대통령을 비롯한, 대통령 의 참모기구로서 비서실 및 수석 보좌관 등이 있으며, 직속기관으로서 안기부를 비롯한 위원회, 회의체 등이 있다. 그리고 국가관료들로서는 일반 행정의 부서로서 외무부, 통일원과 경제 부문에서는 경제기획원 과 상공부의 장이 해당된다. 이 외에도 관련된 정책기구로서 국방부 및 교육부, 재무부 등의 장이 있으며 이들은 국무회의나 조정을 위한 기구를 통해 정책에 참여하고 있다.

　둘째로 정책엘리트가 왜, 그러한 정책을 선택하는가를 설명하기 위 해서 정치적동기의 개념이 검토되어야 한다. 정책결정자는 동일한 환 경 아래에서 상이한 정책을 선택하기도 하며, 정책의 선택이나 집행과 같은 정책과정에서의 적극성의 정도를 달리하기도 한다. 이러한 정책 과정에서 정책엘리트의 행위의 동인은 정책엘리트의 배경적 특성 (background characteristics)인 정치적 동기(political motives)가 기저 를 이루고 있다.

　정치적 동기는 정책 행위자인 정책엘리트가 상황적 요인과 상호 작 용하는 과정에서 형성되는 주관적인 동기체제의 다양한 모습으로서 이성, 필요, 목적, 욕망, 편견, 이해, 관념 등이 있다.[40] 이러한 배경적

---

39) 오기평, 『한국외교론』(서울: 오름, 1994), 126-29쪽.

특성으로서의 정치적 동기를 분류하면, 정책엘리트의 정치적 인식 (political cognitions)과 정치적 이해(political interests)로 대별할 수 있다.

정책엘리트는 정책과정에 참여하면서 자신의 권한과 희망을 연계하여 반영하고자 노력하게 된다. 미래의 기대효용으로서의 정책엘리트의 정치적 이해는 정책결정자가 의식적·무의식적으로 내재되어 있는 이데올로기에 대한 인식, 개인적인 인성, 훈련 등의 학습의 결과로 습득된 인식이나 전문기술 그리고 유사한 정책상황에 대해 기억 등과 같은 심리적 가치관에 따라 국가 행위로 표현되는 정책에 반영되게 된다.

그리고 정책엘리트가 획득하고자 하는 정치적 이익으로서 정책엘리트의 지위와 권력, 정치적·제도적 헌신과 충성심, 업적(성과주의)에 대한 희망, 정치적 지지의 기대 등 개인적·집단적인 정치적 이해를 정책 내용에 반영하기 위하여 정책과정에 참여하고 설득과 조정과정을 거치게 된다.[41] 이러한 정치적 이해는 항시 정책이 가지는 공공의 이익이라는 상징화된 모습으로 표현된다. 따라서 정책엘리트는 정책의 이미지를 공공의 이익에 두면서, 자신들의 정치적 이해를 내재화하려고 노력한다.

정치적 이해나 인식은 정책엘리트가 정책을 선택하고, 정책과정에 대한 관심과 노력의 정도를 나타내게 하는 척도로서 기능을 하게 된

---

40) 조인원, 『국가와 선택』(서울: 경희대 출판국, 1996), 103쪽; 홀스티는 국가를 위해 정책결정하는 권한을 가지는 사람들의 이데올로기, 동기, 이상, 인식, 가치 및 개인적 특성(idiosyncracies)에 분석의 초점을 맞추는 것이라고 지적하고 있다. 곽태환, 김왕헌(역), 『국제정치학』 K. J. Holsti, *International Politics*, 4th ed. (서울: 박영사, 1990), 22-24쪽.

41) Robert Axlord, *The Gamma Paradigm for Studing the Domestic Influence on Foreign Policy*, Presented at the International Studies Association in 1987.

다. 정치적 이해가 높을수록 정책엘리트는 정책의제를 형성하는 과정
에서 문제제기의 강도, 정책의 구체적인 내용이나 전략, 수단의 선택
에 대한 집착도, 정책집행의 성실도가 높게 나타난다. 따라서 정치적
동기는 정책엘리트가 정책의 선택과 변화를 야기하고, 정책집행에 대
한 관심을 보임으로써 성과를 거두는 데 중요한 동인이 된다.[42] 이러
한 정치적 동기에 대한 관심은 정책의 성격을 파악하고, 정책의 가치
중립성에 대한 논쟁을 극복하는 데 중요한 분석요인이라 할 수 있다.

   셋째로 정책엘리트의 정책능력에 대한 평가가 고려되어야 한다. 정
책엘리트가 특정정책에 대한 정치적 동기가 크다고 할지라도, 정책엘
리트의 선택하지 않거나 추진이 되지 못하기도 하는 등의 다양하게
나타나게 된다. 이는 의제형성의 초기에는 정책이 추구하고 있는 소기
의 목적을 달성할 수 있는가 하는 의문에 기인하게 되며,[43] 또 정책
을 추진하면서 예상 밖의 장애가 발생함으로써 나타나게 된다.

   특히 정책엘리트는 자신의 목적수행을 위해 노력하는 환경, 즉 보다
광범위한 맥락적 요인들(contextual factors)에 의해서 창출된 제약 및
기회를 평가해야 한다. 그리고 자신이 놓여 있는 상황과 상호 작용을
하면서 상황으로부터 잠재적 자율성이나 정책목표를 달성을 확보할 수

---

42) Kathleen Thelen & Sven Steinmo, "Historical Institutionalism in
   Comparative Politics", Sven Steinmo, Kathleen Thelen & Frank
   Longstreth (eds.), *Structuring politics : Historical Institutionalism in
   Comparative Analysis*, (Cambridge : Cambridge University Press, 1992),
   pp.16 - 20.
43) Lerche, Charles O. Jr., and Said Abdul Aziz, *Concepts of International
   Politics in Glonbal Perspective*, 3rd ed. (Englewood Cliffs : Prentice Hall,
   1979), pp.28, 31 - 35. 능력을 구성하는 요소를 유형적인 요소로서 지정학
   적인 위치, 인구와 노동력, 부존자원, 공업과 농업 생산능력, 군사력으로
   보며, 무형의 요소로서 정치, 경제, 사회적 구조, 교육과 기술 수준, 국민의
   사기, 국제사회에서의 전략적 위치로 구분하고 있다. pp.66 - 74.

있는 행위주체로서의 능력이 어느 정도인가를 평가해야만 하는 것이
다.[44] 따라서 정책을 추진하고자 하는 행위자가 정책을 구성하는 상황
적, 현상적 그리고 내외적인 정책 상대의 요소들을 고려하여, 특정정책
목표를 달성하는 데 동원할 수 있는 조직적, 전략적, 상대적 측면에서
총체적인 정책능력(policy capability)의 평가를 통해 선택과 추진의 기
준으로 삼게 된다.

이러한 정책능력은 정책엘리트가 가지고 있는 조직적·전략적 능력
과 일반적인 국가의 능력으로 대별할 수 있다. 먼저 조직적·전략적
능력은 정책엘리트가 가지고 있는 특정정책의 목적을 달성할 수 있는
역할 가능성을 말한다. 정책 총괄 관리 능력이 정책과정의 메커니즘을
결정한다는 측면에서 정책결정자의 리더십은 중요한 요소가 된다.[45]
정책결정자는 대외정책에 있어서 중복 기능에 대한 업무조정 능력, 조
정 메커니즘을 창출할 수 있는 능력, 자원의 동원을 위한 상징화 능력
등이 요구된다. 그리고 관료체제 자체의 제도화 수준, 관료조직의 전
문화, 관련 기구 간의 연계망의 체계화, 관료조직의 적응능력, 학습능
력, 제반 자원의 동원능력과 배분능력 등이 포함될 수 있다.[46] 정책엘
리트는 개발도상국을 비롯한 대부분의 국가들에서 정책의 우선순위나
세부 프로그램을 형성하고, 또 정책을 집행하는 적극적인 행위의 주체
이기 때문에 정책엘리트의 조직적 능력은 중요한 요소이다.

관련 정책엘리트의 전략적 능력으로는 정책망(policy networks)의
형성을 꼽을 수 있다. 정책망은 국내외 사회 및 정부와의 다자적, 다
층적 관계로서 형성되어 있다. 이들 정책망은 국내외의 공적 영역과

---

44) 조인원, (1996), 103쪽.
45) Jerel A. Rosati, *The Politics of United States Foreign Policy*, (Orlando,
　　Florida; Holt, Rinehart and Winston, Inc., 1993), pp.56 - 9.
46) 김석준, 『한국 산업화 국가론』(서울: 나남, 1992), 74 - 6쪽.

민간 영역에도 존재하며, 직·간접적으로 연관되어 정책과정에 참여하고 있으며, 고정되어 있지 않고 유동적인 특성을 가진다. 이러한 정책망은 자본가계급이나 노동계급과 같은 사회계층, 관료, 군부, 언론, 학계, 국제적인 다국적 기업이나 국제기구, 외국의 정책엘리트 등이 포함된다. 특정정책을 반대하는 비우호적인 정책망은 정책엘리트에 의하여 배제와 억압을 받거나 협상의 대상이 되기도 하며, 특정정책을 지지하는 우호적인 정책망은 정책엘리트에 의하여 포용과 연합의 형태로 존재한다. 이러한 정책엘리트의 전략적인 능력인 정책망의 형성 능력은 정책의 성격을 파악할 수 있는 근거가 되며,[47] 정책엘리트에게 있어서 특정정책의 성공가능성을 판단하는 주요한 기준이 된다.

정책망의 형성은 유인이나 규제와 관련된 제도와 정책수단, 기타 여러 기재를 활용하여 우호적인 정책망을 구성하는 것으로, 정당화 능력이나 갈등을 해결하는 통합 능력이 판단의 기준이 된다. 정책의 선택은 정책망의 변화를 일으킬 수 있기 때문에 정책엘리트가 정책망을 유지하거나 확충하는 등의 관리를 위한 통치기술이나 수단이 정책능력 측정의 요인으로 평가될 수 있다.

정책능력의 두 번째 요인으로 국가의 일반적인 능력이 있다. 정책을 추진하는 데 있어서 기능적 대외교섭 능력의 변수는 경제력, 군사력, 사회문화적 능력과 같은 국가의 일반적인 능력이 포함된다. 그러나 일반적 국가능력에 대한 평가에도 불구하고, 실제 정책이 선택되었는가? 혹은 정책과정의 변화를 설명할 수 있는가 하는 것은 제한적일 수밖에 없다. 그 이유는 정책능력으로서의 국가의 일반적 능력을 동원하고, 예산 등의 집행비용, 보상적 거래 비용으로 동원하려는 의지가 있어야 하며, 또 어느 정도 동원가능한지에 대한 평가가 있어야 한다.

---

47) 김용학, 『사회구조와 행위』(서울: 나남, 1992), 250-251쪽.

따라서 국가의 능력은 정책능력과 동일하지 않으며, 상대국가와의 힘의 우열에 의하여,[48] 혹은 동일한 국가능력에도 불구하고 정책능력은 정책엘리트의 의지와 관심에 따라 상이하게 나타나게 되는 것이다. 이러한 관점에서 국가능력이 가지는 정책환경으로서의 객관적 측면보다는 정책엘리트가 국가 능력을 평가하며, 동원하는 대상으로서의 의미를 가지며, 이는 국가를 통해서 국가이익을 확보하려는 정책목적을 구현하기 위한 힘과 자율성에 근거하기 때문이다.[49]

이러한 정책능력이 정책효과를 극대화시키기 위해서는 정책대상의 정책목표와 일치되어야 한다. 경제발전이 정책목표인 경우에는 기술개발 및 자본 지원을 위한 차관, 기술 등의 투자 제공이 주요한 정책수단이며, 이는 경제력이라는 정책능력에 의존하게 된다. 따라서 정책능력은 정책엘리트가 자원을 추출하고, 배분하며, 이를 통해 정치적 동기를 성취하는 과정에서 중요한 요소가 되는 것이다.

탈냉전의 촉진되면서 경제적 정책수단이 주요한 정책수단으로 등장하고 있으며, 정책능력에서도 주요한 요인이 되고 있다. 경제의 정치화 현상, 동시에 정치의 경제화 현상이 발생하고 있으나,[50] 대체로 경제적 수단[51]은 상대국에게 경제적 혜택이나 불이익을 제공함으로써 자국의

---

48) Kenneth N. Waltz, *Theory of International Politics*, (Massachusetts: Addision-Wesley Publishing Company, 1979), pp.79-101.

49) Krasner, Stephen D., *Defending the National Interest : Raw Material Investments and US Foreign Policy* (Princetion: Princeton University Press, 1978); J. Migdal, "Strong State, Weak State: Power Acommodation", M. Werne and Huntington, S. (eds.), *Understanding Political Development* (Boston: Little, Brown and Co., 1987); Evans, P. and Rueschemeyer, D., Skocpol, T. (eds.), (1985), "Conclusions", 참조.

50) 박경서, 『국제정치경제론: 이론, 정책, 실제』 전정판, (서울: 법문사, 1994), 30-35쪽.

51) 경제적 강제와 보상의 기술은 관세, 쿼터, 보이콧, 통상정지, 차관, 신용

이익이나 의도를 추구하려는 정책으로 경제적 보상전략과 경제적 제재 수단으로서 주요한 수단으로 기능을 하고 있다.[52] 이러한 경제적 수단 이외에도 정책능력을 동원한 정책수단은 전통적인 군사적 방식에 의한 무력시위나 위협, 군사적인 무력행동 등이 있으며, 외교적인 방식으로서 국제기구를 통한 압력이나 국제적 여론조성, 주변 국가들과의 관계 조성을 통한 정책개입과 영향력 발휘 등의 간접적 방식이 있으며, 외국에 대한 직접 교섭의 방식이나 로비 등의 다양한 형태가 있다.[53]

정책 수단은 추진하는 방식으로서의 전략과도 깊은 관계가 있다. 즉 동맹관계의 국가들의 경우에는 경제적 보상의 수단이나 외교적인 정치적 지지, 군사적 지원 등의 방식이 주로 채택되기도 한다. 또한 고립화 전략이나 포위전략이 채택되는 적대국가 혹은 비우호적인 국가의 경우에는 위의 대부분의 정책수단이 상황과 시기에 따라서 상이하게 혹은 포괄적으로 채택되기도 한다.

나. 정책환경과 정책엘리트

정책엘리트 중심의 대외정책 분석은 정책엘리트가 인식하고, 이해

대부 및 통화조작, 블랙리스트 면허제, 자산동결, 군사장비의 판매나 무상원조를 비롯한 원조의 제공 또는 중단, 자산몰수, 국제기구에 대한 회비지불의 보류 등이 있다. 곽태환, 김왕헌(역), (1990), 342-45쪽.
52) 곽태환, 김왕헌(역), (1990), 338-41쪽.
53) 로비는 약소국과 강대국의 관계와 같이 힘의 불균형이 심한 정책환경 속에서 쉽게 사용되는 정책수단으로 복합적 상호 의존이 심화되고 있는 경우에는 권력접근 방식, 전문지식 활용방식, 제휴결정 방식, 풀뿌리 동원 방식 등이 다양하게 활용되고 있다. Chung-in Moon, "Complex Interdependence and Transnational Lobbying: South Korea in the United States", *International Studies Quarterly*, Vol.32, No.1, (March 1988), pp.67-90.

하는 인식적 근거 그리고 선택 그 자체를 중시함으로써, 정책과 정책
엘리트를 동일시하는 한계를 가지고 있다. 이러한 한계는 정책엘리트
의 선택을 상호 관계나 인과적 관계로의 분석적 이해를 방해하고 있
다. 즉 대외정책에 있어서 환경적 요인으로 치부해 버리는 국제정세나
국내정세가 오히려 정책결정자를 포함한 정책엘리트보다도 중요한 핵
심적 분석요인이 될 수 있다는 것이다. 이러한 관점에서 맥락적 요인
(contextual factors)인 정책환경(policy environments)에 대한 분석은
정책의 선택과 추진과정에 대한 분석을 객관적이고 과학적으로 분석
하며, 요인분석을 통해서 정책을 보다 정확하게 설명할 수 있게 할 수
있다.

정책환경에 대한 분석은 정책의 결정요인 분석과 함께 발전되어 왔다.
정책환경에 관한 이론은 로즈노우(James N. Rosenau)의 연계이론을 비
롯하여, Michael Brecher의 투입 산출 모델, Patrick J. McGowan과
Howard B. Shapiro의 정책결정요인 분석 모델, William Wallace 등의 국
내외의 정책결정요인에 대한 분석,[54] 그리고 칼 도이치(Karl W.
Deutsch)와 하스(Earnst B. Hass)의 유럽의 통합이론,[55] 나이(Joseph S.
Nye)와 코핸(Robert O. Koehane)의 상호 의존이론과 초국가주의,[56] 엘

---

54) M. Brecher, *The Foreign Policy System of Israel: Setting, Image, Process* (New Haven: Yale University Press, 1972); Martin Shapiro & McGowan, "Governmental Institution and Process", Fred I. Greenstein & Nelson W. Polsby (eds.), *Handbook of Political Sciences*, Vol.5, (Reading Addition - Wesley, 1975); Willam Wallace, (1971).

55) Karl Deutsch, et. al., *Political Community in the North Atlantic Area: International Organization in the Light of Historical Experience* (Princetion, N. J.: Princetion University Press, 1957); Earnst B. Haas, *The Uniting of Europe: Political, Social Economic Forces, 1950-1957* (Stanford: Stanford University Press, 1958).

56) Robert O. Keohane and Joseph Nye, *Power and Interdependence* (Boston:

리슨(Graham T. Allison)의 정책결정 모델, 카첸스타인(Peter J. Katzenstein)나 크래스너(Stephen Krasner)의 국제정치경제이론,[57] 울트(James E. Alt), 에반스(Peter B. Evans), 거비치(P. Gourevitch), 카첸스타인 등의 최근 연구[58]로 이어져 왔다. 그리고 최근 국내환경과 국제환경의 연계하는 퍼트만의 양면게임이론[59]에 이르기까지 더욱 정교하게 발전되어 왔다. 정책요인 분석은 비교분석적 관점에서 주로 연구되었

Little Brown, 1977).

57) Peter J. Kazenstein, (ed), *Between Power and Plenty: Foreign Economic Policies of Advanced Industrial States* (Madison: University of Wisconsin Press, 1978), p.5; Stephen D. Krasner, "United states Commercial and Monetary Policy: Unraveiling the parados of External Strength and Internal Weakness", in Peter J. Kazenstein, (ed), *Between Power and Plenty: Foreign Economic Policies of Advanced Industrial States* (Madison: University of Wisconsin Press, 1978), pp.51-87.

58) James E. Alt, "Crude Politics: Oil and the Political Economy for Unemployment in Britain and Norway, 1970-1985", *British Journal of Politics: Science 17,* (April 1987), pp.149-199; Peter B. Evans, *Dependent Development: The Alliance of Multinational, State, and Local Capitial in Brazil* (Princeton, N.J.: Princeton University Press, 1979); Peter Gourevitch, *Politics in Hard Times: Comparative Responses to International Economic Crises* (Itaca, N.Y.: Cornell University Press, 1986); Peter Kazenstein, *Small States in World Markets: Industrial Policy in Europe* (Itaca, N.Y.: Cornell University Press, 1985).

59) 퍼트남의 양면이론(two-level game theory)은 국내정치와 국제정치가 불가분으로 밀접하게 연계된 양자 간 복합적 상호 작용관계를 분석하는 것으로, 국제정치와 국내정치를 연계시키는 국제정치학상의 일반이론이며, 국가 간 협력의 조건에 관한 국제협력 이론이며, 국가 간의 협상에 관한 국제협상 이론으로 국내환경과 국제환경의 관계의 연구 필요성을 강조하고 있다. Robert D. Putnam, "Diplomacy and Domestic Politics: The Logic of Two-Level Games", *International Organization,* Vol.42, No.3, (Summer 1988), pp.427-460; Daniel Druckman, "Boundary Role Conflict: Negociation as Dual Responsiveness", I. William Zartman, (ed)., *The Negociation Process: Theories and Applications* (Beverly Hills: Sage, 1978), pp.100-101.

지만, 정책환경과 정책엘리트를 무관하게 분리하거나 혹은 하나의 요인
으로만 분석하고, 정책환경 요인들이 상호 간에 영향을 미치는 정도나 환
경요인과 정책엘리트의 상호 작용이 어떠한 영향을 미치는지에 대한 연
구를 결여하고 있을 뿐만 아니라 요인에 대한 나열적 분석으로 한계를
보여주고 있다.

　이러한 관점에서 본고는 정책환경을 정책엘리트와 연계하여 이들의
상호 작용을 분석하고, 정책의 선택과 추진과정에서 정책환경의 특정
한 요인이 미치는 영향 등에 관한 분석틀을 구성하고자 하는 것이다.
이를 위하여 정책환경을 국제환경과 국내환경으로 구분하고자 한다.
국가 간의 관계를 중심으로 한 세계체제, 지역체제, 양 국가 간의 체
제로 살펴보고,[60] 또한 한국의 특수한 정책환경으로서 북방정책에서
국제적 정책환경의 성격을 가지는 분단체제로 대별하고자 한다. 그리
고 국내정책환경으로 국가이념과 정치체제 그리고 정책적 요인, 국민
여론으로 대별하여 8개의 정책환경 요인을 통해서 살펴보고자 한다.

　먼저 국제정책환경으로서의 세계체제는 미-소 등의 강대국이 국제
관계를 조율하고, 국제질서를 구축하고 있다는 현실주의적 국제정치를
반영하며, 약소국을 비롯한 비동맹국가들도 대응전략으로서 대외정책
을 수립하며, 이를 통해 자신의 활로를 확보한다는 측면에서 세계체제
를 정책환경으로 설정하고자 한다. 지역체제도 정치지리적 관점에서
특정국가들 사이의 다자적 관계를 지역의 경제블록이나 이념적 스펙

---

60) 브리쳐(Bretcher)는 조작적 환경과 심리적 환경을 구분하면서, 조작적
　　환경을 국내환경과 국제환경으로 구분하고 있다. 또한 세부적으로 국제
　　환경으로 세계체제, 지역체제, 양자체제로 구분하는 입장을 반영하고자
　　한다. Byung Chul Koh, *The Forign Policy Systems of North and
　　South Korea*, (Berkeley: University of California Press, 1984). p.7. 재
　　인용.

트럼을 형성하여 대립과 갈등, 협력체제를 구축한다.[61] 또 이러한 지역체제는 특정국가의 특수한 환경으로서 영향을 미치고 있는 것이다. 양자체제는 정책대상인 상대국가에 대해서 다양한 영역에서 대외정책을 추진함으로써 형성된 관계이다.[62] 이러한 양자체제는 세계체제 및 지역체제와 함께 다층적, 다중적 관계를 형성함으로써 대외정책의 수립과 집행을 제약하고 있으며, 개별 국가의 특수성에 의거하여 영향을 받는다.

그리고 개별 국가의 역사적 특수성에 의한 정책환경으로서[63] 한국의 분단체제를 정책환경으로 설정할 수 있다. 남북한의 첨예한 경쟁과 긴장이 유지되고 있는 분단체제는 정책엘리트나 국민들 모두에게 이념적 스펙트럼, 정치체제, 군사안보적 정책적 요인 등에 중요한 영향을 미치며, 국민의 여론까지도 규정하고 있다. 이러한 동포애와 적대감, 분단과 통일의 복합구조는 남북한의 대외정책의 자율성을 제한해 왔다.[64] 이러한 관점에서 분단체제는 다른 어떠한 정책환경 요인들보다 중요한 위치를 차지하고 있다.

---

61) 한반도의 지역체제는 세계 4대강국이 각축을 벌이는 측면에서 세계체제가 지역체제에 반영되는 특성을 가지면, 이는 한국적 특수성의 의미도 가진다.
62) 외교정책은 항시 상대방이 있는 관계적 성격을 가지며, 특정 국가의 정책의도와 결과가 항시 일치하는 것은 아니며, 과정인 동시에 결과로서 내부의 행태와 외부의 환경을 연결시켜 주는 특성을 가진다. Bruce Russet & Harvey Starr, *World Politics: The Menu for Choice*, 5th, (ed), (New York: W. H. Freeman and Co., 1996), p.163.
63) John Ikenberry, "Conclusion: An Institutional Approach to American Foreign Economic Approach", *International Organization*, Vol.42. No.1. (Winter 1988), pp.222-3.
64) 김태현, "외교안보정책", 세종연구소, 『탈냉전기의 한국 대외정책의 분석과 평가』(1998), 33쪽.

국내정책환경으로는 국가의 이념과 정치체제, 정책적 요인, 국민의 감정을 들 수 있다. 먼저 정책기조와 실천전략을 마련하는 데 보편화된 국민의 사상적 배경인 국가의 이념적 스펙트럼[65]을 들 수 있다. 그리고 정치체제는 정치제도나 특정정책과 관련된 정치적 관계를 의미하는 것으로 정책의 선택과 추진에 주요한 영향을 미치고 있다. 다음으로 경제적 요인이나 사회문화적 요인들과 같은 상황적인 정책적 요인들은 정책과정에서 선입견, 인식, 정치적 이해 등에 주요한 영향을 미치는 변수로서 기능을 하며 그리고 특정정책의 내용에 대한 국민의 여론 등이 있다. 이러한 국내정책환경은 정책의 유형에 따라서 특정한 사안에 대한 개인적 혹은 집단적 이익이나 인식에 의하여 많은 영향을 받지만, 반대로 영향을 받지 않는 경우도 발생한다.[66] 국내정책환경에 대한 평가는 정책대상에게 영향을 미치기도 하지만, 국내정책엘리트의 평가에도 영향을 미친다. 정책엘리트의 정책환경에 대한 평가를 통해 정책대상과의 조정과 협상의 수단과 전략이 상이하게 나타나기도 한다.[67]

---

65) 이념이 대외정책에 미치는 영향에 대해서는 모겐소와 같은 부정적인 견해도 있으나, 이념의 가치통합 기능에 주목하는 견해가 있다. Hans Morgenthau, *Politics among Nations,* 3rd ed. (N.Y.: Knopf, 1961), p.87; Thomas W. Robinson, "National Interest", in James N. Rosenau, (ed), *International Politics and Foreign Policy,* Revised edition (N.Y.: The Free Press, 1969), p.188.: 인식체계를 통한 대외정책에 대한 영향은 김기정, 『외교정책의 이해』 Lloyd Jensen, *Explaing Foreign Policy,* (서울: 평민사, 1994), 99-101쪽.

66) 로위는 정책 산출의 이해득실에 따라서 분배정책, 규제정책, 재분배정책으로 분류하고 있으며, 분배정책은 정책 참여자들에게 이해가 나누어짐으로써 큰 반대가 없다고 설명하고 있다. Theodore Lowi, "American Bussiness, Public Policy, Case Study and Political Theory", *World Politics,* Vol 16(July 1964), pp.677-715. 참조.

67) 스나이더와 디싱은 위기의 절반 이상이 정책엘리트들 사이의 의견 불일

정책환경의 요인들을 한국의 북방정책에 적용하여 살펴보면, 먼저 국제정책환경은 냉전과 탈냉전의 세계체제의 변화, 동북아의 지역정세, 한국과 사회주의 국가 및 동맹국가와의 관계가 고려되어야 하며, 한국의 국내적 정책환경으로는 한국의 자유민주주의 체제라는 이념적 스펙트럼과 민주화 및 권위주의 극복이 요구되는 정치제도, 경제성장과 사회적 안정, 정치적 안정을 요구하는 정책적인 성향, 공산주의에 대한 반감과 사회주의 국가와의 수교에 대한 국민감정 등이 포함될 수 있으며, 남북한의 분단 상황으로 분단체제를 설정할 수 있다.

이러한 정책환경은 환경요인들 간의 상호 작용을 하면서, 우월적 정책환경이 여타의 정책환경에 영향을 미치게 된다. 또한 정책환경 요인들 간의 상호 작용의 결과 발생하는 정책환경의 변화와 함께, 정책의 추진 결과에 의해서도 정책환경은 변화가 일어난다. 이러한 변화에 대한 연구는 한국의 북방정책이 정책환경에 의한 영향의 우선순위와 우열성을 파악하게 하며, 정책환경이 정책엘리트와 어떠한 관계를 형성하고 있는지를 밝히게 한다.

다. 정책과정과 정책엘리트

사회주의 국가와의 관계개선이 필요하다는 문제제기가 정책엘리트를 비롯한 정책 참여자들의 논쟁을 거쳐 정책결정자가 최종적으로 선

치를 나타내고 있다고 분석하고, 국제정치의 결과를 예측하기 위해서는 수락이 가능한 최소한의 양보라는 측면에서 국내적 흥정과정을 이해할 필요가 있다고 지적하고 있다. Glenn H. Synder and Paul Diesing, *Conflict Among Nations: Bargaining Decision Making and System Structure in Internatinal Crises* (Princeton, N.J.: Princeton University Press, 1977), pp.510-525.

택하고 추진되는 일련의 과정을 정책과정(policy process)이라 할 수
있다. 따라서 정책은 일련의 정책과정을 거쳐서 현상적으로 구체화·
가시화·체계화되는 것이다. 특정정책이 일정한 과정을 거치면서 발전
되며, 또한 그때마다 새로운 선택과 변화가 발생된다는 의미에서 정책
과정에 대한 분석은 정책의 의미와 정책 변화를 연구하기 위한 연구
방법으로서 의미를 가지고 있다.

  정책과정에 관한 논의는 일반적으로 체계론적 접근으로 투입과 정
책의 결정, 산출과 환류의 과정을 겪는다. 존스(Charles O. Jones)는
정책과정론은 구체적인 분석요인론으로 발전시켜, 14개의 항목으로 분
류하고, 이를 5개로 단계화한 정책과정론은 제시하고 있다.[68] 기능주
의자인 앤더슨(James E. Anderson)도 마찬가지로 정책의제설정, 정책
형성, 정책 채택, 정책집행, 정책 평가, 환류의 과정을 지적하고 있다.
이러한 정책과정론은 정책과정에서의 행동흐름을 쉽게 파악하고, 여러
국가의 정책연구에 적용할 수 있도록 하고 있다.[69] 또한 체계론적 접
근은 드로어(Yehezkel Dror)의 최적모형(Optimal Model)이나 미국식
의 다원주의적 모형을 근간으로 하는 것이며,[70] 다이(Thomas R.

---

68) 첫째, 문제규명체제로서 사실의 인지, 문제의 규정, 집약, 조직화, 대표 등
   이 있으며, 둘째, 사업계획의 개발체제로서 정책 형성, 합법화, 재원배분이
   있으며, 셋째, 사업계획의 집행체제로서 해석, 조직화, 적용으로 구분하고
   있고, 넷째, 사업계획의 평가체제로서 명세화, 측정, 분석으로 구분하고 있
   으며, 다섯째, 사업계획의 종결체제로서 이후 환류의 과정을 거치는 순환
   적 과정임을 지적하고 있다. Charles O. Jones, *An Introduction to the
   Studies of Public Policy* (2nd ed.), (North Scituate, Mass.: Duxbury
   Press, 1977), pp.9-12.
69) James E. Anderson, Public Policy-Making (New York: Holt, Reinhart
   and Winston, 1979), pp.23-24.
70) Yehezkel Dror, *Public Policy Making Reexamines*, (Scranton, Pennslvania:
   Chandlev Publishing Company, 1968), pp.160-196.

Dye)가 지적하는 것처럼 정책 내용에 대한 관심이나 정책의 변화, 민주적인 과정을 통한 정치발전론적 필요성의 의미를 가진다.[71]

이러한 정책과정론은 정책선택에 이루어지는 정책엘리트들의 역동적 상호 관계를 불랙박스(black box)로 취급하는 체계론적 한계를 그대로 반영하여 정책의 본질이나 성격에 관한 평가를 어렵게 하고 있다. 또한 정책과정을 정태적인 현상이며, 정책과정이 합리적으로 분석함으로써 정책변수들의 인과성이나 상호 작용에 대한 분석을 경시하는 문제를 표출하고 있다.

이를 극복하기 위해서는 정책과정에 대한 분석을 정책엘리트와 정책환경과의 관계를 포괄하는 연구분석이 요구되는 것이다.[72] 이러한 관점에서 정책과정의 분석적 의미를 구체화하여 살펴보면, 첫째, 정책과정은 본질적으로 순환적이며, 정책과정을 거쳐 정책은 구체화된다. 정책참여자[73]인 특정한 주도자(initiators)가 제기한 문제는 쟁점화되어 논쟁과 갈등, 조정과 타협을 거치면서 공식적 의제로 형성되지만 구체적인 프로그램이나 전략은 없다. 문제지기는 정책의제형성과정(agenda setting process)으로 발전하여 정책엘리트가 문제해결의 주체로 나서는 것이 정당하다고 공중에게 인지되고, 정부가 공식적 정책문제로 받아들이게 된다.[74] 이러한 정책의 선택은 곧 정교화 과정으

---

71) Thomas R. Dye, *Understanding Public Policy* (4th ed.), (Englewood Cliff, N.J.: Prentice Hall, Inc., 1981), pp.23-26.

72) John G. Ikennberry, "conclusion", (1988), p.22.

73) 정책참여자는 정책과정에 참여하는 개인, 집단을 의미하는 포괄적 개념이다. 이는 공사 부문의 정책참여자들을 포괄한다는 측면에서 공공 부문만으로 한정하는 정책엘리트보다 광범위하며, 실존하는 행위자로 한정한다는 의미에서는 국민 여론보다는 협소하다.

74) Roger]W. Cobb & Charles D. Elder, *Participation in American Politics: The Dynamics of Agenda Building*, (Boston: Allyn & Bacon. In., 1972), pp.82-89.

로서 정책 설계가 이루어져 정책의 대상과 목적 그리고 정책의 수단 및 전략 등의 체계적으로 구체화되지만, 그 추진과정에서 더욱 정교화되고 집행과정에서의 문제는 환류를 통해서 더욱 세밀해진다.

둘째, 정책 변화는 정책과정에서 지속적으로 일어날 수 있다. 정책변화는 정책결정자의 변화나 국내외의 정책환경 변화에 대한 적응, 혹은 외부적 충격에 대한 대응 등을 반영하고 있다. 정상적인 상황에서의 정책의 선택은 적응적인 정책 단계의 발전을 의미하지만, 위기나 긴급상황의 정책변화나 급격한 정책방향의 수정은 주로 정책결정자의 결단에 의해서 이루어지며, 이는 정책과정의 새로운 형성과 정책 설계의 변화를 의미하는 것이다. 이렇게 정책과정이 단순화되는 것은 갈등 축소 및 시간이나 비용의 절감을 통한 효율성의 증대, 정책 효과의 극대화를 위한 전략적 선택의 의미를 가지는 것이다.

셋째, 정책과정은 정책의 유형과 목적, 정책결정자의 관심에 따라 영향을 받는다. 대외정책이나 군사정책 등은 정책과정의 단순화, 참여 제한, 비밀주의 등의 정책적 경험을 가지며, 경제정책의 경우에는 갈등이나 조정의 정책과정이 복잡하게 나타난다. 복지정책은 국민의 지지와 자원동원을 위한 참여의 확대, 홍보의 강화 등의 경험적 특징을 가지고 있다. 특히 정책의 목적을 개인적 동기와 일치시키려는 의도가 강할수록 정책과정은 정책결정자를 중심으로 환류되며, 정책 참여자도 제한된다. 이러한 집중화 현상은 정책 집행기구와 정책 결정기구를 최소화하며, 이를 동일시하는 현상을 낳기도 한다.

넷째, 정책의 산물은 정책환경에 영향을 미치며, 새로운 정책선택도 정책목적을 구현하기 위한 정책환경을 재구성하는 순환적 관계를 형성한다. 이러한 정책환경과 정책엘리트의 관계는 정책결정자의 관심과 의지에 의하여 더욱 긴밀해지며, 정책엘리트는 정책을 그때마다 개념화하고 새로운 정책수단 및 전략을 구축하게 되는 역동성을 가진다.

　북방정책에 대한 분석을 위하여 위에서 설정한 정책엘리트모델을 중심으로 제4공화국 이전의 문호개방원칙, 제5공화국의 스포츠 외교를 살펴보고, 나아가 제6공화국의 북방정책에 대하여 분석하고자 한다.

제 3 장

북방정책의 태동과 전개

  한국은 6·23선언이 있기까지 사회주의 국가에 대한 외교원칙으로
서의 할슈타인 독트린을 유지하고 있었다. 그러나 1960년대 말부터 닉
슨독트린(Nixon Doctrine)의 발표와 미-중 간의 밀사외교, 미-소 간
의 평화공존 외교로 이어지는 탈냉전의 세계조류와 동북아 지역정세
의 변화로 한국은 사회주의 국가들과의 관계개선을 위한 정책변화를
모색하게 되었다.

  한국은 1973년 6·23선언을 통해서 사회주의 국가들과의 관계를 개
선하겠다는 문호개방원칙과 외교다변화 정책을 선언하고, 이는 제5공
화국에서도 그대로 이어졌다. 이는 평화공존과 호혜평등의 문호개방원
칙은 외교 대상을 확대하는 공세적 적응전략이며 한반도의 긴장완화
를 통한 평화공존이라는 소극적 대응전략이었다. 그러나 이 시기의 북
방정책은 체계화되거나 구체적인 실천전략이 마련되지 않았으며, 국가
의 주요 정책으로 국민들에게 상징화되지도 않았다.

  그러나 문호개방원칙은 사회주의 국가들과의 국제회의나 스포츠,
학술 분야를 중심으로 조금씩 문호개방이 추진되고, 스포츠 외교와 같
은 비정치적 접촉과 교류가 촉진됨으로써 제6공화국의 북방정책이 선
택되어 추진되는 기초를 제공하고 있었다.

  본장에서는 1988년 제6공화국의 북방정책이 선택되기 이전의 사회
주의 국가에 대한 할슈타인 독트린과 반공정책, 문호개방원칙과 외교
다변화 정책, 스포츠 외교를 중심으로 살펴보고자 한다. 이 시기의 다
양한 용어로 선택되었던 사회주의 국가에 대한 정책으로 문호개방원
칙이 선택된 원인은 무엇인지를 밝히고자 한다. 그리고 정책엘리트의
정책환경에 대한 이해와 정치적 동기 및 정책능력을 살펴보고, 어떻게
문호개방원칙을 개념화하였는지를 분석하고자 한다. 나아가 문호개방
원칙이 어떠한 전략과 정책수단을 통해서 정책목적을 달성하려고 하

였으며, 정책의 평가를 통해서 문호개방원칙이 지닌 정치적 의미를 규명해 보고자 한다.

제1절 냉전체제의 형성과 한국의 폐쇄적 외교정책

가. 한국의 반공정책과 할슈타인 독트린

1945년 한반도의 해방과 더불어 미국과 소련의 세계분할 전략에 의하여 한반도는 분단[1]과 1948년 남북한 단독정부 수립 그리고 한국전쟁으로 인하여 민족 구성원의 동의 없이 남북한은 세계체제에 편입되었다.[2] 제2차세계대전 이후 세계질서를 재편하는 과정에서 미국과 소련은 '시혜적 패권국'으로 각각의 진영에서 '패권적 질서'를 형성하게 된다. 진영 간의 관계는 '총체적 대립'으로 특징지어지는 '냉전적 양극체제'로서 '패권전쟁'(hegemonic war)의 성격을 띠고 있었다.[3] 미 - 소

---

1) 한반도의 분단은 카이로 회담(43. 11), 얄타회담(1945. 2), 포츠담 회담(1945. 7)에 따라 맥아더 태평양지역연합군 최고사령관의 일반 명령 1호에 의거 38선 이북은 소련군, 이남은 미군이 진주함으로써 한반도의 분단이 이루어졌다. James F. Schnabel, *United States Army in the Korean War* (Washington D.C.: US Government Printing Officer, 1972), p.10 - 11.
2) 분단 및 정부수립 과정에 관해서는 조순승, 『한국분단사』(서울: 형성사, 1982); 김학준, 『한국전쟁: 원인, 과정, 휴전, 영향』(서울: 박영사, 1989), 제7장: 손호철, "한국전쟁과 이데올로기 지형: 국가, 지배연합, 이데올로기", 경남대 국제문제연구소, 『한국과 국제정치』 제6권 제2호, (1990 가을), 1 - 27쪽.
3) Robert Gilpin, "The Theory of Hegemonic War", Robert I. Rotberg and Theodore Rabb (eds.), *The Origin and Prevention of Major Wars* (Cambridge: Cambridge University Press, 1988); 김태현, "외교안보정책", 세종연구소, 『탈냉전기 한국 대외정책의 분석과 평가』(1998), 31쪽.

양극체제는 1947년 트르만 독트린(Truman Doctrine), 발표와 더불어 유럽에서의 동서대립 구조가 형성되고, 소련을 포위하는 미국의 세계 전략을 낳게 되었다.[4] 동북아에서도 중국본토가 공산화됨으로써 대만 과 일본, 한국을 연결하는 미국의 봉쇄정책이 추진되고, 한국은 그 보루로서 기능을 수행하게 되었다. 양자체제에 있어서 한국은 소련이나 중국과 관계는 이념적 대립으로 인하여 상호 간의 접촉이나 교류는 불가능했다.

한국은 진주국인 미국의 다원적 민주주의를 정치이념으로 받아들여 시장자본주의를 경제원칙으로 채택하였고, 북한은 소련을 따라 공산당 일당독재와 사회주의식 계획경제를 채택하였다. 같은 민족으로서 분단 을 극복하고자 하는 통일협상이 진행되었지만, 냉전체제의 영향으로 남북한의 정치적, 군사적 갈등은 한반도에서 한 체제의 상대적 우위가 다른 체제의 정통성과 활력을 자동적으로 위협하게 되는 구조적인 위 협이 작동하게 됨으로써[5] 남북한은 체제별로 배타적인 이념적 동질 화가 추진되었다. 특히 한국은 한국전쟁으로 인한 극도의 열악한 국민 생활의 개선과 산업시설의 복구를 위하여 서방세계의 원조에 의존하 게 되었으며, 집단안보와 공동방위체제의 형성을 촉진시키고 있었다.[6]

---

4) 투르만 독트린에 대해서는 Cecil V. Crubb Jr., *Doctrines of American Foreign Policy: The Meaning, Role and Future*, (Boston Rouge: Louisiana University Press, 1982), pp.107-52.
5) 김태현, "외교안보정책", 세종연구소, (1998), 32쪽.
6) 한국은 1955년부터 1968년에 한국국방비의 50% 이상을 미국의 직접지원 에 의존했으며, 1953년 한미동맹에 대항하여 북한은 1961년 조·소 및 조 ·중 동맹을 체결하였다. 김학준, 『한국전쟁: 원인, 과정, 휴전, 영향』(서 울: 박영사, 1989), 329-365쪽; 약소국의 동맹외교, 진영외교는 안보상의 취약성 보강, 세력균형 내지 우위확보, 완충지대 설치, 전략적 장벽 설치 등의 의미를 지닌다. 서재만, "약소국에 있어서 국내정치와 외교정책과의 관계", 『국제정치논총』 제20집, (1980), 97쪽; 외무부, 『한국외교 40년』

남북한의 분단이 고착되면서 교류와 접촉이 점차 차단되기 시작하였으며, 제네바 평화회의를 제외하고는 남북한 통일협상도 중단되었다. 한국전쟁을 해방전쟁으로 인식하는 북한과는 달리 한국 국민들은 사회주의 국가들의 침략전쟁으로 인식함으로써 민족 구성원 사이의 감정은 극도로 악화되었고, 분단 극복방법으로 남북한은 평화적인 방법보다는 북진통일론과 적화통일론이 대립되고 있었다.[7]

냉전체제가 한반도에 심화되면서 한국의 대외정책은 이미 규정되어 있었으며, 북한을 포함한 사회주의 국가들은 한국의 가상적으로서 일체의 접촉은 금기시되었으며, 한반도에서의 전쟁과 지속되는 긴장으로 인하여 남북한의 이념적 범주화, 진영외교 그리고 적대적 의존관계는 더욱 강화시켰다.[8]

한국은 사회주의 국가들과의 교류나 접촉을 위험시하는 적대적 반공정책과 북한과의 외교관계를 맺은 국가들과의 외교관계를 거부하는 할슈타인 독트린을 대외정책의 근간으로 형성하게 된다.[9] 한국의 할슈타인 독트린의 선택은 첫째, 1948년 12월에 유엔이 승인한 한반도의 유일한 합법정부로서의[10] 한국의 정통성을 유지하기 위해 할슈타인

(1990. 6), 114-124쪽.

7) 냉전과 한국전쟁의 영향에 관해서는 이삼성, "한국전쟁이 냉전과 한미관계에 미친 영향: 전통적 시각과 비판적 시각의 비교", 『한국과 국제정치』 제6권 제2호, (1990년 가을), 29-70쪽; 외무부, (1989), 198-199쪽.

8) 한국 외교정책의 특수성에 미친 환경적 요인으로 전략적으로 중요한 지정학적 요인, 침략과 개입으로 점철된 역사적 요인, 극한 대립의 이념적 요인을 들고 있다. 김계동, "외교사적 측면에서 본 한국 외교정책", 김달중 (편저), 『한국의 외교정책』(서울: 오름, 1998), 102-3쪽.

9) 민병기, "할슈타인 독트린과 그 변천과정: 사적 변천과정을 중심으로", 『국제문제』, 1970년 11월, 제1권 3호, 167-177쪽.

10) 유엔은 찬성 48, 반대 6, 기권 1로 "대한민국은 한국민의 대다수가 거주하는 지역에 대하여 효과적인 지배와 관할권을 행사하고 있는 합법정부

62

독트린을 대외정책의 기저로 자연스럽게 받아들인 것으로, 동서체제 간의 인지적 일관성[11]에 의한 대립이 구조화되면서[12] 한반도는 동서 냉전의 결전장으로 국민의 의사와는 무관하게 태생적으로 결정되어 있었다.

둘째, 반공정책과 할슈타인 독트린은 한반도의 이념적 분열과 단독 정부 수립, 골육상잔은 배타적 진영외교를 거치면서 더욱 강화되었다. 한국은 남북한의 군사적 대립 이후 안전 확보를 위한 군사, 안보적 종 속뿐만 아니라 경제재건을 위한 종속이 심화되고 있었다. 이러한 종속 의 심화는 체제의 안정을 확보하는 수단이 되고 있었다.

셋째, 정책결정자들이 북한 및 사회주의에 대한 부정적 관념과 함 께 국민들의 반공의식, 반북한의식의 팽배가 정책선택의 주요한 근원 이었다.[13] 독립운동 시절에도 공산주의를 반대하던 이승만 대통령은 독립 이후 단독 정권 수립과 한국전쟁을 거치면서 자신의 반공의식은 더욱 강화시켜 반공정책, 할슈타인 독트린, 북진통일론 등의 정책으로 나타났다. 제2공화국의 장면 수상도 선건설, 후통일을 원칙으로 '한국 이 원하는 방식으로의 통일'을 분명히 하고 있었다.[14] 제3공화국의 박

이며, 선거인의 자유롭고 정당한 의사표시에 의한 선거를 토대로 수립된 유일한 정부임을 선언"하는 총회 결의 195(Ⅲ)호를 채택했다. *UN Documents*, A/806.

11) 인지적 일관성(cognitive consistency)은 "모든 긍정적 요소 간의 관계는 긍정적(혹은 중립)이고 모든 부정적 요소 간의 관계도 긍정적(혹은 중립) 이다. 긍정적인 요소와 부정적인 요소 간의 관계는 부정적(혹은 중립)이 다", Robert Jervis, *The Logic of Images in International Relations* (Princeton: Princeton University Press, 1970), Ch. 4. 참조.

12) 유정렬, "한국외교 반세기의 재조명: 문제와 평가", 정일영 편, 『한국외 교 반세기의 재조명』(서울: 세종연구소, 1993).

13) 이석호, "한국 북방정책의 변천 요인과 정책결정", 『국제정치논총』제28 집 제2호, 140쪽.

정희(朴正熙) 대통령은 북한과의 대결이나 멸공노선을 근간으로 하여, 집권과 정부운영 과정에서 진보적인 좌익세력들을 거세하고, 진보세력들은 스스로 북한으로 밀입북하는 등 체제 구분을 통하여 국민통합과 국가 형성의 주요한 요소를 담보하고 있었다.[15]

이러한 한국의 반공정책과 할슈타인 독트린은 외교정책으로서 제3공화국까지 사회주의 국가들에 대한 정책기저로 유지되고 있었다. 이승만 정권의 사회주의 국가에 대한 정책은 대외관계에서의 절대적 반공, 미국을 중심으로 하는 반공주의 국가들과의 우호관계 유지, 한국 통일에 대한 유엔의 결의 지지 및 존중으로 적극적인 반공[16]과 할슈타인 독트린이 근간을 이루고 있다.[17] 이러한 폐쇄적·적대적 대외정책은 이승만 정부에 일관되게 유지되었으며, 개념적 확대를 통하여 비동맹 국가에게도 그대로 적용되기도 하였다.[18]

자유당 정권이 붕괴로 혁신세력들이 북방관계개선의 요구가 분출하고 있었지만,[19] 허정 정부는 효과적인 실리외교의 추진, 자유우방국가

---

14) 김학준, "제2공화국 시대의 통일논의", 양호민, 이상우, 김학준(공저),『민족통일론의 전개』(서울: 형성사, 1986), 323쪽.

15) 냉전 시대 남북관계를 설명할 수 있는 대표적인 틀은 '적대적 의존관계'와 '거울영상효과'(mirror image effect) 개념이었다. 이영호, "냉전이후시대에 우리의 방위전략방향에 대한 소고",『국가전략』제1권 1호 (1995년 2월), 87쪽.

16) 적극적인 반공의 개념은 외교적인 측면에서 공산국 일반에 대한 무차별적 적대주의에 유래하는 외교통로 및 기타 교류의 단절, 좌경 중립국에 대한 비우호국 규정, 할슈타인 독트린의 견지 등이다. 이용희,『한국과 세계정치』(서울: 민음사, 1987), 210쪽.

17) Youngnok Koo and Sung-joo Han, "Historical Legacy", Youngnok Koo and Sung-joo Han (ed.), The Foreign Policy of the Republic of Korea (New York: Columbia University Press, 1985), p.6.

18) 최종기, "한국의 외교: 서설", 최종기 (편),『한국의 외교정책』(서울: 한국국제관계 연구소, 1988), 11쪽.

64

와의 가일층의 유대강화, 중립국가와의 관계개선에 그 주요 목표를 두
었다. 1960년 8월 23일 성립된 장면 내각도 유엔 결의를 존중한 유엔
감시하의 남북한 자유선거에 의한 통한 달성, 한국의 유엔가입 추진
및 대미 유대강화, 반공진영의 결속과 대중립국 외교활동 강화 등을
외교목표로 제시하였다.[20] 그러나 중립국에 대한 관계개선 의지나 유
엔을 통한 남북한 총선거 등의 변화가 보이고 있지만, 북한을 적대시
하는 유일합법정부라는 것을 강조하고, 할슈타인 독트린을 고수하는
정책을 견지하고 있었다.

  5·16군사혁명으로 등장한 박정희 혁명세력은 6개항의 혁명공약을
통해 대외정책을 천명하고 있다. 혁명정부는 유엔 헌장을 준수하고,
국제협약을 충실히 이행할 것이며, 미국을 위시한 자유우방과의 유대
를 더욱 공고히 하며(제2항), 민족적 숙원인 국토통일을 위하여 공산
주의와 대결할 수 있는 실력배양에 전력을 집중한다고(제5항) 밝히고
있다.[21] 이들은 제3공화국에 들어서 더욱 엄격한 반공법을 제정하여
북한은 물론 소련, 중국, 동구 사회주의 국가들이나 국외 공산계열과
의 접촉을 엄금하고, 북방국가들과의 관계를 희망하는 국내의 진보적
정치세력들을 억압하였다.[22] 또한 체제경쟁을 위한 경제건설에 매진
하면서도, 북진통일론을 제기하고 있었으며, 이는 평화통일로의 전환
이 이루어질 때까지 지속되었다.

19) Sung-Joo Han, *The Failure of Democracy in South Korea* (Berkeley: University of California Press, 1974), p.201.
20) 외무부, (1990. 6), 88쪽.
21) 외무부, (1990.6), 88-9쪽; 통일원, 『통일백서』, 1992, 37쪽.
22) 김학준, "대한민국의 북방정책: 그 기원들과 전개와 전망", 『외교』 제14호, (1990. 6.), 15쪽.

나. 할슈타인 독트린의 전개와 정책환경의 변화

제3공화국의 초기까지 한국의 할슈타인 독트린은 정책기저로서 도 전을 받지 않고 있었다. 오히려 박정희 정권은 국내에서 용공 외국상 사에 대한 통상 불허, 공산 제국에 출입하는 외국 상인의 입국 제한, 특정 상품의 공산 지역에로의 유출방지 및 공산 지역 상품의 유입 방 지를 위한 조치를 엄격히 취하고 있었다.[23] 이러한 폐쇄적 반공정책 은 한미상호방위조약을 통하여 친미정책, 서방의존적 정책, 대소 봉쇄 정책으로 추진되었으며, 반공국가의 선봉으로서 베트남 군대 파견 그 리고 아시아의 반공 군사동맹, 반공 국제협력기구인 아시아-태평양이 사회(Asian-Pacific Council: ASPAC)의 형성에 주도적인 역할을 하 기도 했다.[24]

1950년대 후반에 동서의 평화공존 이후 소련과 중국 사이에는 이념 분쟁이 시작되고, 동유럽의 부분적인 반소련 운동으로 국제공산주의 운동에 대한 인식에는 부분적으로 변화가 나타났지만, 이승만 대통령 은 소련의 세계적화 목표에는 아무런 정책 변화가 없으며, 따라서 동 서의 평화공존이란 있을 수 없다는 믿음을 견지하였다.[25] 그리고 박 정희 대통령은 선건설, 후통일의 정책 구호로 남북한의 체제경쟁의 목 표를 달성하기 위하여, 1965년 6월 22일 한일기본조약을 체결하고,[26]

23) 외무부, (1990. 6), 199쪽.

24) Hakjoon Kim, *Korea in Soviet East Asian Policy*, (Seoul: Kyunghee University Press, 1986), pp.19-21; 허만, 『한반도와 외교정책론』(서울: 교학과학사, 1988), 152-155쪽.

25) 외무부, (1990.6), 11쪽.

26) 박대통령은 한일 국교수립 반대시위와 민간 차원의 통일논의에 대해 '선 건설, 후통일'의 정책기저로 대응했다. 대통령 비서실, 『박정희 대통령 연설문집』 제2권: 제5대편, (서울: 대통령 비서실, 1973), 712쪽.

월남파병,[27] 건설업체의 중동진출 등을 통해 경제발전에 매진하였다.
이러한 경제건설에 대한 박정희 정권의 정책의지는 진영외교에 의존
하여 정책목표를 달성하고자 했으며, 슈타인원칙을 더욱 강화시키고
있었다.

　반공정책과 할슈타인 독트린에 따른 배타적, 폐쇄적 대외정책은 한
국에 다각적인 영향을 미치고 있었다. 첫째, 사회주의 국가들과의 이
념적 대립으로 진영의존적 체제유지가 강화되고 있었다. 남북한의 진
영외교는 한－미 간의 '작전지휘권'을 이양 및 한미상호방위조약 체결
(1953. 10)[28]과 조·소 및 조·중 동맹(1961. 6)조약의 체결로 인하여
국가안보와 경제재건을 진영의 경제지원에 의존하게 했다. 또한 남북
한의 유엔도 미국과 소련의 진영외교에 의존하고 있었으며, 이는 남북
한의 체제안보를 위한 후원자로서 기능하고 있었다.

　둘째, 남북한의 긴장과 이념적 대립은 정치적 후진성을 낳고 있었
다. 남북한의 대립이 심화되고, 이념적 보루로서 남북한의 대립이 심
화되면서, 이념적으로 체제우호적인 정책망은 지배연합을 형성하고 비

---

27) 일반적으로 한국의 월남 참전은 한국전쟁 동안 받은 외부지원에 대한 보
　　답, 미국과의 동맹관계, 경제적 이익 추구, 국제적 위상 제고, 월남의 한국
　　안보에의 연관성이라 평가하고 있으나, 구영록은 경제적 이해는 파별의 원
　　인이라기보다는 파병의 결과이며, 김학준은 한국군 월남파병이 주한미군
　　철수와 연계되어 한국의 대미 신뢰는 급격히 떨어졌으며, 자주국방에 대한
　　인식을 새롭게 했다고 지적하고 있다. Princeton N. Lyman, "Korea's
　　Involvement in Vietnam", *ORBIS* (Summer 1968), pp.563－5; 구영록,
　　"국가이익과 한국의 대외정책", 『국제정치논총』 제31집 (1991), 19쪽; 김
　　학준, 『강대국 관계와 한반도』(서울: 을유문화사, 1983), 154－5쪽.
28) 한－미 간의 군사협력으로 미국은 18억 불의 한국전쟁 비용, 1945－1960년
　　의 무상원조 12억 1,400만 불을 지원했으며, 1977년까지 직접 지원으로 한
　　국군사비 총액에서 10% 이상을 유지했다. 동아일보사, 『동아연감』, 1961;
　　하영선, 『한반도의 전쟁과 평화』(서울: 청계연구소, 1989), 38－39쪽.

우호적 정책망을 철저하게 배제, 억압되었다. 체제유지의 제도적 기재로서 반공법이 재정되고, 군대·경찰 등 안보관련 국가 기구가 확장되어,[29] 이들은 이념적 도구로 역할을 수행하고 있었다. 이러한 이념적 획일성은 국민통합과 체제유지를 강화하고 있었지만, 통일논의와 정당발전 등의 민족주의, 정치체제의 민주화를 가로막는 장애가 되었다.

셋째, 할슈타인 독트린 및 반공정책은 유일합법정부라는 유엔결의에 따른 정권의 정통성 경쟁을 더욱 확대하고 있었다. 남북한의 정통성 논쟁은 한국전쟁과 유엔에서 지속적으로 대결외교가 전개되는 원인이 되었다. 이는 진영외교에 의존하던 한국이 유엔의 결의에 의한 국가의 정통성을 확보하는 대외적인 비준전략으로 발전하였으며, 유엔외교나 비동맹외교에서 할슈타인 독트린이나 반공정책은 체제의 우월성을 확보하는 수단이 되었다. 그리고 대내적으로는 통일정책의 논거로서 국민적 지지획득과 국내적 자원추출전략의 원천이 되었다.

넷째, 공산진영에 대한 봉쇄장치로서 할슈타인 독트린과 반공정책은 한국의 국내 정책의 목적을 달성하는 데 필요한 자원 동원의 주요한 동인이 되었다. 한국은 전후복구와 자유민주체제의 유지, 북한의 군사적 위협에 대응하기 위하여 미국 등 서방세계의 보장과 지원을 적극적으로 요구했다. 이러한 서방세계에 대한 한국의 지원 요구는 빈곤과 굶주림, 교육 등의 비정치적인 국내 정책목표를 달성하는 데 중요했다. 한국은 빈곤 퇴치와 군사력 강화라는 당면의 과제에 심취하였지, 대외정책의 다변화를 통해서 국가이익을 모색하기 위한 정책으로 변화시킬 수 있는 정치, 군사, 경제적 정책능력이나 대안 마련도 기대할 수 없었다.[30]

---

29) 김석준, 『한국산업화 국가론』(서울: 나남, 1992), 206쪽.
30) 북한은 1950년대 평화통일 공세와 전후복구, 사회주의 기초건설에 전력을

68

그러나 1960년대에 접어들면서 국제사회는 제3세계국가들의 독립과
비동맹외교가 확산, 미국 중심의 세계체제를 거부하거나 비동맹외교를
통한 미-소 등거리외교, 신생독립국가들이 친소정책, 남북한을 동시
에 인정하거나 북한과 수교하려는 분위기가 확대되기 시작했다.[31]
1964년 12월 10일에는 모리타니카를 필두로 하여, 브라질, 콩고도 북
한과의 외교관계를 수립하는 현상이 발생하였다.

이러한 국제정책환경의 변화에 대응하여 한국은 다각적인 방안을
모색하고 있었지만, 할슈타인 독트린을 유지하여, 한국은 브라질, 콩고
등과 외교관계를 단절하는 외교적 강경자세를 유지하고 있었다. 또한
한국은 비동맹외교를 강화하여 1953년에는 미얀마와 인도네시아에 특
사를 파견하였다. 1960년에는 17개 아프리카 국가에 친선사절단이 집
중적으로 파견되는 방문외교를 활발히 전개하였으며, 1967년에는 이
란, 이라크, 레바논, 사우디아라비아, 수단 등 중동국가에 친선사절단
을 파견하였다. 이로 인하여 1964년에는 수교국가가 67개, 72년에는
84개 국가로 급증하였다. 북한도 중근동과 아프리카 비동맹 중립 제국
에 대한 외교를 강화하여, 1960년 15개였던 수교국가가 1972년에는 44
개에 이르게 되었다. 남북한의 이러한 수교노력은 중립국을 대상으로
하는 외교경쟁이었다. 그러나 1960년대 중반 소련의 일국사회주의로
진영외교가 강화됨으로써 사회주의 국가와의 관계개선이 불가능한 상
황이었으며, 서방진영의 결속도가 이완되는 현상이었지만, 북한과의

기울였으며, 1960년대 중반까지 공업화와 경제력의 격차로 인하여 대남 우
월감을 가지고 있었다. 북한은 '남북합작은 남조선 경제복구의 담보'라는『
노동신문』, 1963년 11월 17일자 논설에서 '남조선 혁명' 지원을 골자로 하는
'민주기지론'을 우월적 전략으로 채택하고 있었다. 이종석, "통일정책", 세
종연구소,『탈냉전기 한국 대외정책의 분석과 평가』(1988), 95-6쪽 참조.
31) 중복수교를 비롯한 1964년 1월 프랑스가 중국을 승인하고, 1973년에는
덴마크를 비롯한 유럽의 5개 국가와 수교가 이루어졌다.

직접적인 외교관계로 승화되지는 못했다.

이러한 적극적인 대응과는 달리 한국은 할슈타인 독트린 자체의 변화를 모색하고 있었다. 즉 한국은 한국의 유일합법성 견지라는 외교기저에 실질적인 지장을 초래하지 않는 한도 내에서 비동맹 중립제국에 대하여 신축적으로 대응하게 되었다.[32] 한국은 1962년부터 대공산권 통상관계에 있어서 그 수출입 절차를 점차 완화하였으며, 제한적이나마 비정치적 분야에서의 교류가 이루어지고 있었다.[33] 이러한 정책환경의 변화로 인하여 안기부와 외무부, 집권당인 공화당과 정부는 대외정책 기저의 변화를 위한 논쟁이 발생하고 있었다.[34] 이러한 소극적인 변화는 한국이 경쟁상대인 북한과 비교하여 상대국가의 정책목표에 부응하는 경제적 · 기술적 지원 등의 정책수단을 확보하지 못함으로써 정책환경 변화에 적응하는 것이다. 또한 비동맹운동이나 반서방적인 국제조류

---

32) 비동맹 중립국들과의 외교수립에 있어 종래와 같은 소극적 태도를 버리고, 비동맹 중립국 승인, 외교망 확장, 사절단 파견과 초청외교의 강화 등을 통한 능동적이고 다각적인 외교노력 경주, 비동맹 중립제국과의 통상관계를 촉진, 실질적인 이해관계의 확대, 문화교류를 통한 상호 이해의 증진과 의사, 농업기술자의 파견, 장학생의 초청 등 기술협력의 모색을 추진했다. 외무부, 『한국외교 40년』 전게서, 288쪽: Kim, Myong-Hwhai, "The New Outlook of Korean Diplomacy", Korea Observer, Vol.5, No.2-3, (Summer-Autumn, 1973), p.77.

33) 1961년 유고에서 개최된 세계탁구선수권대회 동반구 예선전 참가를 시작으로 1963년 체코에서 개최된 국제탁구연맹총회 참가, 1965년 제28회 유고 세계탁구선구권 대회 참가, 1969년 폴란드에서 열린 제69회 IOC총회 참석, 1970년 불가리아에서 개최된 국제배구연맹총회 참석 등이 이루어졌다. 김달중, "공산권 국가와의 비정치적 교류의 문제점 및 대책", 『정책연구』 제87집 (1987. 11-12), 128쪽: 경제교류는 1969년 이미 유고와 5,293 (디나)의 교역이 이루어졌다. Youn Soo Kim, "The ROK, The DPRK, and Yugoslavia", Korea and World Affairs, Vol.2. No.2, (1978), p.254.

34) 김학준, 『전환기 한국 외교의 시련과 극복』(서울: 조선일보사 출판국, 1993), 303-327쪽.

의 변화에 대응하여 진영외교에 입각한 동맹이나 후원 – 고객관계를 변화시킬 수 있는 분단체제가 조성되지 못함으로써 한국은 대외정책의 변화에 소극적으로 대응해 가는 입장이었으며, 적극적으로 한국의 독자적인 대외적 위상을 확보할 수는 없었다.[35]

제2절 제4공화국의 문호개방원칙과 외교다변화

가. 문호개방원칙과 외교다변화 전략의 선택

제3공화국은 1970년대 외교의 기본방향과 목표를 안전보장외교, 통일기반 조성 외교 및 경제·문화외교로 설정하고, 국력배양과 대북한 우위확보를 위한 총력외교를 전개하였다.[36] 이는 1960년대 말부터 변화하기 시작한 국제정세에 능동적으로 대응하고, 남북한 체제경쟁에서 우위를 확보하기 위해 다변화 외교를 전개하겠다는 정책 의지를 밝히는 것이다. 이후 제4공화국의 박정희 정권은 1973년 6·23평화통일외교특별선언을 통해서 세계 모든 국가에 대한 문호개방과 상호주의에 입각한 문호개방을 유도함으로써 한국의 공산권 국가들과의 관계에 있어서 새로운 장을 열겠다는 문호개방원칙을 선언하는 획기적인 정

---

35) 김달중, "한국의 통일정책: 동서독과 남북한의 통일논의 비교분석", 南泉 김명회 박사 회갑기념논문 간행위원회 (편), 『국제정치와 외교정책』(서울: 대왕사, 1983), 427쪽: 한국은 1964년 최초로 우간다에 의사 4명 파견 등 아프리카 제국과의 기술협력의 길을 열었다. 그 후 아프리카 지역에 30명의 의사파견이나 의약품 제공 등의 기술협력을 제공하였다. 외무부, (1990. 6), 290쪽.
36) 외무부, (1990. 6), 33쪽.

책전환을 발표했다.[37)]

　제4공화국의 사회주의 국가에 대한 문호개방원칙의 개념화된 내용을 살펴보면, 먼저 그 대상은 '우리와 이념과 체제를 달리하는 국가'로서 1960년대의 비동맹외교 및 중립국 외교의 개념과 1970년 8·15선언[38)]에서 도입된 비적성 국가의 개념[39)]을 발전시켜 소련 및 중국과 기타 사회주의 국가를 대상으로 하는 것이며, 북한은 평화공존의 대상이었다.[40)] 이러한 문호개방원칙의 목적은 남북대화, 국제무대에서의 남북한

---

37) 6·23선언은 ①조국의 평화적 통일은 우리 민족의 지상과제이다. ②한반도의 평화는 반드시 유지되어야 하며, 남북한은 서로 내정에 간섭하지 않으며, 침략을 하지 않아야 한다. ③우리는 남북 공동성명의 정신에 입각한 남북대화의 구체적 성과를 위하여 성실과 인내로서 계속 노력한다. ④우리는 긴장완화와 국제협조에 도움이 된다면, 북한이 우리와 같이 국제기구에 참여하는 것을 반대하지 않는다. ⑤국제연합의 다수회원국의 뜻이라면 통일에 장애가 되지 않는다는 전제하에 우리는 북한과 함께 국제연합에 가입하는 것을 반대하지 않는다. 우리는 국제연합에 가입 전이라도 대한민국대표가 참석하는 국제연합 총회에서의 한국문제 토의에 북한 측과 같이 초청되는 것을 반대하지 않는다. ⑥대한민국은 호혜평등의 원칙하에 모든 국가에 문호를 개방할 것이며, 우리는 이념과 체제를 달리하는 국가들도 우리에게 문호를 개방할 것을 촉구한다. ⑦대한민국의 대외정책은 평화선린에 그 기본을 두고 있으며, 우방들과의 기존 유대관계는 이를 더욱 공고히 해 나갈 것임을 재천명한다. 외무부, (1990. 6), 135쪽.

38) 8·15선언은 1970년대 한국의 통일정책과 대외정책의 방향을 설정한 선언으로 북한의 태도 변화에 따른 남북한의 단계적 통일기반 조성, 북한의 태도변화에 따른 유엔에서의 한국문제 토의 인정, 남북한의 선의의 경쟁을 선언하는 것이다. 외무부, (1990. 6), 405-412쪽.

39) 한국 정부는 공산권을 북괴, 적대국가 및 적성 국가, 비적성 공산집단으로 구분하고, '외교관 등 직무수행 기본지침'을 작성하여, 비적성 공산국가를 북괴, 적대국가 및 적성 집단을 제외한 공산국가로 정의함으로써 북한을 제외한 모든 사회주의 국가로 범위를 확대시켰다. 외무부, 『한국외교 30년』 (1979), 243쪽.

40) 문호개방원칙의 대상은 북한보다 소련 및 중국을 우선시하고 있으며, 남

의 공동 참여 및 선의의 경쟁, 소련, 중국 등 사회주의 국가들과 호혜평
등의 원칙에 따른 문호개방과 교류의 확대로 설정하고 있다. 이는 한반
도에서의 긴장완화와 평화공존, 평화통일에 이르는 과정에서의 북방정
책을 문호개방원칙과 남북한 선의의 경쟁을 개념화한 것으로 할슈타인
독트린과 반공노선을 포기하고 있지만, 소극적으로 북방정책을 개념화
하고 있다.

제4공화국의 문화개방정책과 외교다변화 전략의 선택은 국내외적
상황의 변화에 대응하려는 정책엘리트의 선택이었다. 국제환경은 미-
소의 탈냉전과 이에 따른 세계체제의 변화이다. 탈냉전의 세계체제는
패권의 쇠퇴와 다극화, 탈이데올로기화 그리고 탈군사화와 정치경제의
융합주의의 출현, 지역주의 사고의 등장, 개인적, 민족 세계관의 중시
등의 국제관계가 유동화되는 동태적인 변화가 발생하고 있었으며, 강
대국의 평화공존은 강화되고 갈등은 약화되었다.[41]

동북아의 지역체제는 미-소 진영 간의 각축, 베트남 전쟁, 한반도의
긴장, 중국과 대만의 대립, 한반도의 긴장으로 동·서 대립 및 세력균형
의 안정이 확보되어 있었지만, 베트남 전쟁의 종료와 중-소의 마찰, 대
만의 국제적 역할 약화, 강대국의 패권 지위 약화 등으로 변화가 발생하
고 있었다. 특히 닉슨(Richard Nixon) 미 대통령은 '괌 독트린(Guam
Doctrine)'에서 '아시아의 방위는 아시아인의 손으로'라는 탈아시아 정책
(disengagement policy in Asia)을 선언(1969. 7. 25)하고, 미-중 핑퐁외
교,[42] 중국의 유엔 상임이사국 진출, 소련에 대한 미-일-중국의 견제

북대화를 통일로 발전시키는 개념적 발전은 이루지 못했다. 이석호, "한
국 북방정책의 변천과정과 결정요인"(1988), 121쪽.
41) 최동희, 『탈냉전 시대의 한국 외교정책』(서울: 사회문화연구소, 1998), 79-
82쪽.
42) 1971년 3월 18일 나고야 세계탁구선수권 대회에서 미국과 중국의 핑퐁외

가 이루어지게 되었다.[43] 이러한 지역체제의 변화는 한국, 일본, 대만에 충격으로 받아들여졌으며, 독자적으로 국제사회의 변화에 대응하는 전략을 수립하도록 강요하고 있었다.

세계체제와 지역체제의 변화에도 불구하고, 한국과 사회주의 국가와의 양자체제는 개선되지 못하고 있었다. 박정희 대통령은 1971년 1월 연두 기자회견에서 비적성 공산국가에 대한 관계개선 용의 발표하고, 1971년 8월 김용식 외무부장관도 공식적으로 사회주의 국가와의 관계개선의지를 밝혀[44] 진영침투 외교 시대가 태동하고 있음을 알리는 것이었다.[45] 1971년 9월에는 민간경제인사절단이 시장조사를 위해 유고슬라비아를 방문하였으며, 소규모 간접교역을 추진했다. 소련은 1971년 9월 8일 이골 A · 네트라는 소련 국적을 갖고 있는 이란의 축구선수단 코치가 한반도 분단 이래 처음으로 한국에 입국하였다. 그러나 북한의 항의로 교착상태에 빠졌던 한-소 관계는 6 · 23선언 이후

교를 시작으로 4월에는 미국 탁구선수단이 중국을 방문, 10월 유엔에서 중국이 대만을 추방하고 중국이 대표권을 획득, 1972년 4월 닉슨의 중국 방문, 1973년 2월 키신저 안보담당특별보좌관이 중국을 방문하여 미-중 간의 연락사무소가 개설, 1978년 12월 미국과 중국의 정식 수교 성명 발표.『동아일보』, 1978. 12. 16. 1면.

43) 중국은 1971년 10월 유엔 상임이사국으로서 유엔에 정식가입, 1972년 봄에는 미-중정상회담과 상해 공동성명을 발표, 일-중 간의 국교 정상화 합의하였다. 최동희,『갈등의 평화론』(서울: 나남출판사, 1987), 143쪽.

44) 김용식 외무장관은 국회에서 "만약 소련과 중국대륙이 대한민국에 대한 적대적인 행동을 택하지 않는다면, 대한민국 정부는 그들과 외교적 관계를 수립할 용의가 있다", 동아일보사,『동아연감』, 1972: 자신의 전기에서 "소련과 중국과의 외교정상화 문제는 유연하고 신중하게 추진한다는 것이 정부의 정책"이라고 확인하였다. 김용식,『희망과 도전』(서울: 동아일보사, 1987), 219-220쪽.

45) 정종욱, "북방정책의 평가: 외교적 측면", 서울대 국제문제연구소,『논문집』제15집, (1991), 2쪽.

더욱 강화되기 시작하였지만,[46] 소련은 친북노선에 입각한 북한을 지지하고 있었다. 중국도 '1개의 조선' 정책과 친북노선을 견지했다. 일본과 미국의 중개에도 불구하고 중국은 한국과의 교류와 협력을 추진하려는 의지를 보이지 않았다.[47] 사회주의 국가와의 관계 진전에 대한 한국의 적극적인 의사표명이나 교류협력을 위한 실천전략의 추진에도 불구하고, 소련 및 중국, 동구권 국가들과의 관계는 전적으로 사회주의 국가의 진영외교 그리고 북한의 영향 아래에 있었다.

국제환경의 변화에 맞추어 분단체제도 변화가 야기되고 있었다. 한국의 박정희 대통령은 1970년대를 통일에 대처해야 할 역사적 시기임을 밝히고, 1970년 광복절 경축사에서 평화통일구상선언을 통해 공존과 경쟁을 제시하였고, 1972년 박정희 대통령은 연두교서에서 통일문제를 민족 내부의 문제로 다루어야 한다고 지적하고 있었다.[48] 1971년 8월 6일 시아누크 환영대회에서 김일성 주석도 한국과의 대화를 위해 정당사회단체들과 조건이 없는 대화를 제의하고 있었다. 이에 따라 남북한은 1971년 8월 적십자 예비회담을 거쳐 1972년 본회담이 개최되었으며, 7·4남북공동성명을 통해 남북한의 통일기본원칙을 마련하였다.[49]

---

46) 북한의 항의와 정책적 의미에 대해서는 Chin O. Chung, *Pyongyang between Peking and Moscow: North Korea's Involvemnet in the Sino-Soviet Dispute, 1958-1975* (Alabama: The University of Alabama, 1978), p.151.

47) 1976년 일본 신문과의 인터뷰에서 등소평은 "한국과의 관계개선은 중국에 유익하지 않을 뿐만 아니라, 미국이 북한을 승인하는 것도 비현실적이다."라고 밝히고 있었다. *Beijing Review*, June 18, 1976, p.4: 박두복, "중국의 대한반도 정책과 한-중관계", 한국국제정치학회, 『국제정치논총』 제29집 제2호, (1981), 73-75쪽.

48) 대통령 비서실, 『박정희 대통령 연설문집』 제3권, (1973), 807-811쪽.

49) 7·4남북공동성명은 남북한이 합의한 최초의 통일방안 문건으로서 조국

이러한 남북한 간의 직접대화의 모색은 남북한의 주민들에게는 통일
에 대한 강력한 욕구와 한반도의 긴장에 대한 우려를 완화시키고 있었
지만, 북한의 적화통일이나 한국의 승공통일론은 체제 내부의 통제를
위해 그대로 유지되는 이중성을 나타냈다.

국내정책환경을 살펴보면 먼저 정치체제의 변화이다. 3선개헌에 이
은 10월 유신으로 권위주의체제가 형성되고, 야당 및 학생 등의 저항
은 점차 세력화되고 있었으며, 국민의 정치체제에 대한 인식의 변화가
일어나고 있었다. 이에 따라 중앙정보부와 경찰, 군부 등 물리력을 보
유한 권력기구들은 더욱 강화되어 정권의 파수꾼 역할을 하고 있었다.
그리고 한국 경제는 수출지향의 경제발전전략이 성공하여 한강의 기
적으로 평가를 받았지만, 경공업 위주에서 중화학공업 위주의 산업정
책으로 국가성장전략의 변화가 이루어지고 있었다. 국제원유 가격의
앙등과 국내 에너지 부족으로 국가경제의 침체가능성이 높아지고 있
었다. 이러한 국내외 정책환경의 변화는 한국의 정치와 경제적인 불안
을 야기하고 있었으며, 정책엘리트들은 이러한 변화를 국가적 위기로
까지 인식되고 있었다.

이러한 정책환경의 변화나 정책엘리트의 인식이 정책의 선택과 어떠
한 관계를 형성하고 있는가는 살펴보면, 첫째, 문호개방원칙은 정책환
경의 변화에 대응하는 정책결정자들에게 위기의식에서 비롯된 일련의
생존전략이었다. 1960년대 말부터 전개되어 온 세계체제 및 동북아에

통일원칙에 합의한 것이다. 주요 내용을 보면, 통일3원칙은 자주, 평화,
민족대단결이며, 상호비방중지 및 군사적 충돌 방지, 다방면의 제반 교
류 실시, 남북적십자회담 조속 성사, 서울 – 평양 간의 직통전화 설치, 남
북조절위원회 구성 및 운영이다. 외무부, (1990. 6), 412 – 414쪽; 한국국
제문화협회, 『남북대화』 제1권, 1973. 7월; 남북대화사무국, 『남북대화
연표, 1970 – 1980』, 146 – 147쪽.

서의 탈냉전과 진영외교의 붕괴는 한국에게 진영논리와 냉전적 제약 속에 남아 있을 수는 없다는 인식을 확산시키고 있었다.[50] 북한의 비동맹외교로 한국의 정통성 경쟁이 한계효용에 이르고 사회주의 국가와 교류관계를 형성하는 외교다변화 전략이었다.

둘째, 대외정책을 통해서 국내정치적 동기를 성취하고자 하는 것이다. 박정희 대통령은 1970년대를 통일대업의 시기로 인식하고 이를 위하여 통일정책 및 대외정책의 변화를 적극적으로 모색하였다. 7 · 4남북공동성명을 통한 남북대화의 진전이나 대외외교다변화 전략을 통한 총력외교를 이념화하는 문호개방원칙은 이미 추진되고 있음에도 남북대화가 교착상태에 빠지는 시점에서 선언함으로써 국내정치적 효과만을 기대했던 것이다. 이러한 의미에서 6 · 23선언의 선택은 권위주의 체제로의 전환 과정에서 국내 정치적인 지지를 확보하기 위한 것이었다.

셋째, 남북한 체제경쟁에서의 체제 우월성을 대외적으로 과시하고자 하는 정책적 의도를 가지고 있다. 박정희 대통령은 1970년대의 남북한 체제경쟁에서 승리하고 있다는 자신감은 경제성장으로 인한 북한과의 공개적인 경쟁에 대해서 승리할 수 있다는 자신감에서 기인한 것이다. 그리고 탈냉전의 세계조류와 동서진영 간의 교류 확대에 대응하여 공산권 국가와의 교류협력을 통해서 북한과의 대결외교에서 앞설 수 있다는 대외적 선언으로 일련의 대북제의나 문호개방원칙으로 표출된 것이다.

---

50) 정종욱, "북방정책의 평가: 외교적 측면", 서울대 국제문제연구소, (1991), 1쪽.

〈도표 Ⅲ-1: 남북한 경제력 비교: 1953-1980〉

구 분		1953	1957	1960	1962	1964	1966	1968	1970	1971
GNP (억$)	한국	13.5	16.7	19.5	23.2	28.8	36.7	52.3	79.9	93.7
	북한	4.4	9.4	15.2	20.2	23.0	24.1	27.8	39.8	40.9
	비고	3.07	1.78	1.28	1.49	1.25	1.52	1.88	2.00	2.29
1인당 GNP($)	한국	76	90	94	96	107	125	169	248	285
	북한	58	85	137	179	194	192	225	286	308
	비고	1.31	1.61	0.69	0.54	0.55	0.65	0.75	0.87	0.93
경제성장률 (%)	한국	-	-	1.1	2.2	9.6	12.7	11.3	7.6	9.1
	북한	-	-	7.4	11.0	9.9	5.8	5.8	31.0	15.9
구 분		1972	1973	1974	1975	1976	1977	1978	1979	1980
GNP (억$)	한국	105.7	135.0	185.5	208.5	286.8	374.2	519.6	623.7	603.0
	북한	46.2	62.7	72.9	93.5	96.8	106.4	133.2	124.0	135.0
	비고	2.29	2.15	2.54	2.23	2.96	3.52	3.90	5.03	4.47
1인당 GNP($)	한국	316	396	535	591	800	1,028	1,406	1,662	1,589
	북한	316	418	461	579	585	642	784	873	758
	비고	1.00	0.95	1.16	1.02	1.37	1.60	1.79	1.79	2.09
경제성장률 (%)	한국	5.3	14.0	8.5	6.8	13.4	10.7	11.0	7.0	-4.8
	북한	16.0	18.9	17.1	20.0	10.9	-4.0	16.9	14.9	1.7

*자료: GNP, 1인당 GNP는 통일원,『분단 45년 남북한 경제의 종합적 비교분석』
(서울: 통일원, 1990), 51쪽: 경제성장률은 황의각,『북한경제론』(서울: 나남,
1992), 142-5쪽.

셋째, 한국의 정책엘리트들은 대미의존적 대외정책에 대한 한계를
인식하고 있는 것이다. 국방을 미국에 맡기고 수출을 통한 경제건설에
총력을 매진하던 한국은 1968년부터 발생하기 시작한 일련의 북한의
무력 공세와 적화공작에 대한 한-미 간의 갈등,[51] 미국의 대한 원조
중단의 위협과 한국에 대한 내정간섭,[52] 사전협의가 없었던 주한미군

---

[51] 북한 공비의 청와대 기습 사건(1968. 1), 미해군 함정 푸에블로호 북한
납치 사건(1968. 1), 울진·삼척 지역 무장공비 침투 사건(1968. 11), 미
해군 정보 수집기 EC-212기 동해 추락사건(1969. 4) 등이다.

[52] Claude A. Base, *The United States and the Republic of Korea:*

1개 사단의 철수 그리고 미-중국의 화해, 미국의 월남전에서의 철수,
인도차이나 공산화와 중소의 세력 각축 등은 한국의 안보환경에 변화
를 초래하고 있었으며,[53] 안보와 경제발전에 대한 정책결정자들의 위
기의식과 함께 자구적 대응책을 선택하도록 한 것이다.[54] 이로 인하
여 한국 정부는 첫째, 한국 정부로 하여금 1971년부터 국군현대화 계
획 등 자주국방 강화 및 개선의 필요성을 절감하게 하였으며,[55] 둘째,
남북대화 모색과 대공산권 문호개방 등 외교다변화의 필요성을 느끼
게 했다.

　셋째, 경제성장으로 인한 새로운 해외시장 확보의 필요성이었다. 미
-일 편중 경제외교의 탈피 필요성, 월남전 종식 이후 새로운 수출시

　　　Background for Policy (Stanford: Hoover Institution Press, 1982), p.29:
　　　이명식, "한국외교정책을 결정하는 제요인", 『중앙행정』, 1970. 4., 36쪽.
53) 외무부, (1990. 6), 전게서, 199쪽.
54) 생존전략이라는 소극적 해석과는 달리 전웅 교수는 박정희 정부의 외교
　　정책의 정향을 대외정책이 개인의 권위주의적 개성과 강박적 성격, 군사
　　주의적인 이분법적인 사고와 현실주의, 국제적 환경요인 등이 결합된 산
　　물이라고 지적하고 있다. 군인이란 대체로 현실주의자이자 기회를 잘 이
　　용할 줄 아는 자이다. 미-중 관계개선과 소련의 아시아집단안보정책이
　　발표되자, 박정희는 국제환경 변화에 재빨리 적응하고 상황을 이용하려
　　하였으나, 김일성이 국제적 환경의 변화에도 자신의 경직된 교조주의적
　　이데올로기를 수정하지 않은 것과 대조적이다. 전웅, "한국외교정책의
　　전통과 연구현황", 이범준, 김의곤 (공편), 『한국외교정책론』(서울: 법문
　　사, 1995), 28쪽.
55) 1970년 북한의 ⅓ 이하였으나, 1970년대 말에는 북한을 앞지르게 되었다.
　　국가 주력사업을 중화학공업으로 전환하여, 방위산업에도 박차를 가하였
　　다. 고도성장에도 불구하고, 1975~79년 국민총생산대비 방위비 지출은 평
　　균 5.7%, 정부재정대비 방위비 지출은 평균 34.3%였다. 국방부, 『국방백
　　서 1988』, 167쪽: 김태현, "외교안보정책", 세종연구소, (1998), 39쪽: 군
　　현대화 계획에 대해서는 강성철, 『주한미군』(서울: 일송정, 1988), 202-
　　206쪽. 참조.

장의 확보, 제3차 경제개발5개년계획(1972-1977), 추진을 위한 막대한 자원 및 기술 시장의 필요성은 문호개방원칙을 통한 비적성 공산제국 및 아프리카의 중립국과의 정치적 관계개선과 수출시장 다변화를 위한 실리외교 방안이 모색된 것이다.56)

　이러한 관점에서 제4공화국의 문호개방원칙과 외교다변화 전략의 추진은 이러한 관점에서 국제정책환경의 변화에 대응하여 군사안보적으로 사회주의 국가와의 관계를 개선하고자 하는 국제적 비준전략이며, 경제적인 국가이익을 확보하는 실리외교의 생존전략이었다. 그리고 국내정책환경 변화에 따른 국민적 지지를 확보하고자 하는 국내적 비준전략으로서 북한과의 대결외교를 강화시키는 경쟁전략으로서 선택되었다고 평가할 수 있다.

나. 문호개방원칙의 추진과 남북한 외교경쟁

　국내 규범으로 형성되었던 반공정책과 할슈타인 독트린의 수정은 6·23선언 이전부터 제도적 개선이 이루어지고 있었다. ①유고, 체코, 폴란드 등 동구권 국가들에 대한 GATT 35조 및 개도국 무역협정에 관한 의정서 15조의 원용철회(1971. 8. 31), ②일부 비적대 공산국가들과 외교·적십자·체육·문화 분야의 우편수발 허용(1971), ③대공산권 교역을 가능케 하기 위한 무역거래법 개정(1972. 12. 30), ④우리나라 선박의 비적대 공산권 기항 허용 및 비적대 공산권 선박의 우리나라 기항 허용(1973. 8. 29, 선박 기항에 관한 교통부 훈령개정), ⑤공산권 상사의 입찰 참여 허용(1974. 4. 12, 재무부 훈령 679호), ⑥월맹

---

56) 외무부, (1990. 6), 159쪽.

·북한을 제외한 모든 공산국가와의 국제우편 교환 허용(1974. 9. 1)
등이다.[57]

국내 규범의 개선과 더불어 한국은 비동맹외교, 중립국 외교, 공산
권 외교로 점차 외교의 대상을 확대하는 외교다변화 전략을 추진하고
있었다. 정부는 특별사절단을 매년 아프리카, 중동, 아시아, 중남미제
국에 파견하여 평화통일외교정책 및 한반도 평화정착을 위한 국제적
지지와 우호협력 관계를 강화하는 간접외교를 전개하였다.[58] 이는 경
제적 목적보다는 유엔이나 비동맹회의에서 전개되고 있는 남북한의
경쟁외교에서 우위를 확보하기 위한 정치적 목적을 가지고 있었다. 그
리고 남북한의 외교 경쟁에 대비하여 국제기구에서의 활동을 강화하
여, ESCAP, 콜럼보 플랜, IMF, IBRD, IDA, ADB 등 국제기구를 통
한 정치, 경제, 사회 분야에 대한 참여와 역할을 강화하여 경제다변화
전략을 병행하고 있었다.[59] 또한 UN 전문기구를 비롯하여 다자 간
국제기구가 개최하는 150여 개의 국제회의에서 긴장완화와 평화통일
을 위한 정부의 정책을 홍보하였다.[60]

한국의 외교다변화 전략은 6·23선언을 통해 대외정책을 선택되면
서, 이를 추진하기 위한 전략적 대상으로 동구권 국가와의 문호개방을
타진하게 되었다. 동구는 후르시쵸프의 스탈린 격하, 민족주의의 확
산,[61] 일련의 폭동과 민주화 사건들이 발생하면서[62] 소련의 동구의

---

57) 외무부, (1990. 6), 217-9쪽.
58) 외무부, (1990. 6), 135쪽.
59) 외무부, (1990. 6), 168-169쪽, 402-404쪽: 김성주, "한국외교정책사",
  이범준, 김의곤 (공편), (1995), 52-3쪽.
60) 국제무대에서 북한에 대한 우위를 계속 확보하는 것이 목적이었다. 외무
  부, (1990. 6), 99~100쪽.
61) 최종기, 『소련과 동구관계론』(서울: 종로서적, 1985), 제5장과 제6장 참조.
62) 소련과 집권 공산당에 대한 반발은 1953년 동독과 체코슬로바키아에서 일

개별 국가들의 자율성을 인정하게 되었으며, 동서무역이 점차 증대되기 시작하였다.[63) 한국은 동구의 변화를 직시하고, 보다 자율적이던 유고를 대상으로 경제교류와 국제기구 등을 통한 접촉 등 비정치적인 인적, 물적 관계를 형성하고자 했다. 이에 따라 1971년 경제계의 민간시장조사단의 유고 방문, 6·23선언을 계기로 1973년 7월 민간통상사절단이 유고를 방문하여 직접교역을 모색하였다. 그 후 체코슬로바키아, 헝가리, 루마니아 등 동구권 상사와의 교역이 점진적으로 확대되기 시작하여 한국의 동구권국가에 대한 수출은 1973년 35,000불과 1978년 16,864,000불로 급격한 변동을 보이지 않고 있으며, 한·동구의 교역은 직접무역이 아닌 중개무역으로 이루어졌다.[64)

또한 스포츠 등 비정치적 교류를 강화하여 1973년 4월 유고슬라비아의 사라예보 세계 탁구선수권대회, 1973년 8월 불가리아의 제10차 올림픽 회의 참석이 이루어지고, 1973년부터 1979년 10월까지 112건에 371명의 한국인이 국제회의, 국제 스포츠 대회 참석, 경제관계(상담)를 위해 동구를 방문했다. 그리고 같은 기간에 동구권 국가의 한국 방문은 73건에 89명으로 국제회의, 관광, 경제관계(상담) 등이었다.

어난 노동자 폭동사건, 1956년 헝가리, 폴란드 사태, 1968년 체코슬로바키아 사태 그리고 1970년대의 폴란드 사태가 발발한 것이다. 이러한 동구의 사태는 50년대 이후부터 1960년대 전반에 걸친 급격한 경제성장의 둔화를 반영하는 헝가리 등의 경제개혁과 소련 의존적, 일당독재체제에 반대하는 체코슬로바키아의 민주화 운동 등의 두 가지 방향으로 전개되었다.

63) 최종기, 『한국외교정책』(서울: 한국국제관계연구소, 1988), 384쪽.
64) 동독은 덴마크가, 체코슬로바키아는 서독, 스위스, 일본이, 폴란드는 일본, 서독, 네덜란드가, 루마니아는 일본이, 유고슬라비아는 그리스, 일본이 불가리아는 벨기에, 서독이 각각 중개국의 역할을 하고 있었다. 최종기, (1988), 360쪽; 정창영, 『소련·동구의 최근대외교역동향』, 전국경제인연합회, 한국외국어대, 소련 및 동구문제연구소 주최 소련·동구의 경제순환과 진출방안에 관한 세미나 (1975. 5), 50쪽.

〈도표 Ⅲ-2: 한국·동구권 사회주의 국가의 교역 현황: 1973-1979〉

국가명	1973	1974	1975	1976	1977	1978	1979
유 고	35,351	604,931	13,779,063	2,249,593	2,512,360	3,520,551	3,073,760
폴란드		978,920	4,106,858	6,077,459	4,361,310	2,788,949	509,259
루마니아		301,103	-	168,043	-	7,097,855	2,663,642
체 코		-	54,060	176,883	337,767	2,528,796	3,644,572
불가리아		25,153	176,436	187,549	596,788	782,995	1,259,380
헝가리		19,422	-	577,405	506,943	149,189	680,305
동 독		-	29,498	177	16,224	-	1,709,512
알바니아		-	-	-	-	-	-

* 단위: 달러.
* 자료: 73-78년, 관세청 무역통계연보(1978. 12. 간); 1979. 1-6월까지는 통계청 자료: 김유남, 김성태(공저), 『한국의 대동구권 교류현황과 문제점 (1973-1979)』 한국외교안보연구원, 79-23, 34-21쪽.

사회주의 종주국인 소련은 1970년대 들어서면서 친북한 정책에도 불구하고, 무력도발을 반대하고, 한반도에서 현상고정원칙과 탈냉전으로 인한 국가이익을 추구하면서,[65] 한반도에서의 남북대화를 적극 지지하고 있었다.[66] 소련은 1971년 소련인의 한국 방문에 대한 북한의 비판에도 불구하고[67] 6·23선언을 전후하여 한국에 대한 공개적인 접

---

[65] 한국전쟁 이후, 소련은 북한의 1958년, 1960년, 1963-64년에 북한의 무력해방과 혁명투쟁 주장을 무시하였다. 이명식, "소련의 남북한정책과 한국의 대안", 최종기 (편), (1988), 129-31쪽; Elizabeth K. Valknier, "New Trends in Soviet Economic Relations with the Third World", *World Politics*, Vol.XII, No.3. (April 1970), pp.415-32.
[66] *Pravda*, September 23, 1971, 재인용.
[67] 소련인의 방한에 대해 "남한 당국과 접촉을 이룩하려는 소련의 희망"으로 보도했다. 『동아일보』, 1971. 9. 14; 북한의 비판에 대해서는 Chin O. Chung, *Pyongyang between Peking and Moscow: North Korea's Involvemnet in the Sino-Soviet Dispute, 1958-1975* (Alabama: The University of Alabama, 1978), p.151.

측을 시작했으며, 정부 관리들의 비공식적 접촉도 1977년부터는 공개적으로 이루어지게 되었다.[68] 1973년 이후 1979년 6월까지 한국인의 소련방문은 총 29건에 133명으로 국제회의가 19건에 64명, 경기대회 참석이 6건에 64명이었으며, 소련인의 한국방문은 4건에 4명으로 국제회의 3건에 3명이 입국하였으며, 경제상담을 위하여 1건에 1명이 입국하였다.[69] 그리고 UN에 주재하는 소련 직원의 한국 직원에 대한 태도가 날이 갈수록 우호적으로 되어 갔으며, 소련의 UN대표가 주한미군문제가 해결되면 한-소 간의 국교도 있을 수 있다고 발언했다.[70] 그리고 제3국을 통한 한-소 간의 간접교역도 1972년경에 미미하지만 시작되었다.[71]

제4공화국의 문호개방원칙은 한-중관계의 변화를 촉발하지 못하고 1977년 등소평의 복권, 1978년의 실용주의 세력이 실권을 장악하고, 북한-중국의 관계가 이완되면서부터 전기가 마련되고 있었다. 중국은 개방정책을 취하면서 경제개발을 위한 주변 지역의 안정과 한국과의 경제교류의 필요성, 북한의 등거리외교에 대한 견제수단으로서 한국의 가치를 받아들였던 것이다. 그러나 한-중 관계는 점진적으로 강화되어 한-중 간의 우편물 교환(1974. 9)[72] 한-중 간에 전신환 개설(1975. 7)이 이루어졌으며, 1976년에는 중국영해를 침범하여 나포된 2

---

68) Youn-Soo Kim, "Toward the Opening of New Relations Between Korea and East European Countries: The Soviet Union as the Key Actor", *Korea and World Affairs*, Vol.1. No.2, (Summer, 1977), p.181: 『조선일보』(1977. 10. 13.).

69) 김유남, 김성태, 『한국의 대동구권교류 현황과 문제점(1973-1979)』, 한국외교안보연구원, 79-23, 14-16쪽.

70) 이 시기 소련 '하나의 조선' 정책 변화에 대해서는 이상우, 『한국의 안보환경』 제2집, 증보판, (서울: 서강대 출판부, 1986), 147~154쪽.

71) 정진위, 『북방삼각관계』(서울: 법문사, 1985), 152쪽.

72) *Korea Newsreview*, (Seoul, October 12, 1974).

84

척의 한국 어선을 즉각 석방하고, 또 1979년 2월 중국거주 한인들의 인권을 고려하여 한인 1세대의 한국 영주귀국을 처음으로 허가했다.[73] 또한 한-중 간의 경제교류는 간접교역의 형태로 1979년부터 본격적으로 허용하기 시작하였다.[74] 그러나 중국의 한반도 정책은 '1개의 조선'을 원칙으로 하는 친북노선이었다. 한국은 중국의 영향력이 북한의 긴장조성과 군사적 위협을 약화시킬 수 있기를 기대하고 있었지만, 중국은 미국과 일본의 중개에도 불구하고, 중국은 전통적으로 북한에 대하여 내정간섭이나 영향력 행사를 하려 하지 않았다.[75]

남북대화가 교착상태에 빠지면서 이루어진 6·23선언에 대해서 북한은 민족의 영구 분단책략으로 즉시 철회할 것을 주장했다.[76] 이미 남북한은 진영침투 외교가 첨예하게 진행되고 있는 상황에서 한국의 문호개방원칙의 국내정책적 상징화는 이루어지고 있었지만, 정책 추진 성과는 한계가 있었다. 즉 한국의 문호개방원칙으로 사회주의 국가와의 교류와 접촉이 진행되면서 남북관계[77]를 비롯한 사회주의 국가와의 관계,[78] 서방동맹외교의 균열현상[79]이 발생하고 있었지만, 한국과의 관

---

73) 『동아일보』, 1991. 2. 27.
74) 김국진, "북방외교", 『한국외교 40년』 전게서, 208쪽.
75) 1979년 1월 등소평은 카터 대통령이 대북한 영향력을 요청했을 때, 이를 거부하면서, 북한의 비위를 건드리지 않기 위한 것이라고 분명히 하고 있다. Jimmy Carter, *Keeping Faith: Memoriors of a President* (New York: Bamatam, 1983), p.206.
76) 『로동신문』, 1973년 8월 29일자, 재인용.
77) 문호개방원칙을 명분으로 하여 북한은 남북위원회의 부위원장 회의 (1975. 5)와 적십자사의 실무회의(1978. 3)를 일방적으로 중지했으며, 1976년 8월에는 서울과 평양 사이의 직통전화를 단절하기도 했다. 곽태환, "국제환경의 변화와 북한의 통일정책", 신정현(편), 『북한의 통일정책』(서울: 을유문화사, 1989), 365쪽.
78) 1973년 8월의 모스크바 유니버시아드대회에는 한국 선수단 25명 참가에 대해 "소련의 호의를 두 개의 한국 정책으로 악용하는 한국을 반대한다"

계발전으로 연계되지 못했다. 이는 북한이 서방국가에 추파를 던지고,[80] 1972년을 외교의 해로 정하여 대규모 사절단을 파견하여 많은 성과를 거두었던 결과와는 차이가 있다.[81]

남북한의 진영침투 외교는 1960년대의 비동맹외교에 이은 외교경쟁으로 한국은 교차승인을 공식화했지만, 북한은 경제교류 확대[82]나 외교관계 수립 등의 효과에도 불구하고 공식적으로 교차승인을 거부하

며 대회 참가 기권을 발표하였다.

79) 제3국에서의 소련 외교관과의 접촉 허용은 중국과 북한의 관계를 강화시켰다. 김학준, "한국휴전 이후 현재까지의 대한민국의 북방정책", 한국정치외교사학회, 『한국 북방관계의 정치외교적 재조명』(서울: 평민사, 1990), 250쪽.

80) 북한은 '미-중 상해공동성명'과 '다나까-주은래 공동성명'을 긍정적으로 평가했으며, 1974년부터 미국과의 평화협정을 제의했으며, 카터 행정부가 1977년 취임 직후 '공산국가에 대한 여행조치 해제'발표를 기회로 9월에 비동맹국 특별외상회의 참석한 허담은 미국과의 '이상한 관계 제거'라는 대미 화해 제스처를 보냈다. 그리고 북한은 인민외교를 통해서 1968년 미국 정부의 승인으로 미국공산당을 북한으로 초청하였으며, 1971년에는 뉴욕에 미·북한 친선공보센터, 켈리포니아주-조선인민과의 연대성위원회 설치, 1975년에 조선민주주의 통일전선, 김일성 주체사상 연구소조를 조직하였다. 허문영, "북한 대외정책의 변화방향 연구", 『북한·통일연구논문집(Ⅳ)』(서울: 통일원, 1991), 165-6쪽; 허문영, 『북한의 대미정책 변화연구』(서울: 민족통일연구원, 1995), 25쪽; 양호민, 『북한의 대미접촉에 관한 고찰』(서울: 국토통일원, 1977), 79-80쪽; 전인영, "미·북관계의 지속과 변화", 『정책연구』 제5호, (1988), 127-28쪽.

81) 북한의 다변화 외교활동은 1973년에서 75년까지 아르헨티나, 덴마크 핀란드, 스위스 등과 서방진영 국가를 비롯한 제3세계 국가들과 수교함으로써 진영 침투외교의 성과를 거두었다. 민족통일연구원, 『사회주의체제 개혁·개방 사례 비교연구』(1993), 526-36쪽.

82) 북한의 대공산권 무역비중은 1971년에 85%에서 1974년에는 48.8%로 감소하고, 상대적으로 서방권 무역은 급증하였다. 그러나 1970년대 중반 이후 오일쇼크로 외채상환 능력(1976년에 16억 불)이 부족하여 북한의 제한적인 개방정책은 경제의 구조적 변화로 발전하지 못했다. 민족통일연구원, (1993), 535쪽.

고 있었다. 특히 1974년 유엔에서 한반도 문제에 관한 2개의 결의안이 동시에 결의되어 한국은 진영외교의 열세와 미국[83] 및 일본[84]과의 동맹체제의 이완으로 어려움을 겪었다. 남북한의 외교경쟁과는 달리 남북대화는 7·4남북공동성명으로 큰 진전을 이루어졌지만, 남북한은 각각의 통일방안을 구체화시켜 나갔으며,[85] 남북한의 교류·협력뿐만 아니라, 당국자들 사이의 관계도 더 이상 발전하지 못하고, 남북한 체제안정화에만 기여하였다는 비판을 받았다.[86]

다. 제4공화국 문호개방원칙의 평가

제4공화국의 문호개방원칙은 반공정책 및 할슈타인 독트린을 포기하고, 사회주의 국가들이 한국을 적대시하지 않는다면, 이념과 체제를

83) 한국의 10월 유신, 미국의 직접군사원조의 완전 삭감(1978), 미국의 인권외교와 주한미군 철수, 박동선 사건 등은 한-미 간의 갈등의 주요한 원인이 되었으며, 이로 인하여 박정희 대통령은 자주적 안보능력 고양을 위한 국군 현대화 계획, 외교다변화 정책, 민족주의의 강화로 발전하였다. Claude A. Buss, *The United States and Republic of Korea Background for Policy* (Standford: Hoover Institute Press, 1982), pp.148-54; 국방부, 『국방백서 1988』, 167쪽; 전웅, "한국외교정책의 전통과 연구현황", 이범준, 김의곤(공편), (1995), 28쪽.
84) Jung Hyun Shin, "Japan's Two Korea Policy and Korea-Japan Relations", Chin-Wee Chung (et al), *Korea and Japan in World Politics* (Seoul: Korea Association of International Relations, 1985), pp.277-88.
85) 한국은 1974년 1월 18일 남북한 불가침협정체결 제의, 무력불침범과 상호 내정 불간섭 제의, 1974년 8월 15일 평화통일 3원칙을 선언 등이며, 북한은 조국통일5대 강령 발표 등이 있다.
86) 한국은 UN감시하 총선거 통일안에서 '2개의 한국' 정책으로의 변화를 의미하며, 북한은 자주적 총선거 및 과도기적 연방제안에서 당분간 양측의 제도 차이를 인정하는 바탕 위에서 고려연방제안으로의 변화로서, 남북한이 새로운 형태의 분단안정화의 방향을 이어졌다고 비판을 받았다.

넘어서 그들에게 문호를 개방하겠다는 공세적인 현상타파 정책이다. 그러나 정책결정자의 획기적인 정책 전환에도 불구하고, 북한과 대비한 외교경쟁이나 사회주의 국가에 대한 교류협력도 괄목할 만한 성과를 거두지 못했다.

 이러한 정책 산출로서의 성과가 부진했던 원인은 첫째, 제4공화국의 북방정책인 문호개방원칙을 추진할 수 있는 한국의 정책능력이 부족했기 때문이다. 한국의 경제력, 군사력 등의 일반적 능력이 북한에 비해 유리하지 못했으며, 동맹국 등 우호적인 국제정책망의 지원이 결여하고 있었으며, 외무부 등이 대외교섭을 추진할 수 있는 조직적 능력을 결여하고 있었다. 특히 국내에서의 이념적 경직성은 그대로 유지되고 있었으며, 국가관료들의 보수적인 인식은 문호개방원칙의 집행을 제한적으로 만들고 있었다. 결국 문호개방원칙은 정책목적을 단순화하여 국제무대에서 한국의 위상을 확보하려는 외교안보적 목적과 국민적 관심과 지지를 확보하는 정치적 동기를 달성하는 데 기여한 것이다. 오히려 북한은 탈냉전의 국제기류와 제3세계의 신장, 각국의 실리외교, 한반도에 2개의 국가를 인정하는 국제적인 분위기를 활용하여 서방진영과의 교류협력을 강화시키고,[87] 비동맹외교와 유엔외교를 통하여 한국을 국제적으로 고립화시켰으며, 9개의 서방국가들과의 외교관계를 수립하였다.〈도표 Ⅴ-13: 남북한 수교 국가 변화 현황, 참조〉

 둘째, 문호개방원칙을 추진하기 위한 개념화 및 정책수단, 전략 등의 구체화된 프로그램이 설계되지 않았다는 것이다.[88] 6·23선언은

---

87) 1973년 4월 6일 서방국가 최초로 스웨덴의 북한 승인 등의 일련의 서방 침투외교가 급증했다.
88) 1973년 6·23선언에도 불구하고, 외무부는 1972년에 대중립국 외교 강화, 1973년에는 중립국 및 비적성국가와의 외교 강화, 1974년에는 문호개방 원칙의 적극 추진, 1975년에는 비동맹중립국가와의 협력관계 강화, 1978

사회주의 국가에 대한 문호개방과 이로 인한 경제교류 등 우호협력 관계의 증진이었다. 그러나 한국이 동유럽에 시장조사단이나 통상사절 단을 파견하였지만, 제3국을 통한 간접무역의 형태로 진행되었으며, 국제회의도 북한의 반발이나 개최국의 일방적 결정에 의해 한국의 참 석이나 활동이 결정되었다. 오히려 북한의 경계심을 강화시켰으며, 이 에 대응하여 한국은 사회주의 국가의 변화를 한국과의 관계개선과 연 계시키는 전략이나 정책수단을 추진하지 못하고 있었기 때문이다.

셋째, 문호개방원칙에 대한 정책목적이 소극적으로 개념화된 생존 전략이었다. 국가관료들의 문호개방원칙은 국가안보와 남북대결 그리 고 외교다변화의 논쟁이 전개되고 있었으며, 사회주의 국가와의 관계 개선에 대해서는 국회에서는 논의되지 못하고 있었다. 단지 당정협의 를 통해 사회주의 국가와의 관계개선에 대한 논의가 전개되고 있었지 만, 이는 정책결정자의 선택에 의존하는 국가이데올로기의 문제였다.

따라서 정책결정자의 교차승인을 통해 고립화를 방지하는 외교적 대결의식과 체제경쟁이라는 국내정치적 목적, 한반도의 평화공존이라 는 소극적인 개념화로 문호개방원칙이 추진됨으로써 국가정책의 추진 성과가 나타나지 못하고 있었다. 오히려 북한의 진영침투 외교로 한국 의 대외적 고립 우려가 확대되었던 것이다. 한국의 정책엘리트는 단지 교차승인을 추진함으로써 국제적 비준전략을 통한 국내정치적 목적을 달성하고자 하는 문호개방원칙의 선택으로 그 집행에 있어서 한계를 나타내고 있었다.

이러한 관점에서 제4공화국의 문호개방원칙의 의미를 살펴보면, 첫

년 처음 대공산권 관계개선 촉구를 외교 정책 목표로 잡고 있었다. 이석 호, "한국 북방정책의 변천과정과 결정요인"(1988), 127쪽; 김국진, 『아 국의 북방외교정책 전개과정』, 외무부 외교안보연구원, 정책연구시리즈, 88 - 20, (1988), 9쪽.

째, 기존의 동맹관계를 넘어서는 현상타파 정책이며, 사회주의 국가들과의 교류를 강화시키겠다는 공세적 전략으로 수립되었지만, 문호개방원칙의 추진과정은 고립화를 막고자 하는 정책결정자의 생존전략이었다. 둘째, 문호개방원칙은 국내정치적 목적을 위한 국제적 비준전략이었다. 문호개방원칙은 교차승인을 통해 국제적 비준을 획득하고, 북한과의 체제경쟁에서 승리하고 있다는 자부심과 국민적 지지를 획득하는 전략적 인과관계를 가지고 있다. 그러나 북방정책의 성과는 정책환경을 재구성할 수 있는 정책능력의 한계로 오히려 북한에 비하여 외교적 성과를 거두지 못하고 있었다. 셋째, 문호개방원칙은 남북대화가 종료되는 시점에서 발표된 일련의 통일실천전략의 연장선상에서 이루어진 선언적 정책이었다. 문호개방원칙을 명시적으로 통일정책과 연계하지 않은 남북한의 대결외교, 진영침투 외교의 선상에서 선언적으로 제시되었다. '남북대화를 위한 내부정비'를 명분으로 유신체제가 형성되었으며, 북한도 사회주의 헌법이 채택되어 유일사상체제가 강화되고, 김정일 후계체제의 공식화 등이 이루어졌다. 남북적십자 회담이 교착상태에 빠지는 시점에서 남북한이 5시간의 차이를 두고 각각 6·23선언과 '조국통일 5대강령'[89]을 발표하고, 남북관계의 후퇴를 기정사실화한 것이다.

넷째, 문호개방원칙은 국내정치적 안정화라는 체제유지전략이었다. 문호개방원칙은 대북 자신감의 발로로 표현된 정책으로, 국내정치의 안정화를 위한 대외정책의 선택과 추진이었다. 남북한의 총체적 체제

---

89) ①군사적 대치상태 해소와 긴장 완화, ②정치, 군사, 외교, 경제, 문화 등 다방면적 합작과 교류, ③남북한 각 정당사회단체 각계 대표로 대민족회의 소집, ④고려연방공화국을 국호로 연방제 실시, ⑤유엔에 단일국호로 가입이다. 국토통일원, 『남북대화백서』(서울: 남북대화사무국, 1985), 76-77쪽.

경쟁 아래에서 경제성장을 주도하고 있던 기업세력과 안기부, 군부나 경찰 등의 자유민주주의를 신봉하는 체제 수호 세력을 지배연합으로 하여 경제성장과 체제안정화를 달성하고, 이념적 대결 구도의 유지[90] 와 10월 유신이나 긴급조치 등의 장기집권의 강권정치를 전개하였다 는 정책적 성격을 가지고 있다.

제3절 제5공화국의 문호개방원칙과 스포츠 외교

가. 88서울올림픽 유치와 문호개방원칙의 선택

1981년 전두환 대통령도 제4공화국의 문호개방원칙을 이어서 "이념 이 다른 국가라 할지라도 그 국가가 적대적 행위를 취하지 않는다면, 인적·물적 교류를 할 용의가 있다"고 밝히고 있었다. 그러나 공산권 국가들과의 관계개선이 급속히 이루어지리라고는 기대하지 않고 있었 다.[91] 또한 1982년 3월 노신영 외무부장관도 "서울올림픽을 기회로 중-소 등 공산권과의 관계개선을 도모함과 동시에, 쿠바 등 비동맹국 10개국과 외교관계를 맺기 위한 교섭을 추진한다"[92]고 밝히고 있었으

---

90) 1972년 7월 5일 김종필 총리는 공동성명에 관한 국회보고에서 공산주의 자들의 말을 전적으로 믿을 단계가 아니라는 발언을 했으며, 7월 8일 박 정희 대통령은 국무회의에서 남북공동성명에 지나치게 낙관하지 말고 반공교육을 계속 강화하도록 지시한 바 있다.『동아일보』, 1972년 7월 5 일, 7월 8일.
91) 전두환, "미국 타임지와의 회견에서"(1981. 4. 14), 민정기,『영광의 새역 사를 국민과 함께』(서울: 동화출판공사, 1987), 316쪽.
92)『경향신문』, 1983. 3. 15.

며, 1983년 외교안보연구원의 연구보고서나 이범석 외무장관이 '6·23 평화통일외교정책선언' 10주년을 맞아 북방정책을 장기적인 국가정책으로 설정해야 한다는 입장을 공개적으로 강조하고 있었다. 이러한 일련의 북방정책에 대한 정책결정자나 국가관료들의 언급을 통해서 사회주의 국가에 대한 제5공화국의 북방정책은 정교화되기 시작하고 있었다.

위에서 살펴본 것처럼, 일련의 정책엘리트들이 제시했던 북방정책을 통해서 제5공화국의 정책엘리트들이 북방정책을 어떻게 개념화하고 있는가를 살펴보고자 한다. 북방정책의 대상은 중국과 소련 그리고 동구권 국가들을 포함하는 전체적인 사회주의 국가를 대상으로 하고 있었다. 특히 중국과 소련을 주요 대상으로 선정하고 있으며, 이들과의 관계개선을 통해 여타의 국가들과 관계개선이 이루어질 것으로 믿고 있었다. 그리고 북방정책의 대상으로서의 북한은 국제적 보장하에 남북관계를 자주적으로 조정한다는 실천전략을 가지고 있었다.[93] 그리고 제5공화국의 북방정책의 목적은 첫째, 중국과 소련과 외교관계를 궁극적으로 수립하며, 둘째, 남북관계의 발전을 통해 남북한의 긴장을 완화하고, 평화통일의 기반을 마련하고, 셋째, 한국과 중-소 관계개선을 통해서 남북한 관계개선을 연계시켜 조정해 나가는 것으로 살펴볼 수 있다.[94]

이러한 제5공화국의 북방정책을 목적이나 대상의 측면에서 가지는 특징을 살펴보면, 첫째, 제4공화국의 문호개방원칙의 연장선상에서 개념화되었으며, 둘째, 기능주의적 접근으로 비정치적 교류협력을 강화

---

93) 전두환, "제3차 평화통일정책자문회의 개회사에서"(1985. 6. 5), 민정기, (1987), 210쪽.
94) 외교안보연구원, 『북방정책』, 정책연구자료 83-07, (1983. 11), 4쪽.

시켜 사회주의 국가들과의 외교관계를 수립하려는 전략을 수립하고 있었으며, 셋째, 북방정책은 대외정책으로서 사회주의 국가들과의 관계를 증대시켜, 한반도의 전쟁을 억지하고 동북아의 긴장을 완화시켜, 남북관계를 자주적으로 조정한다는 소극적 통일정책으로 발전시키는 연계 프로그램이었다.[95]

제5공화국의 북방정책의 개념화는 어떠한 정책환경과 어떠한 관계를 설정하고 있는가? 먼저 제5공화국 문호개방원칙의 국제환경의 가장 큰 변화는 신냉전으로 인한 진영외교가 더욱 강화되고 있다는 것이다. 1979년 12월 소련의 아프가니스탄 침공, 브레주네프의 사망과 안드로 포프와 체르넨코로 이어지는 소련의 정치적 불안정, 1980년 11월 보수 강경의 레이건 대통령의 당선으로 미-소 간의 신냉전이 도래하고 있었다.[96] 그러나 1980년대 전반기와는 달리 소련은 1985년 3월 소련의 고르바초프 서기장의 등장으로 개혁과 개방정책으로 전환함으로써 소련의 내부개혁과 함께 대외정책에 있어서도 일국사회주의에 의한 동유럽의 대외정책 통제가 완화되고, 중-소 갈등의 완화를 위한 노력이 진행되고 있었다. 레이건 행정부도 1984년부터 쌍둥이 적자 등 국가 경제의 어려움으로 소련과의 군사적 대치관계를 해소하려는 정책전환을 시도함으로써 탈냉전이 촉진되고 있었다.[97]

---

95) 전두환, "오스트리아 『보헨 프레쎄』지의 서면 질의에 대한 답변에서"(1985. 9. 24), 민정기, (1987), 357쪽.
96) 트루만 독트린이 공산국가의 팽창주의를 막는 소극적인 입장이었으나, 레이건의 봉쇄정책은 민주주의 신장을 기하는 적극적 반공정책이었다. Henry Kissinger, *Diplomacy*, (N.Y.: Simon & Schuster, 1994), pp.773 -782.
97) 서방진영의 소련의 개혁에 대한 신뢰도가 낮았다. 서방의 국가정책으로 반영된 것은 1989년 냉전의 종식을 선언하면서 가능했다. 오기평, 『한국외교론』(서울: 오름, 1994), 224쪽; 소련의 신뢰 부족으로 인한 지원 불

동북아의 지역체제도 미국-일본-중국의 협력체제가 대소봉쇄 조치를 강화하고 있었지만, 한반도에서는 국가이익의 고수를 위하여 북한을 포함하는 북방삼각동맹체제와 한국을 포함하는 일본과 미국의 남방삼각동맹체제가 상호 대립하는 세력균형이 이루어지고 있었다.[98] 1979년 2월 중국의 베트남 침공과 4월 중-소우호동맹상호원조조약이 파기됨으로써 중-소 갈등이 확대되었지만, 1980년대 중반부터 소련은 중국과의 화해 시도를 하고 있었다. 특히 자국의 경제개혁을 위한 안정적 지역체제의 유지를 바라는 중국과 소련은 북한의 모험주의를 거부하는 현상유지정책을 지지하고 있었으며,[99] 미국과 일본도 중국과 소련의 팽창주의를 우려하여 동북아 지역체제의 안정을 통해 자국의 국가이익이 훼손되지 않기를 바라고 있었다.

한국과 사회주의 국가들과의 양자체제는 신냉전 기간 동안에는 별다른 변화가 이루어지지 않았다. 단지 경제교류 등의 비정치적 접촉이 증대되고 있었지만, 북한을 의식하여 공식화되지 못하고 있었다. 그러나 신데탕트 시기에 접어들면서 사회주의 국가의 경제회복에 대한 필요성과 한국기업의 시장개척의 욕구가 일치함으로써 사회주의 국가와의 무역거래 등 비정치적 교류가 활발해져, 1980년대 중반 이후에는 양국에서 쌍무관계의 제도화 요구가 급증하고 있었다.[100] 특히 한국

가 입장은 Mr. Z., "To the Stalin Mausoleum", *Daedalus*, (Winter, 1990), pp.295-34. 이에 반대하여 소련 개혁을 지원해 주어야 한다는 입장은 Francise Fukuyama, "The Ens of History", *National Interest*, (Summer, 1990), 참조.

98) 최종기, (1988), 200쪽.

99) 김학준, (1983), 285-87쪽.

100) 중국과의 교류는 1980년에 1,900만 불 규모로 중국의 외교부장 黃華는 開門不上鎖(문은 잠겨 있으나, 빗장을 걸지 않는다)이라고 언급하여 한국과의 교류확대의 의사를 밝히고 있었다. 금희연, "한-중관계의 특성과 한계", 김달중, (1998), 421쪽: 80년 1월 중국 외교부의 한국관계소

의 88올림픽뿐만 아니라, 86아세안게임을 유치함으로써 한반도 평화에 대한 지역적 공감대가 형성되고 있었으며, 북한의 테러 및 긴장조성에 대해서 국제사회의 우려가 확산되어 있었다.

특히 소련이나 중국은 한반도에서의 균형외교, 정경분리의 외교원칙에 따라 친북 진영외교를 유지하고 있었으나, 한반도에서 긴장은 반대하고 있었다. 한국의 동맹국가들도 세계적 차원에서 한반도의 평화와 동북아의 안전을 기대하고 있었으며, 냉전의 보루에서 동북아의 세력균형자, 완충자로 평가하고, 한반도에서 자국의 이익이 침해되는 것을 바라지 않고 있었다.

제5공화국의 남북한 관계는 정권 초기의 통일방안 제의 경쟁에서 80년대 중반에 이르면서 남북대화의 전기가 마련된다. 제5공화국의 성립 초기 북한의 공세적 통일방안 제시에 대해서 한국은 소극적 회피 전략으로 대응했으나, 점차 정권이 안정되면서 1981년 1월 대통령의 국정연설을 통해서 남북한 최고 책임자의 상호방문과 직접회담을 제의하였으며, 1982년 국정연설에서 민족화합민주통일방안을 제시했다.[101] 그리고 2월에 손재식 국토통일원 장관은 20개시범실천사업을 제시하였으나, 실질적인 남북대화나 통일방안 논의는 이루어지지 않았다. 북한도 1980년대 초반의 고려연방제를 제시하면서 공세적 남북대화 요구했으나 한국의 정치적 안정과 더불어 이를 철회하였다. 이러한 남북관계는 1980년대 전반기의 통일방안 제의 경쟁에서 86아세안게임과 88서울올림픽 개최를 계기로 전환이 이루어졌다. 한국이 1984년 3

조가 설치되어 한국에 대한 체계적인 연구를 진행했다. 오진용, "중국에서 보는 한-중수교", 북방지역센터, 『북방경제』 제1권 7호, (1992. 7), 36쪽.
101) 대통령비서실, 『전두환대통령 연설문집 제2집』(서울: 대통령비서실, 1988), 367-368쪽.

월 올림픽 단일팀 구성을 제의하여 체육회담이 열리게 되었으며,[102] 1984년 8월 남북한 물자교역 및 경제협력 제의에 따라 9월 북한이 한국 수재민에 대한 구호물자 제공을 제의함으로써 성사되어,[103] 이산가족의 고향방문이 성사됨으로 남북한 관계에 대한 국민적 기대나 통일요구는 더욱 강화되고 있었다.

제5공화국의 통일정책은 국가의 안위와 북한에 대한 우월한 정통성 확보가 정책 기본 목표였다. 따라서 사회주의 국가와의 관계개선이나 86아세안게임, 88서울올림픽도 이러한 맥락에 기초했으며, 남북대화는 한반도의 긴장외교를 해소하고 남북한의 관계를 조정해 가는 데 필요한 수단으로 인식했던 것이다.

한국의 국내정책환경은 정치적 혼란과 경제적 성장을 회복하는 과정이었다. 1981년 2월 25일 제12대 대통령이 새로이 선출됨으로써 제5공화국이 등장하게 되었지만, 1980년 광주민주화운동의 탄압과 3김씨를 비롯한 정치인들의 정치활동규제 그리고 국가보위입법회의 활동으로 인한 군사정권에 대한 비판과 국민들의 민주화 요구가 점차 거대한 정치 연대세력으로 형성되고 있었다.[104] 경제도 1980년 정치적 혼란기의 (−)성장과 물가앙등에서 벗어나 물가안정과 흑자 수출기조의 회복으로 국민적 신뢰가 회복되고 있었다. 특히 제5공화국은 86아세안게임과 88서울올림픽이라는 세계적 이벤트를 계기로 국력을 동원하고, 국제적 이미지를 향상시켜야 하는 당면과제에 직면해 있었다. 그러나 제5공화국은 정통성 시비와 민주화 요구에 끊임없는 압박을 받고 있

---

102) 국토통일원, 『북한 최고인민회의 자료집 제Ⅳ집』(1988), 584−588쪽.
103) 통일원, 『통일백서』(1992), 46−48쪽.
104) 1974년부터 3번째 민주화 물결이 시작되었으며, 한국은 군사권위주의 정권하에서 민주화가 잠복되었다고 평가하고 있다. Samuel P. Huntington, The Third Wave, (Norman: University of Oklahoma Press, 1991).

96

었으며, 이를 극복하는 대안을 마련하는 것이 정치결정자의 주요한 과제로 인식되고 있었다.

　제5공화국에서 북방정책의 선택과 정책환경과의 관계는 몇 가지 의미를 가진다. 첫째, 한국의 문호개방원칙의 계기는 86아세안게임과 88 서울올림픽이었다. 즉 제5공화국의 문호개방원칙은 의식화된 행위의 결과가 아닌 환경의 산물로서 북방정책을 선택하였다는 것이다.[105] 제5공화국의 국제적 비준을 통해 정통성을 확보하고, 국가위상을 높이는 것이었다. 이러한 정책결정자의 정책의지는 사회주의 국가들의 적극적인 참여로 86아세안게임 및 88올림픽의 성공적으로 개최하는 것이었지만, 이는 국가의 주요한 정책목표로 체계화되지 못하고 이벤트로 인식되는 한계가 있었다.

　둘째, 북한과의 체제경쟁을 넘어서 북한을 압도해야 하는 강박관념, 압도할 수 있다는 자신감은 문호개방원칙을 더욱 촉진시키게 되었다. 경제성장이 진척되면서 한국의 정책엘리트들은 대북 국력우위를 확신하고 있었으며, 비동맹외교나 외교다변화 전략을 더욱 강화하고 있었다. 특히 사회주의 국가들의 참여를 위하여 스포츠를 통한 비정치적 접촉을 강화하는 것이었다.

---

105) 서울올림픽의 유치는 1979년 3월 대한체육회의 검토와 8월 경제기획원 장관 주재 국민체육심의회의를 거쳐 최종적으로 박정희 대통령의 승인이 있었다. 1979년 9월 박정희 대통령은 최종 결재를 하면서 올림픽 대회 유치 목적을 한국의 경제발전과 국력과시, 한국체육의 국제적 지위향상, 스포츠를 통한 세계 각국과의 우호 증진, 공산권 및 비동맹 국가와의 외교관계 수립 목적, 국제적 체육행사를 통한 국민 일체감 제고 등을 제시하고, 86아세안게임 유치를 예비대회로 하기로 결정하였다. 그 후 전두환 대통령도 상황변화에 의한 올림픽을 유치 반대 의견에도 불구하고 계속 추진을 지시했다. 서울시, 『제24회 서울올림픽대회 백서』(1990), 279-281쪽, 283쪽.

셋째, 제5공화국의 문호개방원칙의 선택은 국가관료들의 정책적 인식이 주요한 동인이 되었다. 제5공화국 초기의 정치적 불안은 대외정책의 추진을 확신할 수 있는 정책능력에 대한 의문이 제기되었으며, 이러한 의문은 상당 기간 지속되었다. 따라서 제5공화국의 문호개방원칙이 대외정책기조로 선택되는 것도 1983년 이범석 외무장관이 정부관리로서 북방정책이라는 용어를 사용하면서 새롭게 공식화되었으며, 외교안보연구원을 중심으로 연구가 진행되어 1984년부터 공산권 외교를 강화한다는 외교지침이 시달되었다.[106]

이러한 관점에서 제5공화국의 북방정책의 선택은 첫째, 스포츠 외교를 통한 자연스런 접촉과 교류 촉진, 둘째, 경제교류의 확대로 인한 사회주의 국가와의 관계형성,[107] 셋째, 북한의 동맹국가로서 사회주의 동맹체제의 이완과 연계되며, 넷째, 한국의 국제적 위상이 강화되는 현상을 활용하는 추진전략으로 인식되었으며, 국가의 장기계획으로 구체화되지 못했던 것이다.[108]

나. 정책환경의 변화와 스포츠 외교의 전개

한국의 사회주의 국가와의 관계개선 노력은 1980년대 중반 신데탕트가 전개되면서 86아세안게임과 88올림픽을 성공적으로 개최하기 위

106) 1985년 주변 4강의 교차승인 적극 추진의사를 표명함으로써 북방정책의 기초가 심화되었다. 오기평 『한국외교론』(서울: 오름, 1994), 231쪽.
107) 미국의 수퍼 301조의 발동으로 한국은 시장개방 압력에 시달리고 있었다. 1985-1986년도에 가장 극심했으며, 안보경제협력에서 벗어나 무차별적인 상호주의로 변화하였고, 1989년에는 GSP에서 졸업하였다. 이에 따라 경제계는 새로운 시장 확보가 절실했으며 이는 사회주의 국가의 시장개척과 자연스럽게 연계되었다. 『동아연감』, 1987, 78쪽.
108) 김학준, (1983), 294-96쪽.

한 스포츠 외교가 강화되면서 추진되기 시작하였다. 제5공화국의 사회
주의 국가와의 관계 진전을 동구와 소련, 중국으로 분류하고, 남북관
계와 스포츠 외교를 중심으로 살펴보고자 한다. 먼저 한국과 동구권
국가들과의 관계는 주로 비정치적인 관계이다. 한국은 동구권 국가들
과의 관계개선을 사회주의 국가 진입 교두보 확보로 인식하여, 중국에
이어 동구권 국가들의 올림픽 참여는 사회주의 국가의 올림픽 참여의
출발점이 될 수 있다고 이해했다. 특히 동구권 인사들의 한국 방문 성
과는 한국의 새로운 이미지를 전파하고, 북한에 대한 일방적인 정책
지지를 견제하고 있다고 정책엘리트들은 평가하고 있었다. 이러한 인
식은 1970년대부터 이루어진 관계발전의 결과로서 북한의 반대에도
불구하고 스포츠 교류는 지속되었으며, 학자 및 예술인, 정치인을 비
롯한 국가관료들의 방문도 지속적으로 확대되어 나갔다.

경제관계도 1984년에 코메콘 역내 무역보다 서방국가들과의 무역량
이 큰 비중을 차지하고 있을 정도[109]로 개방된 동구 국가들은 한국이
자신들의 경제적 욕구를 충족시킬 수 있는 대상으로 파악하고 있었으
며, 간접교역에서 직접교역으로 교류형태가 발전하고, 상품판매를 비
롯한 합작투자에 대한 논의가 이루어지고 있었다.[110]

한국 — 소련과의 관계도 점진적으로 공식화되고 있었다. 소련은 한
반도에서 현상유지와 긴장완화를 정책기저로 하고 있었지만, 북한과의

---

109) 정창영, "동구제국의 경제체제와 정책", 김달중, 안계춘(편), 『동구정치,
　　경제, 사회론』(서울: 박영사, 1985), 재인용.
110) 헝가리 및 유고와는 직접교역 형태이고, 루마니아, 동독 및 불가리아와
　　는 간접교역 형태이며, 체코 및 폴란드와는 중간 형태의 과도기적 양상
　　을 띠고 발전하고 있었다. 또 동구권과의 합작투자는 1987년 5월 헝가
　　리에 코오롱의 신사복 제조공장을 효시로 하여 경덕상사(양말), 대하섬
　　유(조깅복), 기아산업(승용차조립), 세아(관광사업) 등 많은 기업들이
　　합작투자를 합의했다. 외무부, (190. 6), 227쪽.

정치, 군사적인 우호적인 관계를 강화시키고 있었으며, 한국과는 경제
교류 확대와 비공식적 대화통로 형성 등 사실상의 2개의 국가를 인정
하는 이중적 태도를 보이고 있었다. 그러나 1983년 KAL기 사할린 상
공 격추사건, 1984년 5월과 1986년 10월 김일성의 모스크바 방문,111)
1986년 1월 세바르드나제 소련외상의 평양 방문, 1986년 10월 고르바
초프의 평양방문으로 소련과 북한의 군사동맹관계는 더욱 강화되고,
한반도에서 한국-미국-일본의 남방3각동맹과 북한-소련-중국의
북방3각동맹의 대립관계는 점차 강화되고 있었다.112)

그러나 소련은 국내적 필요에 의하여 한국과의 관계를 강화시키고
있었다. 소련은 공식적으로 88서울올림픽 공동 주체를 주장하고 있는
북한에 동조하고 있지만, 88서울올림픽에 참가를 기정사실화하고 있었
으며, 1986년 7월 28일 블라디보스토크 선언을 통해 아시아에서의 팽
창정책을 포기하고, 한국 등 아시아 국가들과의 협력가능성을 타진하

---

111) 정상회담의 후속절차로서 소련의 부외상 카피차와 김일성과의 협상
(1984년 11월)에서 소련은 나진 청진항을 소련함의 기항지로 해줄 것,
북한 내의 공군기지에 소련의 항공기의 긴급 착륙권 제공, 북한 영공
내에서 초계비용을 할 수 있는 통행권을 줄 것을 제의하였으며, 북한은
양과 질을 겸비한 최신예 무기의 제공, 소련-북한 간의 보다 긴밀한
군사동맹관계 재확인, 북한에 대한 경제교류의 폭을 넓혀 줄 것 등이다.
김태현, "외교안보정책", 세종연구소, 『탈냉전기 한국 대외정책의 분석
과 평가』 41쪽; 소련의 아시아 군사력 증강은 IISS, *Military Balance*,
1987-1988; 하영선(편), 『한반도 군비경쟁의 재인식』(서울: 인간사랑,
1989), 61-77쪽, 참조.

112) 남방 및 북방 3각관계에 관해서는 전인영, 신정현, 백종천(공저), 『북방
3각관계의 변화와 한국의 정책대응』(서울: 국제평화연구소, 1988), 참
조; 소련-북한의 밀착이 한반도에 미치는 긴장조성 등의 영향에 관해
서는 전인영, "중-소-북한 간 북방삼각관계의 변화", 경희대 사회과
학연구소, 『북한 공산체제의 대내외적 현황』(1986), 71쪽; 유석렬, 『남
북한 관계론』(서울: 정음사, 1985), 432-3쪽. 참조.

고 있었다.[113] 특히 동구권 국가들의 88서울올림픽 참여에 대한 통제를 포기함으로써 한국은 스포츠 외교를 명분으로 소련의 국가관료들과의 우호적인 정책망을 강화시킬 수 있는 계기를 마련하게 되었다.

중국은 동북아의 평화와 패권주의의 불인정, 동북아에서의 소련에 대한 견제, 그리고 북한의 모험주의 반대[114]와 한반도의 현상유지 전략을 고수하고 있었으며,[115] 한반도에서 북방3각관계의 중심에 위치하기를 바라고 있었다. 한국과의 관계에 있어서 중국은 1981년에 제3국에서 한국 외교관과의 접촉을 허용하고, 1983년 8월 무석에서 개최된 UN관계 제3국 수산양식 훈련과정 참가를 위한 한국 공무원의 입국을 허가했으며, 이산가족 재회사업도 꾸준히 전개되었다.[116]

중국은 한국경제 발전상에 대한 관심으로 외자도입, 기술도입, 인력개발, 수출증대 등 성공사례와 포항제철소와 같은 대규모 공장에 대해

---

113) 이명식, "소련의 남북한정책과 한국의 대안", 최종기, (1988), 126쪽.
114) 1983년 9월과 10월 아웅산 사태 이후 중국은 미국 및 일본과의 쌍무협상에서 한반도 문제를 적극 거론하면서 안정의 중요성을 역설하기 시작했다. 동시에 중국의 언론기관들은 남북을 동등하게 보도하는 선례를 남겼다. 특히 1983년 11월 일본을 방문했던 胡耀邦은 어떤 경우든 테러행위를 반대한다고 공언했으며, 1984년 5월 신의주에서 김일성을 만났을 때에도 이와 비슷한 견해를 피력했다. 중일우호협회의 회장은 1984년 6월에 일본 기자들과 만나 북한이 전쟁을 도발한다면 중국은 그것을 지지할 수 없다고 했다. 『讀賣新聞』, 1984. 6. 24. 2면, 재인용; 안병준, "한-중관계의 전개", 최종기, (1988), 142-3쪽.
115) 1984년 11월 胡耀邦은 남북대화의 실질적 진전 시 한-중관계 진전가능성을 시사했다.
116) 한-중 이산가족 재회사업은 1978년 개시, 1986년 약 700여 명, 1987년에는 약 800명, 1988년에는 약 2,400명 선에 도달했으며, 이러한 유형으로 중국은 한국인의 단체관광에 대하여 비자발급의 방침을 표명하였지만, 한국은 미수교국 내에서의 한국 국민의 보호를 위한 제도적 장치 미비로 인한 단체관광 불허하여 중국에 무언의 압력을 넣고 있었다. 외무부, (1990. 6), 209-14쪽.

서도 관심을 가져 관계부처 및 전담부서가 구성되기도 하였다.117) 이
러한 일련의 변화에 따라 한국은 중국에 대한 외교관계 수립 등의 공
식적 관계로의 격상요구를 미국이나 일본 등을 통해서 요구되었지만,
중국은 1개의 조선원칙에 따라 거부하였다. 특히 1981년과 1982년 9월
에 중국은 홍콩경유의 한국제품의 수입을 일체 금지하기도 하였다.118)
이는 북한의 항의에 의한 것으로 한-중 관계에 직접적인 영향을 미
쳐 무역거래량의 급락을 가져왔지만, 한-중 관계는 돌출적인 사건으
로 인하여 획기적인 전환이 이루어지게 되었다. 즉 1982년, 1983년,
1985년, 1986년에 연이어 중국 MIG19기 및 21기, 중국해군 소속 경폭
격기 등 군용기의 국내 착륙과 조종사들의 대만 망명, 1983년의 중국
민항기의 피랍, 1985년의 중국 어뢰정 난동사건 등 각종 돌발사건의
해결을 위한 양국 정부 간에 직접교섭이 이루어졌다. 이 과정에서 중
국은 한국의 우호적인 태도에 의하여 한국을 재인식하는 계기가 되었
으며,119) 이를 기화로 한-중 간 교역, 스포츠·문화 등 비정치적 교
류증대가 직·간접적으로 활발히 이루어지게 되었다.

〈도표 Ⅲ-3: 한-중 간의 홍콩 경유 간접 교역량〉

	84년	85년	86년	87년	88(1-5월)
수출	1.6	3.5	2.8	5.4	3.8
수입	1.8	2.5	3.8	6.5	3.3
계	3.4	6.0	6.6	11.9	7.1

* 자료: 홍콩정청 자료. *단위: 억 불

117) 송병우, 『한-중관계론』(서울: 지영사, 1994), 192쪽; 안병준, 『중국정
    치외교론』(서울: 박영사, 1986), 417쪽.
118) 『讀賣新聞』, 1982. 9. 3.
119) Chae Jin Lee, China and Korea: Dynamic Relations (Stanford: Hoover
    Institute Press, 1996), p.108.

특히 스포츠 교류는 한-중 관계를 긴밀하게 하는 원인이 되었다. 중국은 86아세안게임에 최대의 선수단을 파견하고, 90북경아세안게임에 한국의 참여와 장비 지원을 요청하고 있었으며, 1988년 서울올림픽에 참여를 기정사실화하고 있었다. 이러한 국제체육행사는 정부관리들 간의 협상이었으며, 한국의 실지답사를 통하여 확인하는 정치적 대화로서 한-중 관계발전에 체육이 주요한 외교적 역할을 하고 있었다.[120]

다음으로 남북관계를 살펴보면 제5공화국의 정책엘리트들은 북한을 억지집단으로 이해하고[121] 이들에 대한 힘의 우위에 의한 통일원칙을 견지하고 있었다. 그럼에도 불구하고 한국은 1981년 1월 12일 대통령 연두기자회견을 통해 남북한 당국 최고책임자 상호방문 제의, 1982년 1월 22일 '민족화합통일방안' 발표,[122] 남북기본관계협정의 체결 제의, 1982년 2월 1일 민족화합을 위해 20개남북교류시범실천사업을 제안하

---

120) 1980년 1,900만 불의 한-중경제교류는 1984년 이후 급신장 추세를 보여 1984년 3.4억 불에서 1987년에는 16.8억 불로 증가하였다. 외무부, (1990. 6), 221쪽.

121) 1980년 모스크바올림픽에 단일팀 구성제의, 남북한 간의 총리회담 제의와 1980년 2월 6일부터 8월 20일까지 총리회담을 위한 10차례 실무접촉 등이 일방적 중단선언으로 무산되었으며, 북한의 정치적 의도에 의한 제안으로 인식하였다. 오기평, (1994), 250쪽.

122) 민족화합공동체 방안의 주요 내용은 ①남북대화의 추진으로 신뢰회복을 해가며, 남북정상회담을 통해 민족공동체 헌장을 채택하고, ②남북의 공존공영과 민족 사회의 동질화, 민족공동 생활권의 형성 등을 추구하는 과도적 통일체제인 남북연합을 거쳐, ③통일헌법이 정하는 바에 따라 총선거를 실시하고, 통일국회와 통일정부를 구성함으로써 완전한 통일국가인 통일민주공화국을 수립하는 것이다. 특히 남북연합 속에는 민족공동체 헌장에서 합의될 남북한 정상회의와 남북이 동등한 자격으로 참여하는 각료회의, 평의회, 공동사무처 등의 기구를 두고 비무장지대 내에 평화구역과 통일평화시를 설치한다는 것이다. 홍성후, "한국 통일정책 연구", 김계수(외), 『한국정치연구의 대상과 방법』(서울: 한울, 1993), 363-5쪽.

는 일련의 통일방안을 완성했다.123) 북한도 1960년 남북연방제를 주
장한 이후 1980년 10월 10일 노동당 제6차 대회 중앙위원회사업총화
보고에서 구체화된 고려민주연방공화국안을 제시하고,124) 제6차 당대
회에서 김정일 후계체제를 공식화하기 시작하였다.125)

　이러한 남북한의 통일방안 선점경쟁은 자국의 국내 사정을 반영한
선택적 제안으로 실질적인 남북대화는 1984년 중반, 북한이 한국의 홍
수 수재민 구호물자 제공을 제의하고, 한국이 전격적으로 수용함으로
써 남북대화의 계기가 마련되었다. 이어 남북한 경제회담, 적십자회담,

---

123) 남북한의 자유통행을 위한 서울－평양 간 도로 연결계통, 남부이산가족
　　의 편지교류 및 상봉 실현 설악산－금강산 관광공동 지역 개방, 해외
　　동포들의 판문점을 통한 남북방문 허용, 남북한의 직교역을 위한 인천
　　－남포 개방, 남북 간의 정규방송 청취허용과 모략 방송 및 통제조치,
　　86아시안게임 및 88올림픽게임에 북한 선수들이 판문점 경유 참가, 외
　　국인 관광객 판문점 통과 허용, 남북어부의 자유공동어로 지역 설정,
　　각개인 친선 방문 실시, 기자들의 자유 취재보장, 민족사의 공동연구
　　추진, 친선교환 경기 및 단일팀 구성, 일용 생산품 교역, 일용 생산품
　　전시회 교환, 비무장지대에 공동경기장 시설 및 이용, 비무장지대 공동
　　학술조사 실시, 비무장지대 군사시설 철거, 군사책임자 직통전화 설치
　　등이다.
124) 주요 내용은 첫째, 남북한 동수의 대표와 적당한 수의 해외동표 대표로
　　연방국가의 통일정부인 최고민족연방회의를 구성한다. 둘째, 최고연방
　　회의의 상설기구인 연방상설위원회를 조직하여 정치, 외교, 군사를 관
　　장한다. 셋째, 각 지역의 다른 사상화 제도가 인정되는 남과 북에서는
　　연방정부의 지도하에 지역정부가 독자적 정책을 추진한다. 조선중앙통
　　신사,『조선중앙연감 1981』(평양: 1981), 56－7쪽; 고병철, "북한통일정
　　책의 평가", 경남대 극동문제연구소 (편),『한반도의 통일전망』30쪽.
125) 전현준, 안인해, 이우영,『북한의 권력 엘리트 연구』(서울: 민족통일연
　　구원, 1992), 56쪽; 조순성, 박진욱,『통일논의의 변천과정, 1945－1993』
　　(서울: 민족통일연구원, 1993), 94－99쪽; 서대숙, "북한의 국내정치와
　　통일정책", 경남대 극동문제연구소 (편),『한반도의 통일정책: 그 가능
　　성과 한계』(1986), 64쪽.

국회 예비회담이 개최되어, 부총리급을 위원장으로 하는 경제협력공동
기구설치에 합의를 보았으며, 1985년에는 이산가족 및 예술단 방문단
이 상호 방문하는 성과를 낳았고, 남북국회회담 개최에 원칙적으로 합
의함으로써 1973년 남북대화 이후 처음으로 활발한 남북대화가 이루
어졌다.[126] 그러나 북한은 한국의 팀스프리트 훈련의 중지를 요구하
면서, 사실상 남북한의 대화가 중단되게 되었다.

이러한 남북한 관계의 순환적 발전은 국민들의 통일논의에 대한 관
심이 급격히 신장되는 상황에서 이러한 요구에 부응하기 위한 남북한
의 전략적 선택이었다.[127] 특히 사회주의 국가와의 비정치적 교류협
력을 강화하고 있었지만, 대북 정책 연계망을 정책적 노력이 이루어지
지는 않았다. 특히 사회주의 국가에 대한 국민 인식의 급격한 변화에
도 불구하고, 대북 유화정책이나 좌익사상, 급진적 통일논의에 대해서
강력하게 대응하고 있었으며, 안기부를 비롯한 경찰, 군부 등의 보수
세력과 경제세력, 관료계층이 정책망을 형성하여 반지배연합이 민주화
운동, 통일운동을 강력히 제압함으로써 한국의 통일운동은 냉전적 사
고에 지속적으로 대립하게 되었다.

이러한 국내환경과 국제환경은 스포츠 외교라는 실천전략에 의해서
구체화되기 시작한다. 제5공화국의 최고 정책 목표는 올림픽의 성공적
개최였다. 전두환 정권은 스포츠라는 비정치적 행사를 통해서 정치적,
경제적 목표를 달성하는 기회로 이해하고 있었다.[128] 이들은 올림픽

---

126) 조순성, 박진욱, (1993), 89-90쪽.
127) 이 시기에 미국·유럽·일본 등지의 정치학 박사를 소지한 신진학자들
    이 대거 귀국하여 민족통일에 관한 학회활동(정치학회, 국제정치학회
    등 12개)을 진행했다.
128) 정치적 관계로의 발전은 아직 시기상조로 인식하고 있었다. 전두환,
    "프랑스『뽈리띠끄 엥테르나시오날』지와의 회견에서"(84. 10. 3), 민정
    기, (1987), 357-9쪽.

을 통해 기능주의적 접근을 통해서 민족화합과 통일을 이루며,[129] 이를 위해 국내외적 자원동원체제를 구축했으며, 나아가 사회주의 국가들이 올림픽에 참여함으로써, 국교수립에 이르지 못할지라도 사실상 한국을 승인하는 국제적 비준전략을 추진한다는 것이다.[130]

이에 북한은 한반도 분단고착화, 올림픽의 기본 이념에 배치를 주장하면서 사회주의 국가들과 함께 서울이 올림픽 개최도시가 되는 것을 강력히 반대하여 장소변경을 요구하고, 불참을 종용해 왔다.[131] 북한은 전략적으로 공포분위기를 조성하여 참가선수와 임원들이 불참하도록 하고, 대남협상을 통해 한국민들의 '단독 올림픽 개최 반대'를 유도하고자 했다. 즉 한반도 문제의 국제적 문제제기 및 국제적인 반대 동원체제를 구축하는 것이었다.[132] 그러나 동구나 소련은 자국의 스포츠 입국정책으로 인하여 88서울올림픽 보이코트에 참여시킬 수 없다는 것을 분명히 하고 있었다.[133]

---

129) 박광식, "남북한 관계 변천과 오늘의 북방정책", 안보문제연구원, 『통일로』, 1991. 8, 16~17쪽.

130) 초기 88서울올림픽의 개최에 대한 우려는 정책능력 및 정통성 시비 등으로 귀결되고 있었다. 이세기, 『올림픽과 국가발전』(서울: 전망사, 1984), 18-19쪽.

131) 박세직, 『하늘과 땅, 동서가 하나로』(서울: 고려원, 1990), 49쪽; 『로동신문』, 1982년 5월 6일 사설, "올림픽 도박의 희생물은 누구인가?".

132) 북한은 1984년부터 올림픽 공동주체로 전략을 바꾸어, 1984년 10월 체코에서 열린 사회주의 체육장관회의에서 서울올림픽 boycott운동에 동참해 달라고 요청했다. 그러나 만프레드 동독 체육장관은 "소련이 또다시 올림픽을 boycott하라고 한다면, 소련 홀로 하라고 하겠다"고 반대했으며, 헝가리, 폴란드, 유고가 이에 동조하였다. 만프레드 장관은 1984년 11월, 멕시코에서 열린 국가올림픽 총연합합회 총회에서 88올림픽의 남북한 공동주체안을 처음으로 제기했었다. 이방원, 『세울 코레아』(서울: 행림출판사, 1989), 290쪽, 294쪽.

133) 이세기, (1984), 21-23쪽.

올림픽 개최라는 스포츠외교 과정에서 사회주의 국가와의 교섭은 북방정책의 집행과정에 대한 몇 가지 의미를 제공하고 있다. 첫째, 남북한 올림픽 공동개최 및 분산개최 개최 등의 노력이 진행되는 과정에서 자연스럽게 사회주의 국가들과의 인적, 물적 교류는 활발하게 전개되었으며, 초청외교, 방문외교와 이벤트를 통한 다양한 방안들이 마련되었다. 둘째, 사회주의 국가의 한국에 대한 인식의 변화를 야기하고 있었으며,[134] 이들 국가의 체육계 국가관료들이 일방적인 북한 지지를 철회할 수 있게 되었다. 셋째, 올림픽 참석을 위한 조직적인 공식, 비공식 협의를 통해 비밀협의에 효과를 거두었다. 한국 정부는 88 서울올림픽 조직위원회를 통해 스포츠계의 지도자나 각료급 인사들과 사전 교섭을 확대해 나갔으며,[135] 1987년부터 조직위원회 측에 대표단을 북한 단독수교국 11개를 포함하여 53개 국가에 파견하였으며, 소련대표단은 6번, 동독대표단은 5번, 폴란드와 헝가리 대표단은 3번씩이나 서울을 찾아왔다.[136] 넷째, 사회주의 국가들은 국제관계와 스포츠를 분리하여 접근하였으며, 극비교섭과 함께 선박 정박, 항공기 통과 등의 특혜적 조치들이 취해졌다.

이러한 한국의 스포츠 외교의 성과는 사회주의 국가들과의 교류협력을 상당한 수준으로 높였으며, 정치적인 관계를 위한 정책망의 구성, 국가 이미지의 제고 등의 수교를 위한 기초적인 여건을 제공하고 있었다.

---

134) 이방원, (1989), 303쪽.
135) 박세직, (1990), 86쪽.
136) 초청장을 발송한 167개 NOC 중 161개국이 참가를 통보하여 불참국은 6개국(북한, 쿠바, 니카라과, 에티오피아, 세이셸, 알바니아)이었다. 마다가스카르는 국내사정으로 불참하게 됨으로써 30개 미수교국을 포함하여 160개국이 참가하였다. 외무부, (1990. 6), 318쪽.

다. 제5공화국의 스포츠 외교에 대한 평가

제5공화국의 사회주의 국가에 대한 정책은 제4공화국의 문호개방원칙을 계승하고 있지만, 본질적으로 스포츠 외교라는 실천전략을 통해서 북방정책을 구현하고 있었다. 이러한 제5공화국의 스포츠 외교는 한국과 사회주의 국가와의 접촉과 교류, 협력으로의 발전을 가져왔지만, 북방정책의 궁극적인 목적인 국가 간의 정상적인 외교관계를 수립은 전혀 진척을 이루지 못하였다. 그러나 단계적인 문호개방원칙의 개념적 발전은 제5공화국의 북방정책을 통해서 이루어졌다.

이러한 제5공화국의 스포츠 외교의 성공은 첫째, 정책결정자의 적극적인 정책추진에 의해서였다. 88서울올림픽의 성공을 위한 대통령의 의지는 국가기구를 총동원하고 있었으며, 영향력 있는 인물을 직책에 임명하고, 이를 역사적 사업으로 인식하고 있었다.137) 특히 초기 사회주의 국가와의 관계형성 가능성에 대한 정책엘리트들의 부정적 인식이 탈냉전의 국제환경을 통해 적극적인 자세로 전환함으로써 그 성과를 극대화시킬 수 있었다.138) 또한 정권의 정통성에 대한 국민들의 비판과

---

137) 역대 올림픽 조직위원장은 노태우, 박세직이었으며, 이들은 후에 중요한 국가 요직에 있었으며, 대통령은 서울올림픽을 역사적 사업으로 인식하고 있었다. 그리고 올림픽대회조직위원회지원법이 제정되어 기구형성 및 법적 제도적 지원이 이루어졌다. 조직으로는 기존의 대한체육회, 대한올림픽위원회 외에도 서울올림픽대회조직위원회가 구성되고, 정부지원위원회, 체육부, 국회올림픽지원위원회가 구성되었다. 서울시, (1990), 283쪽, 315-65쪽.

138) 전두환, "미국 『타임』지와의 회견에서"(81. 4. 14), 민정기, (1987), 316쪽.; "프랑스 『볼리띠끄 엥떼르나시오날』지와의 회견에서"(84. 10. 3), 민정기, (1987), 359쪽; "86년도 국정연설에서"(86. 1. 16), 민정기, (1987), 313쪽; "86년도 예산안 제출에 즈음한 시정연설에서"(85. 10. 12), 민정기, (1987), 316쪽. 참조.

국제사회의 한국에 대한 인식이 팽배되어 있는 상황에서 정책결정자는 88서울올림픽을 통한 국제적 지위 향상과 정권의 정통성, 국민적 단합[139]을 확보하는 것이 중요하다는 정치적 동기를 가지고 있었다.

둘째, 정책을 수행할 수 있는 정책능력과 사회주의 국가의 정책적 요구가 일치하고 있었다. 1980년대 초반의 침체경제에서 벗어나 경기가 회복되고 물가안정으로 인한 국민생활의 불만이 완화되었지만, 1985년 이후의 3저(저금리·저유가·저달러화)현상으로 인하여 수출 593억 불의 세계 10위의 수출국이 되었으며, 세계 18위의 GNP국(1인당 GNP 4,408$)으로 그리고 138억 불의 경상수지를 기록하고 있었다.

〈도표 Ⅲ-4: 남북한 경제력 비교: 1980-1988〉

구 분		1980	1981	1982	1983	1984	1985	1986	1987	1988
GNP (억$)	한 국	603.0	662.0	693.0	760.0	824.0	834.0	1,027	1,284	1,692
	북 한	135.0	135.6	136.0	144.2	147.2	151.4	174.0	194.0	206.0
	비 교	4.47	4.88	5.09	5.25	5.59	5.51	5.90	6.62	6.62
1인당 GNP ($)	한 국	1,589	1,719	1,773	1,914	2,044	2,047	2,296	2,826	4,040
	북 한	758	746	735	765	762	765	860	936	980
	비 교	2.09	2.30	2.41	2.50	2.68	2.68	2.76	3.02	4.12
경제성장 (%)	한 국	-4.8	5.9	7.2	12.6	9.3	7.0	12.9	13.0	12.4
	북 한	1.7	2.5	12.2	12.2	2.7	2.7	2.1	3.3	3.0

*자료: GNP, 1인당 GNP는 통일원, 『분단 45년 남북한 경제의 종합적 비교분석』 (서울: 통일원, 1990), 51쪽: 경제성장률은 황의각, 『북한경제론』(서울: 나남, 1992), 142-5쪽.

그리고 북한과의 경제력 격차가 GNP기준으로 1987년에 6배에 이름으로써 북한의 외교적 견제가 한계를 나타내고 있는 것으로 정책엘리트들은 인식하고 있었다. 이러한 경제능력의 차이는 남북한에 대한

---

139) 이세기, (1984), 186-7쪽.

사회주의 국가의 정책엘리트들이 한국에 대한 인식을 새롭게 하는 계기가 되었다. 또한 한국에 대한 새로운 인식과 더불어 사회주의 국가의 스포츠 정책의 국내정치적 필요성을 충족시킬 수 있는 계기로 인식하였던 것이다. 1980년과 1984년의 반쪽 올림픽으로 인하여 자국의 스포츠 정책의 목적을 달성하기 위하여 88서울올림픽에 대한 참여를 기정사실화하고, 이를 위한 국가관료들의 접촉이 이루어지고, 한국경제에 대한 인식 변화가 교류협력에 대한 기대를 확대시키고 있었다.

그리고 한국의 경제능력은 남북한의 외교대결을 벌이는 국제무대에서 경제협력 자금 지원이라는 정책수단을 확보할 수 있게 하였으며,[140] 대외적으로 한국의 국가 이미지 제고와 함께 스포츠 외교를 적극적으로 전개할 수 있는 근간이 되었다.

〈도표 Ⅲ-5: 한국 정부의 개발원조 제공현황〉

구 분	1986년도	1987년도
정부개발원조(ODA)	57,294.3 (65.0)	60,212.1 (73.2)
무상원조	7,492.3 (8.5)	7,485.4 (9.1)
기술협력	5,641.3 (6.4)	6,909.6 (8.4)
국제기구 출자금 및 분담금	44,160.6 (50.1)	45,817.1 (55.7)
분담금	39,841.5 (45.2)	41,046.2 (49.9)
출자금	4,319.1 (4.9)	4,770.9 (5.8)

* 단위: 백만 원. ( ), 내 숫자는 백만 $

---

140) 1986년 대외경제협력기금법을 제정하고, 원화표시 장기저리 대외경제협력기금(EDCF)을 1987년 6월부터 300억 원의 예산으로 시행하게 되었다. 1988년 8월 현재 이 기금의 지원요청은 아시아 8개국, 아프리카 7개국, 중남미 3개국 등 총 20개국의 46개 사업에 5억 8,940만 불에 이르고 있으며, 그중 1차로 인도네시아의 파당 시 우회도로 건설사업과 나이지리아의 철도차량 현대화사업에 대하여 1,300만 불과 1천만 불의 차관을 제공하기로 결정하고 있었다. 외무부, (1990. 6), 168-72쪽.

다음으로 국가관료의 역량이 급격히 증대되고 있었다. 북방정책에 대한 정치적 인식은 노신영 및 이범석 장관을 비롯한 외무 관료를 중심으로 전개되어 1984년에는 대외정책의 주요 기저로 설정되었으며, 안기부에 북방정책을 위한 기획팀이 구성되어 국가관료들의 인식을 확대시키고 있었다.141) 그리고 국가관료들은 88서울올림픽 조직위원회와 외무부, 통일원, 체육부, 문화공보부 등 정부의 모든 정책기구들이 망라되어 개별 정책기구별로 업무를 수행하였으며, 입법부도 이를 지원하고 이를 위한 의원외교를 활발히 전개하고 있었으며, 88서울올림픽에 대한 위원회가 구성되는 등 지원이 이루어지고 있었다.

또한 스포츠 외교에 대한 국민 지지와 함께, 이를 통해 국위선양 및 문호개방원칙을 추진해야 한다는 국내외 우호적 정책망이 구축되었다.142) 88서울올림픽 개최 능력 및 개최 방법 등과 관련된 개최 반대에도 불구하고 정책엘리트들의 미래에 대한 기대와 사회주의 국가에 진출하려는 경제 부문의 기대,143) 안보와 문호개방의 구분을 통한 보수계층의 지지가 우호적 정책망을 형성하고 있었으며, IOC와 함께 미국과 일본 등의 사회주의 국가와의 접촉 및 교류에 대한 지원으로 제5공화국의 문호개방원칙은 성공적으로 추진이 되었다.

이러한 성공적 스포츠 외교에도 불구하고, 문호개방원칙이 외교관계 수립으로 발전하지 못했다. 그 원인을 살펴보면, 첫째, 정책엘리트

---

141) 정부 내의 전담 기획팀의 구성은 사회주의 국가에 대한 방향전환을 의미하는 것으로 해석된다. 김일동, "청와대 북방정책 인맥", 『신동아』, 1990년 9월호, 217쪽.

142) 예로 전두환 정권은 정상회담, 외상회담을 비롯하여, 정책협의회 · 안보협의회 · 경제협의회 · 문화교류위원회 등을 통하여 미국의 협력을 확보하였으며, 중국과 소련, 동구권 국가들의 올림픽 참여를 위한 미국, 일본의 중개역할을 하였다. 외무부, (1990. 6), 47쪽.

143) 서울시, (1990), 295쪽.

들이 외교관계 수립을 위한 여건이 조성되어 있지 않다고 인식하였을 뿐만 아니라, 이를 개념적으로 체계화하지 못했다. 1980년대 중반 이후 86아세안게임과 88서울올림픽에 대한 본격적인 준비는 국제스포츠 행사를 단순한 이벤트로 인식하는 단계를 넘어서 국가의 미래에 대한 비전으로 승화시키는 문제의식으로 발전하지 못했으며, 스포츠 외교의 성과가 정권 말기에 나타나기 시작함으로써 체계화된 국가정책으로 스포츠 외교를 상징화하지 못했다. 둘째, 북한의 방해를 차단하고 사회주의 국가의 참여를 촉진시키기 위해서 순수한 체육행사로 정치적인 개입을 막는다는 명분으로 인한 논리적 한계를 가지고 있었다.

그러나 제5공화국의 스포츠 외교는 제6공화국의 북방정책의 토대를 형성했다. 첫째, 사회주의 국가의 정책엘리트들이 한국에 대한 인식의 전환의 계기가 되었다. 그동안 북한이 선전해 온 한국의 경제상황이나 한반도 평화에 대한 정책기저 등에 대하여 재평가가 이루어지게 되었다. 이로 인하여 한국의 대외적 이미지가 고양되고 국제적 위상이 제고되었던 것이다. 둘째, 한국과 사회주의 국가와의 커뮤니케이션 루트가 형성된 것이다. 이는 정책대상으로서의 사회주의 국가에 대한 접근을 가능하게 했으며, 이들의 긍정적 인식을 바탕으로 제6공화국이 사회주의 국가의 정책결정자들과 접촉망을 구축하였으며, 우호적인 정책망으로 역할을 할 수 있게 된 것이다. 셋째, 제5공화국의 스포츠 외교의 정책엘리트들은 스포츠 전문가뿐만 아니라, 정책결정자와 국가관료로서의 정책기구를 구성하고 있었다. 이러한 정책엘리트의 연속성은 제6공화국의 성립 이후, 북방정책을 구체화시키는 역할을 했으며, 나아가 이들이 북방정책의 추진 주체가 될 수 있도록 하였다.[144]

---

144) 외무부는 대공산권 및 비동맹국국가의 대회참가를 유도하고 해외동포 후원회를 결성, 지도하였다. 서울시, (1990), 339쪽.

제 4 장

제6공화국 북방정책의 선택

1985년 미하일 고르바초프(M. Gorvachev)가 소련 공산당 서기장으로 등장하면서 사회주의 국가들은 개방과 개혁의 거대한 물결에 휩싸였다. 1984년 제2기 레이건 행정부가 출범하면서 미국도 소련과의 군비감축 및 평화공존의 데탕트를 모색하기 시작하였다. 진영외교를 주도하던 미-소가 1986년 레이카비츠(Raykjavik)에서, 1989년 몰타에서 동서화해를 모색하고, 동구와 서구는 1990년 파리에서 냉전의 종식을 공식 선언하는 변화를 모색한 것이다.[1]

이러한 국제정세가 급격히 변화하고 있는 상황에서 출범한 제6공화국은 88서울올림픽 개최와 민주화 그리고 통일대업을 기치로 하여,[2] 북방정책을 천명하고 사회주의 국가와의 관계개선을 추진을 천명하고 있었다.

본 장에서는 제6공화국이 북방정책을 어떻게 개념화하였는가? 그리고 정책환경과 정책엘리트는 어떠한 관계를 설정하고 있었으며, 정책을 선택하게 된 요인은 무엇인가? 그리고 산출된 정책으로서의 북방정책의 추진을 위하여 어떠한 제도화 과정을 거쳐 국가정책으로 체계화하였는지를 살펴봄으로써, 제6공화국의 북방정책의 선택이 가지는 의미를 규명하고자 한다.

1) 김태현, "외교안보정책", 세종연구소, 『탈냉전기 한국 대외정책의 분석과 평가』(1998), 42쪽.
2) 노태우, 『위대한 보통사람들의 시대: 90년대를 위한 설계와 실천』(서울: 을유문화사, 1987), 209-31쪽.

제1절 정책환경의 변화와 북방정책의 선택

가. 제6공화국의 등장과 정책환경의 변화

제6공화국의 정책환경은 제5공화국의 정책환경과 연속선상에 있지만, 정치지도자의 변화를 비롯한 국내외의 정책환경의 극심한 변화를 경험하는 전환기를 맞게 된다. 먼저 제6공화국은 국제환경의 변화로 세계체제의 급격한 변화를 경험하고 있었다. 세계체제의 변화는 사회주의 동맹체제 붕괴와 미소대결구도의 와해로 인한 탈냉전과 탈이념화이다. 소련의 변화는 사회주의 체제의 구조적 병폐로 인한 노동생산성의 저하, 경영의 불합리, 기술 낙후성 등 중앙계획경제체제의 구조적 문제를 타개를 위하여 미-소 간의 군사적 경쟁을 지양하고, 경제적 개방과 정치적 개혁을 추진하고자 하는 것이었다.3) 미국의 레이건 행정부도 그동안 누적된 재정 및 무역적자의 누적 등 경제적인 난관 타개를 위하여 소련과의 군사적 경쟁체제의 방향 전환을 꾀하고 있었다. 이러한 미-소 간의 이해의 일치로 인하여 수차에 걸친 양국 정상회담을 거쳐4) 미-소 양국은 중거리핵전력(INF)철폐협정 체결(1987. 12), 전략무기 감축협상(START) 및 재래식 무기 감축협상에도 상당한 진전을 보임으로써 신데탕트가 전개된 것이다.

냉전체제의 붕괴는 동서 간의 군사적 경쟁을 경제우선주의로 전환

---

3) 김영준, "북방정책의 평가와 전망", 경희대 정치학과 동문회, 『한국의 정치상황과 북방정책』(1990. 6), 19쪽.
4) 1986년 10월 레이카비크 정상회담에 군축 및 평화공존을 촉진시키는 계기가 되었으며, 자유민주주의의 승리의 시발점으로 보고 있다. Henry Kissinger, *Diplomacy* (N.Y.: Simon & Schuster, 1994), pp.762-803.

시키고 있었으며, 상호 의존과 경제단위의 세계화, 자국의 경제이익에 따른 대외 통상외교의 강화, 지역주의나 쌍무주의가 발달, 다자 간 국제기구에서의 활동 강화 등 다양한 모습으로 변화되고 있었다.[5] 그리고 사회주의 국가들은 자신들의 정치적 불안과 경제 침체를 극복하기 위하여 주변 정세의 안정과 함께 국내문제 우선 해결(the primacy of internal affairs)에 역점을 두고 있었으며, 강대국들은 전쟁이나 긴장과 같은 '고비용 · 고위험'의 대외정책보다는 평화와 안정을 바라는 '저비용 · 저위험'(low cost & risk)의 대외정책을 채택하여 실리외교에 역점을 두고 있었다.

지역체제에 있어서도 아 · 태 지역의 평화가 모색되고 있었다.[6] 고르바초프 소련공산당 서기장은 '블라디보스토크 연설'(1986. 7) 및 '크라스노야르스크 연설'(1988. 9)을 통하여 아 · 태 지역 국가들과의 전반적인 관계개선을 표방하였고, 중국과의 관계개선을 위하여 중국이 제시한 '3대 장애요인'인 중－소 국경분쟁문제, 아프가니스탄 및 캄보디아 사태의 해결에 있어서 전향적 태도를 모색하고 있었다. 그리고 미국을 비롯한 일본도 소련에 대한 경계를 유지하면서, 아시아－태평양의 주요 세력으로서 한반도에서 자국의 이익이 침해되지 않기를 바라고 있었다.[7] 동북아 4대강국의 평화 모색은 북방－남방3각동맹체제

---

5) Jagdish Bhagwati, "Regionalism Versus Multinationalism", *The World Economy*, Vol.15, No.5, (September, 1992), p.535; John Gerard Ruggie, "Multilaterialism: The Anatomy of an Institution", *International Organization*, Vol.46, No.3, (Summer, 1992), p.571.

6) 외무부(1990), 205－6쪽.

7) 미국은 세계체제의 헤게모니 장악을 위해 자본주의 체제의 유지, 확장하려 한다는 점에서 대외정책의 일관성과 지속성을 가진다. 이삼성, "탈냉전 시대 미국외교와 세계질서", 경남대 극동문제연구소, 『한국과 국제정치』 37－41쪽.

라는 동북아 세력균형체제를 개별 국가 중심의 쌍무적 관계로 변화시
키고 있었으며, 이념대결 종식과 함께 군사적 갈등에서 군사적 협력으
로 전환이 이루어지고 있었다.

양자체제에 있어서도 한국과 사회주의 국가들과의 관계에 많은 진
전이 이루어지고 있었다. 제5공화국에서 이미 88서울올림픽을 계기로
한국과 사회주의 국가들 간의 접촉과 비정치적 교류가 확대되어 국가
관료들의 직접 접촉도 공개적으로 이루어지고 있었다. 특히 사회주의
국가의 한국에 대한 이미지와 한국의 사회주의 국가들에 대한 인식이
새롭게 호전되고 있었으며, 이들 사회주의 국가의 경제 위기를 극복하
기 위한 파트너로 한국을 인식하게 되었다.

그러나 냉전종식에 따라 한국의 안보협력체제는 이완이 촉진되고
있었다.[8] 한국과 동맹체제를 구축해 왔던 서방선진국들은 북한의 모
험주의로 인한 분쟁가능성과 중 - 소의 세계전략에 대응하여 한국을
여전히 이념적 보루로 인식하였지만, 한국의 경제성장과 경제우선주의
로 인하여 한국에 대한 시장개방 압력과 군사협력 비용의 요구가 증
대됨으로써 동맹체제의 이완을 경험하고 있었다.[9]

그리고 분단체제는 1987년 12월 KAL기 폭파사건과 북한의 88서울
올림픽 불참 결정으로 인하여 한반도에는 긴장이 고조되고 있었다. 제
6공화국은 전두환 정권의 민족화합민주통일방안을 발전시켜 정상회담
을 제의하고, 나아가 이산가족 고향방문, 체육회담 개최 등의 다양한

---

8) 후쿠야마 교수는 냉전체제의 종식은 이념대결의 종식이며, 사회주의의 종
   식으로 보고 있다. 따라서 동맹체제나 군사협력체제는 붕괴되고 경제적 갈
   등이 확대된다. Francise Fukuyama, "The End of History", *The National
   Interest*, (Summer, 1989), pp.3 - 35.
9) 한승주, "한국외교의 진로", 정일영(편), 『한국외교 반세기의 재조명』(서
   울: 세종연구소, 1993), 520 - 1쪽; 유승익, "한국외교정책의 분석틀", 이범
   준, 김의곤(공편), 『한국외교정책론』(서울: 법문사, 1995), 144 - 5쪽.

118

형태의 통일 제의로 발전하고 있었다. 노태우 정권은 국민들의 통일요
구에 맞추어 7·7선언의 원칙에 따라 기능주의적, 점진주의적 통일방
안으로 공청회 및 의회를 통한 의견 수렴을 거쳐 체계화된 한민족공
동체 통일방안을 제시하였다. 북한은 기존의 통일방안을 유지하면서
고려연방제에 의한 정치회담, 군사회담과 남북관계의 일괄타결을 주장
하고 있었다. 이러한 남북한의 통일 제안들은 일방이 타방의 제안을
거부함으로써 통일대화로서 발전하지 못하고, 체제유지를 위한 국내
정치적 선전으로만 강화되고 있었다. 북한은 88서울올림픽의 불참을
계기로 한국과의 체제경쟁에서 패배함으로써 한국에 새로운 제안보다
는 미국과의 관계개선 및 서방진영과의 교류협력의 강화를 기대하고
있었을 뿐, 한국과의 새로운 관계를 모색할 수 없었다. 특히 제6공화
국이 성립되면서 남북한 관계는 탈냉전으로 인한 긴장완화 요구와 북
한의 고립화를 방지하기 위한 긴장조성이 갈등을 일으키는 상황이 전
개되고 있었다.

제6공화국의 출범으로 국내정책환경도 급변하고 있었다.10) 6·29선
언을 통해서 집권의 계기를 마련한 집권세력은 제13대 대통령선거에
서 노태우 후보를 당선시켰지만, 정통성 시비와 민주화 요구, 통일에
대한 요구 등의 국민적 요구에 대응해야 하는 시험대를 맞고 있었다.
민주화 및 통일요구가 논쟁으로 확산되면서 국민의 기대 심리를 높이
고 있었으며, 민주화 및 반미주의와 연계된 통일운동은 점차 세력화되

10) 집권세력은 제6공화국 출범 당시의 유리한 정책환경으로 첫째, 정통성의
시비가 거의 없었으며, 둘째, 경제적으로 좋은 조건에 있었으며, 셋째, 88
서울올림픽을 앞두고 국민총화가 요청되는 안정과 번영의 시기였으며,
넷째, 이로 인하여 웬만한 갈등은 능히 해결할 수 있었으며, 다섯째, 대
통령의 국가운영에 관한 예비수업을 거쳤다는 점을 지적하고 있다. 공보
처, 『제6공화국 실록』, 1권, 81-82쪽.

고 있었다.[11] 특히 이러한 국민열망은 젊은 세대를 중심으로 전개되고 있는 민족자존에 입각한 자주외교에 대한 강렬한 열망을 담고 있었다.

또한 이들은 국가 이데올로기로서 자유민주주의 체제에 대한 맹신에서 벗어나 사상적 융통성의 확대를 요구하고 있었다. 특히 북한을 포함한 사회주의 국가와의 교류협력 및 민족자존의 통일정책은 보수적인 지배연합의 인지적 이중성과 갈등을 일으킴으로써 어떠한 획기적인 정책도 국민 전체적인 동의와 합의를 어렵게 하고 있었다.[12] 그리고 정치체제에 있어서도 집권당인 민주정의당은 3김씨로 통칭되는 야당이 의회의 과반수를 차지하고, 야당은 정치적·경제적 민주화, 5공 청산을 요구함으로써 정치적 불안이 가중되고 의회의 논쟁이 확대되면서 점진적인 민주화 조치들이 취해졌다.[13] 그러나 이러한 민주화는 집권세력에 의하여 국내 정치적 목적으로 활용될 수 있었던 안보정책이나 통일정책, 대외정책이 더 이상 대통령 혹은 정부의 '특권'(prerogative power)이 될 수 없게 만들었다.[14] 이로써 정책의 선택에 있어서 재량권은 축소되고 국민적 합의와 설득을 위한 절차는 전에 없이 중요해졌다.[15] 그리고 사회주의 국가와의 경제교류가 촉진

---

11) 한미관계의 반미주의에 대해서는 정상환(외), 『한미관계의 재인식 2』(서울: 두리, 1991), 73쪽: 정해구, 『광주민중항쟁연구』(서울: 사계절, 1990): 민주화와 반미주의, 통일개념의 연관성에 대해서는 안진, "미국과 한국의 정치변동", 한국사회학회, 한국정치학회(편), 『한국의 국가와 시민사회』(서울: 한울, 1992), 참조.

12) 이 점에 대해서는 김태현, "대북인식의 이중구조와 북한 핵문제", 세종연구소, 『국가전략』 제2권 2호, (1996. 8), 참조.

13) 한완상, "한국에서 시민사회, 국가 그리고 계급", 한국사회학회, 한국정치학회(편), (1992), 11 - 13쪽: 한배호, "정치변동과 국가", 한국사회학회, 한국정치학회(편), (1992), 83쪽.

14) 김태현, "외교안보정책", 세종연구소, (1998), 56쪽.

120

되어 교류와 협력의 제도화에 대한 요구가 점증하고 있었다. 국가관료들도 자원부족국가로서 자원의 확보와 미-일-EC 등에 편중되어 있던 수출시장을 다변화할 수 있는 돌파구로 사회주의 국가와의 관계 강화가 필요하다는 인식은 당연한 것으로 받아들여지고 있었다.16)

제6공화국 정책환경은 제5공화국의 정책환경과 관련되어 연속성과 단절성이 동시에 나타나고 있다. 먼저 연속성의 특징은 첫째, 정책엘리트의 계속성이다. 제6공화국과 제5공화국은 국가관료의 변화는 군부 세력의 일부 퇴진을 제외하고는 발생하지 않았으며, 오히려 제5공화국의 국가관료나 북방정책을 희망하던 학계 인사들이 제6공화국의 주요 기관의 장에 임명되었다. 둘째, 88서울올림픽을 준비해 온 제5공화국의 정책환경이 제6공화국의 정책환경으로 계속되고 있었다. 탈냉전을 비롯한 경제우선주의와 같은 국제적 환경과 국내적으로 올림픽 개최라는 정책환경의 지속되고 있었다. 이러한 정책환경은 제6공화국의 북방정책을 선택하고 추진하는 데 있어서 긍정적으로 인식되고 있었다. 셋째, 국가정책으로서의 북방정책의 목적과 구체적인 전략들이 발전되고 있었다. 제5공화국의 북방정책은 정권 말기에 구체적인 정책 설계가 마련되기 시작하였으며, 88서울올림픽의 성공적 개최를 위하여 사회주의 국가와의 관계개선이 지속된 것이다.

그러나 제6공화국의 북방정책은 제5공화국의 북방정책과는 달리 정책환경의 본질적인 의미에서 단절성의 특징을 가지고 있다. 먼저, 제6

15) 한승주, "한국외교의 진로", 정일영(편), (1993), 520-1쪽.
16) 소련과의 경제협력을 통해서 한국이 필요로 하는 기초과학기술을 전수 받거나 첨단과학기술을 민간 상품기술화하거나 또는 기존 기술공동국으로부터 이전받기 어려웠던 기술을 습득할 수 있다는 기술협력의 가능성에 대한 논의되었다. 김학수, 『한국의 대외경제협력에 관한 정책과제와 방향』(서울: 대외경제정책연구원, 1991), 20~21쪽.

공화국은 대외정책에 있어서 국가 자율성이 급격히 취약해졌다. 여소
야대 국회를 비롯한 민주화의 폭발적 요구는 정책과정의 투명성을 요
구하고 있었으며, 국민적 합의를 요구하는 정책선택의 요구는 국가의
정책자율성을 제한하고 있었다.[17] 둘째, 88서울올림픽의 통한 사회주
의 국가와의 자연스러운 접촉의 확대는 88서울올림픽 개최 이후 사회
주의 국가와의 관계를 국교수립을 추진함으로써 사회주의 국가 내부
의 반발과 북한의 강력한 도전을 극복할 수 있는 한국의 정책능력을
요구하고 있었다. 셋째, 제5공화국의 북방정책이 소련, 중국 등 사회주
의 국가를 주요 대상으로 하였지만, 제6공화국은 북한을 주요 대상으
로 할 뿐만 아니라, 정책의 내용에 따라 보수세력 및 진보세력 사이에
서 인지적 이중성으로 인하여 모순이 발생하고, 정책집행의 난관에 봉
착할 가능성이 있다는 것이다.

　이러한 국내외 정책환경의 변화는 1988년 성립된 제6공화국에게 새
로운 정책 대응의 필요성을 제기하고 있었다. 제6공화국은 대외정책의
방향을 민족자존과 민주, 통일로 설정하고 있었다. 이러한 외교 이념
의 형성은 냉전 종식과 사회주의 블록의 와해 등 국제관계의 대변혁
으로 촉발되고 있었지만, 민족 자존의식의 고양과 권위주의 체제의 종
식, 민주주의 구현에 대한 요구도 노태우 정권의 대내외 정책 변화의
주요한 동인이 되고 있었으며, 이러한 정책환경의 변화로 인하여 정책
엘리트들은 통일과 민주의 기본원칙을 하나의 연속적인 개념으로 보
고 대책을 마련하게 있었다.[18]

---

17) 앞으로 설립될 제6공화국 제1의 국정지표를 민주화로 하고 있었다. 노태
　　우, (1987), 24쪽.
18) 공보처, 『제6공화국 실록』 제2권, (1992), 33-5쪽.

나. 7·7선언과 북방정책의 체계화

제6공화국에서 북방정책의 기본정신과 구체적인 실천 프로그램은 88서울올림픽 직전에 발표된 1988년 7월 7일 '민족자존과 통일번영을 위한 대통령 특별선언'에서 찾아볼 수 있다.[19] 7·7선언은 북한과의 대결 및 적대 관계를 청산하고 민족공동체의 인식을 바탕으로 한민족의 공동번영을 모색하고, 북한과 한국의 우방 간의 국제관계를 적극 도우며, 한국이 중-소 등 공산국가와 관계를 정상화시키는 것이었다. 특히 7·7선언은 북한의 개방 유도와 한반도의 평화 정착을 통해 통일 여건을 조성하는 계기를 마련하고, 북한이 책임 있는 국제사회 성원이 되어 국제사회에서 한국과 함께 민족 공동이익을 구현하며, 한반도 주변 4강의 남북한과 관계개선을 적극 유도하려는 실천의지를 포함하고 있다.[20] 그리고 7·7선언은 통일정책과 대외정책을 포괄하는

---

19) 선언은 ①정치인, 언론인, 종교인, 문화·예술인, 체육인, 학자 및 학생 등 남북동포 간의 상호교류를 적극 추진하며, 해외동포들이 자유로이 남북을 왕래하도록 문호를 개방한다. ②남북적십자회담이 타결되기 이전이라도 인도주의적 견지에서 가능한 모든 방법을 통해 이산가족들 간에 상사·주소확인, 서신왕래, 상호방문 등이 이루어질 수 있도록 적극 주선·지원한다. ③남북 간 교역의 문호를 개방하고 남북 간 교역을 민족 내부 교역으로 간주한다. ④남북 모든 동포의 삶의 질을 향상시킬 수 있도록 민족경제의 균형적 발전이 이루어질 수 있기를 희망하며, 비군사적 물자에 대해 우리 우방들이 북한과 교역하는 데 반대하지 않는다. ⑤남북 간의 소모적인 경쟁·대결 외교를 종결하고 북한이 국제사회에 발전적 기여를 할 수 있도록 협력하며 또한 남북대표가 국제무대에서 자유롭게 만나 민족의 공동이익을 위하여 서로 협력할 것을 희망한다. ⑥한반도의 평화를 정착시킬 여건을 조성하기 위하여 북한이 미국·일본 등 우리 우방과의 관계를 개선하는 데 협조할 용의가 있으며 또한 우리는 소련·중국을 비롯한 사회주의 국가들과의 관계개선을 추구한다는 것이다. 외무부, (1990. 6), 104-5쪽.

선언으로서 한국의 국력신장 및 국제적 지위향상에 따른 통일정책의
획기적인 변화를 모색하는 것이며, 한국은 대북한 경쟁 및 대결외교를
지양하고 동반자적 입장에서 대북한 관계를 주도적으로 모색하려는
정책의도와 실천의지를 분명히 하고 있었다.[21]

　이러한 7·7선언은 1988년 10월 노태우 대통령의 유엔총회 연설에
서 한반도의 평화=〉동북아의 새 평화질서=〉태평양 시대의 평화와
번영이라는 발전 도식에 따라 한국외교의 중장기적 비전을 설정하고
있으며, 제6공화국의 통일정책인 '한민족공동체통일방안'의 모태가 되
었다.

　7·7선언으로 구체화된 제6공화국의 북방정책은 어떻게 다시 개념
화되었는가? 제6공화국의 북방정책은 제4공화국의 문호개방원칙과 제
5공화국의 스포츠 외교로 이어져 온 사회주의 국가에 대한 정책으로
연속적인 변화를 거쳐 왔다. 제6공화국의 북방정책은 한국과 이념 및
체제가 다르면서도 한반도의 평화정착과 통일 여건 조성을 위해 한반
도의 안보환경에 직·간접적으로 영향을 미칠 수 있는 소련 및 중국,
동구권 국가들과 관계개선을 적극적으로 도모하고, 북한과 새로운 관
계정립을 모색하고자 하는 외교적 노력을 총체적으로 의미하고 있었
다.[22] 특히 통일정책과 북방정책을 구분하는 협의적 분류와는 달리,
제6공화국에서는 중국과 소련, 사회주의 국가를 비롯한 여타 사회주의
국가뿐만 아니라, 북한에 대한 정책을 포괄하는 광의로 사용하고 있었
다. 따라서 제6공화국은 북한에 영향을 주는 사회주의 국가를 통해 한
반도의 평화정착과 통일 여건을 조성한다는 중장기적인 정책과제로서

---

20) 외무부, (1990. 6), 103-4쪽.
21) 공보처, 『제6공화국 실록』 2권, (1992), 94-6쪽.
22) 이상우, 『한국의 북방정책』 평양고보동문회-이북5도민회-조선일보 주
　　최, "북방정책과 통일문제 토론회" 발표논문, (1989. 3), 53-60쪽.

북방정책을 선택하고 있다.[23]

    이러한 북방정책의 대상의 범주화는 북방정책의 목적에도 영향을 미치게 된다. 정책 주체들이 제시하는 북방정책의 목적은 소련·중국을 비롯한 공산권 제국과의 정상적인 국가관계를 설정하여 한반도 및 동북아 지역의 평화와 번영에 기여하면서, 한반도의 평화정착과 평화통일 기반을 조성하고, 이들 사회주의 국가들과의 관계개선을 통해서 외교 영역과 지지기반을 넓히며, 한국의 경제적 진출과 자원 공급원 확보 등을 통한 국가의 경제적 실익을 추구하는 것이다.[24]

    구체적으로 북방정책은 대상에 따라서 정책목적을 달리하고 있었다.[25] 소련에 대한 북방정책의 목적은 첫째, 한국과 소련의 화해를 통해서 사회주의 종주국인 소련으로부터의 외교적 승인을 받는 일이다. 둘째, 한국이 모스크바에 접근함으로써 소련이 평양에 영향력을 행사해 주기를 기대할 수 있고, 그것은 한반도 긴장완화 및 남북한 통일에 긍정적인 결과를 가져올 것으로 기대하였다. 셋째, 한국 정부가 대미관계를 비롯하여 사회주의 국가와의 관계에서 소련카드를 사용할 수 있다는 것이다. 넷째, 소련에 거주하는 43만 조선족의 법적 지위를 높이고 이들의 모국 방문을 원활히 할 수 있는 효과를 거둘 수 있다. 다섯째, 경제적 동기로 러시아의 보물창고라고 일컬어지고 있는 시베리아 개발이라는 안정적 자원공급과 기술, 자본의 수요공급이 일치할 수 있다는 점이다.

    중국과의 관계개선의 정책목표를 보면, 첫째, 한-중수교로 역사상

---

23) 외무부, (1990), 108-9쪽.
24) 외무부, (1990), 109쪽; 유석렬, "북방외교의 현황과 추진 방향", 한국정치학회, 『민족공동체와 국가발전』(1989), 556쪽.
25) 김의곤, "한소관계의 발전과 남북한 관계의 전망", 국제정치학회, 『국제정치논총』 제30집 제1호, (1990), 48-49쪽.

중국과 대등한 위치에서 주권국가로서의 자주독립외교를 수행할 수 있으며, 둘째, 12억 인구라는 시장 잠재성을 가지고 있는 중국과 수교함으로써 새로운 시장의 안정적 확보가 가능하다는 것이다. 셋째, 한-중 경제협력 및 국교수립은 장기적으로 중국 · 북한 관계의 재정립을 초래할 것이다. 넷째, 중국에 거주하는 100만 조선족의 지위향상과 모국 방문의 기회를 주는 촉매작용을 할 것이다.

그리고 동구권 외교의 목표는 첫째, 한국 · 동구의 관계증진은 우회적 전략으로서 소련을 비롯한 여타 사회주의 국가의 한국정책에 변화를 줄 수 있다. 둘째는 북한의 대외정책, 특히 대남정책에 간접적으로 영향을 줄 수 있다. 셋째, 경제적 측면에서 심화되고 있는 동구의 경제실패에 따라 한국과의 경제협력 가능성을 높였으며, 한국의 입장에서도 소비재 시장의 확대라는 필요성을 가지고 있었다.

북방정책의 개념적 특징을 통해서 북방정책의 의미를 보면, 먼저 외교다변화 전략으로, 서방 일변도의 경제교류를 다변화하고 구체적으로 경제실익을 획득하고자 한다는 것이다.[26] 이는 과거 북한과의 외교경쟁에서의 외교다변화와는 달리 경제적 시장 확보를 위한 외교다변화의 의미를 가진다. 둘째는 탈이념화 전략이다. 구적국과의 관계개선을 통해 한국 외교를 탈이념화시켜 한국의 위상 제고와 이미지 제고를 기한다는 것이다. 셋째, 북한에 대한 공세적 경쟁 전략이다. 교차승인을 명분으로 수교경쟁에서 북한을 압도하고, 우월한 국력을 바탕

---

26) 경제교류의 목적은 첫째, 자원부족국가로서 자원의 공동개발을 통하여 필요한 자원을 확보, 둘째, 미-일 EC 등에 편중되어 있던 교역시장 특히 수출시장의 다변화, 셋째, 대소경협에서와 같이 한국이 필요로 하는 기초과학기술의 전수나 첨단과학기술의 민수기술화 또는 기존 기술공동국으로부터 이전받기 어려웠던 기술을 습득하는 기술협력의 가능성으로 구분할 수 있다. 김학수, (1991), 20~21쪽.

으로 공세적으로 남북협상을 이끌 수 있다는 것이다.[27] 넷째, 한국 외교의 자주화 전략이다. 한국의 자주외교의 요구에 대응하여, 진영외교에서 벗어나 사회주의 국가와의 관계개선에 있어서 자주적 대외정책을 추진하고, 한반도 문제를 점진적으로 남북한 당사자의 문제로 자주화시킨다는 것이다.

　그러나 북방정책은 분단의 고착화나 북한의 모험주의, 동북아의 강대국 각축장화 가능성, 동북아의 세력 균형 붕괴 등의 여러 가지 문제점을 노정시킬 수 있는 것으로 지적되었다.[28] 이러한 북방정책의 부정적인 산출물에 대응하여, 한국 정부는 원칙적인 정책 운영 방향이 설정되었다. 즉 ①북한의 고립화를 추구하지 않는다. ②대북한정책과 통일정책을 연계시킨다. ③정치적 교류와 비정치적 교류를 과감하게 병행하여 추진한다. ④국민적 합의의 바탕 위에 추진한다. ⑤미국을 비롯한 기존 우방국들과의 유대관계를 다지는 바탕 위에서 추진해 나간다는 것이다.[29] 이러한 원칙들은 북방정책의 목적과 정책 산출물이 가져올 논리상의 상호 모순을 방지하고자 하는 정책의도를 분명히 하는 것이었다.

---

27) 7·7선언에서 "한반도 평화를 정착시킬 여건을 조성하기 위하여 북한이 미국·일본 등 우리 우방과의 관계를 개선하는 데 협조할 용의가 있으며 또한 우리는 소련·중국을 비롯한 사회주의국가들과의 관계개선을 추구한다."고 언급하고 있다. 공보처, 『제6공화국 실록』 2권, (1992), 488쪽.
28) 정종욱, "북방정책 다변화가 북한사회주의 국제관계에 미치는 영향", 서울대 국제문제연구소, 『논문집』 제14호, (1990), 5쪽.
29) 박철언, "민족의 진운과 북방정책", 『민족지성』 통권 38호,(1989. 4), 188-189쪽.

제2절 북방정책의 선택과 정책엘리트

가. 북방정책의 선택과 관련 국가관료, 의회 의원

정책기구에서 정책을 관장하는 국가관료들은 자신들의 담당업무에 따라 역할이 형성된다. 이는 정책기구의 표준운영절차로서의 정부조직법이나 각 부처의 내규에 의존하지만, 무엇보다도 정책결정자의 의지에 의거하여 형성된다. 이들은 정책의 집행에 있어서 정책결정자의 정치적 동기를 반영하지만, 자신들의 정치적 이해를 투영시키게 되며, 정책과정에서 또 다른 변화를 야기하게 된다.

제6공화국 통상적인 대외정책기구를 살펴보면, 정책결정자로서의 대통령을 중심으로 부총리급의 경제기획원과 통일원, 외무부가 각각 경제, 통일, 대외정책과 관련된 분야별 업무를 관장하고, 각 부처들은 집행기구로서의 역할을 수행하지만 국무회의와 조정기구를 통해서 정책의 선택에도 영향을 미치며, 집행과정에서 정책 협조 및 조정을 하게 된다.

그리고 대통령을 보좌하는 부속기구로서 청와대 비서실과 국가안전기획부가 대외정책의 주요한 역할을 수행하고 있다. 특히 청와대의 비서실은 청와대 직제에 의하여 외교안보나 통일 등의 수석비서관이 주요 업무를 담당하게 되지만, 사안의 성격에 의해서 대통령의 지시로 비서실장이 참여하게 되며 이들 청와대 비서실의 정책엘리트들이 북방정책의 주요한 역할을 수행하였다. 같은 대통령의 부속기구로서 평화통일자문회의는 대통령에게 자문하는 조직으로 의사결정에 참여하기보다는 북한의 대남공세에 대응하는 국민운동기구의 성격을 가지며,

128

국가안전보장회의는 대통령을 위원장으로 하여 국가안보 관련 주요한
결정을 할 수 있지만, 미국과는 달리 제6공화국에서는 활성화되지 못
함으로써 그 역할의 한계를 보여주고 있었다. 또한 국회는 3권분립에
의하여 정책엘리트의 주요한 부분을 차지하지만, 대통령중심제의 한국
에서 국회는 정책의 선택의 추인이나 집행 능력을 위한 예산 승인이
주요한 기능이며, 의원외교 등의 형식으로 집행에 형식적인 참여가 이
루어지고 있다.

〈도표 Ⅳ-1: 한국의 대외정책의 선택 및 집행 기구의 구조〉

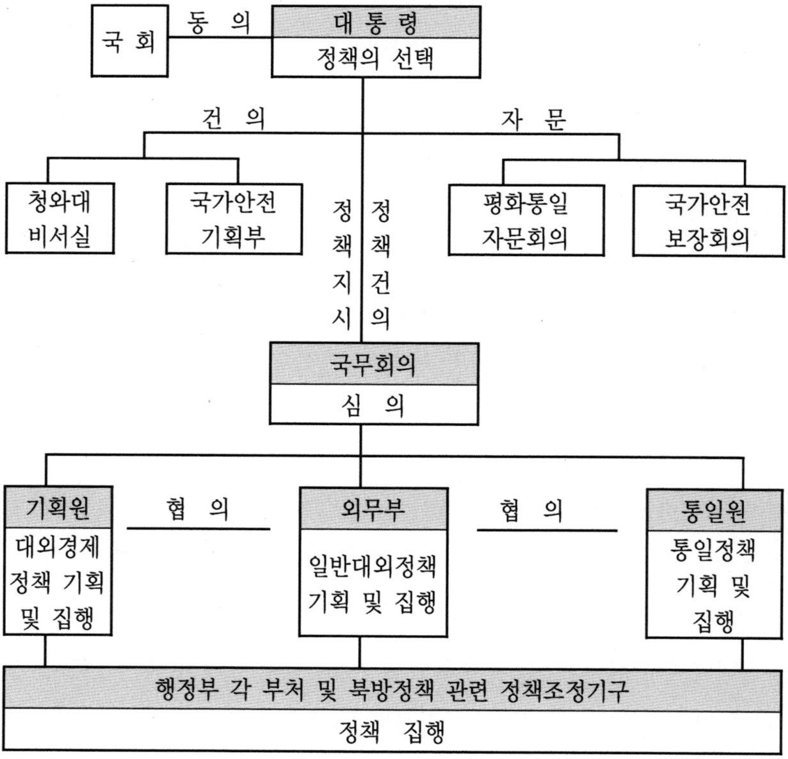

*민족통일연구원, 『남북한 국력추세 비교연구』(1992), 574쪽 참조.

이러한 정책기구의 국가관료들은 제6공화국의 북방정책의 문제제기 및 정책의제형성 그리고 정책을 선택하기까지 주요한 영향을 미쳤으며, 또 집행을 직접 담당함으로써 정책능력의 주요한 부분을 형성하고 있었다. 제6공화국의 북방정책은 1985년 3월 박철언 안기부장 특별보좌관을 팀장으로 하는 15명의 북방 및 남북관계전담팀이 안기부에 공식 발족되어 북방정책을 체계화시키기 시작하였다.[30] 그러나 이미 제3공화국에서부터 외무부 등의 국가관료들은 적극적인 북방정책을 주창하고 있었으며, 경제부처는 사회주의 국가와의 교류와 접촉이 강화되는 1980년대에 이르러 시장다변화 전략으로 북방정책의 필요성을 지적하고 있었다.

제6공화국에 들어서 북방정책을 선택하는 데 있어서 정책결정자나 국가관료들의 정책 갈등이나 논쟁은 과거처럼 발생하지 않았다.[31] 이는 정책결정자를 중심으로 북방정책의 국가관료들이 배치되었을 뿐만 아니라, 여타의 정책기구의 정책선택에의 참여를 제한하고 있었기 때문이다.[32] 특히 행정부처에도 통일원, 외무부, 경제기획원이 북방정책을 지지하는 국가관료들이 임명되었으며, 이들이 청와대와 연계되어 북방정

---

30) 김일동, "청와대 북방정책 인맥", 『신동아』(1990. 9), 217쪽; 박철언, "남북관계정상화 무엇이 문제인가: 북방정책과 통일전략", 『민족지성』통권 제77호, (1992. 2), 98쪽.

31) 국가관료들의 사회주의 국가 및 북한에 대한 경계심은 인식적 이중성을 강화시켜 안보정책과 북방정책은 구분되었으며, 안보의식의 약화를 우려하는 보수적인 국가관료들의 반발이 일기도 하였으나, 북방정책 추진기구의 제도화와 안보정책 및 북방정책을 구분함으로써 논란이 감소되었다. 정무장관(1)실, 『남북관계에 대비한 북방정책 방향』(1990), 참조.

32) 노태우 대통령은 김종휘 외교안보수석 비서관이 공식적이고 공개적인 것과 기본적인 것을 전부 관장했으며, 박철언 정책보좌관이 비공식적인 일을 수행했다고 밝히고 있다. 조갑제, "노태우의 육성 회고록", 『월간 조선』(1999. 5), 87쪽.

책을 추진했던 것이다.

그러나 북방정책의 주요 국가관료들은 북방정책의 선택에 있어서 자신들의 정치적 이해를 반영하고 있었다. 외무부는 국제 환경의 변화에 대응하고 북한과의 체제경쟁에서 주도권을 확보해야 하며, 외교의 다변화를 위한 지평의 확대를 위하여 사회주의 국가와의 관계개선의 필요성을 역설했다. 또한 청와대의 특정 인사들을 중심으로 하는 담당 부서가 설치되고, 부처들 사이의 업무 협의나 조정이 불가능해짐으로써 행정부의 부처들 사이에서, 그리고 정치적 선점을 위하여 의회에 행정부와의 갈등과 경쟁이 발생하기도 하였다.[33] 이러한 관점에서 북방정책의 선택이나 집행에 있어서 정책참여자들의 성과주의와 유권자들에 대한 기대감 등의 정치적 동기는 주요한 요인이 되었음을 알 수 있다.

특히 국가관료들의 정치적 동기는 지배연합으로서의 경제계의 시장 다변화라는 정책적 요구를 적극 수용하는 계기가 되었다. 우호적 정책망으로서 경제 부문의 역할을 동원하여 자원을 추출하며, 이들의 요구를 수렴하는 분배전략을 이룩하게 됨으로써, 안정된 권력기반의 확보, 정치적 성과를 동시에 달성하는 전략이었다.

이들 국가관료들은 계속되는 문제제기와 대안제시, 정책 주체로서의 역할을 통해서 자신의 정책에 대한 이해와 경험을 최고 정책결정자의 선택에 반영시키고 있었다. 또한 정책을 집행하는 데 있어서 국가관료들은 정책에 대한 이해와 경험을 긍정적으로 반영하고 있었으며, 조기에 달성되기 시작한 북방정책의 성과는 이들의 참여와 적극적 추진의

---

33) 이 사례에 관한 분석은 문수언, "탈정치적 제도화의 역설과 북방정책", 서울대 국제문제연구소, (1991), 38쪽; 서두원, "김영삼-박철언, 누가 승자인가?", 『신동아』(1990. 5), 181쪽; 곽병찬, "박철언 작전상 후퇴 고려", 『옵저버』(1991. 5), 110쪽. 참조.

원인이 되기도 하였다.

　행정부의 국가관료와는 달리 의회의 의원들은 대통령중심제 국가로서 권위주의 통치시대를 거치면서 정책선택에의 참여 등의 역할을 수행하는 데 한계가 있었다. 그러나 제6공화국의 의회는 여소야대 국회로서 북방정책의 선택과 추진에 있어서 문제를 제기하고 논쟁을 통해서 국민 참여를 확대시키는 역할을 수행하게 되었다. 초기의 북방정책에 대한 논쟁은 제13대 대통령 선거 및 국회의원 선거에서 주요한 이슈가 되었으며, 북방정책의 필요성에 대한 원칙적 합의에도 불구하고 절차나 방법, 통일정책과 북방정책의 모순에 대한 논쟁이 중심이 되었다. 그러나 북방정책이 가시화되면서 정당의 대표들을 비롯한 의회 의원들의 경쟁적 정책참여로 인하여 혼선이 야기되기도 하였다.

　북방정책의 선택에 있어서 의회 의원들의 역할은 첫째, 법률 재정권을 통하여 북방정책의 제도화를 추인하고 있었으며, 둘째, 북방정책에 대한 원칙적 지지를 통해서 국민적 합의를 도출하고 있었다. 셋째, 예산배정과 조약에 대한 동의를 통해서 정책 능력을 향상시키고 정부의 국제적 비준전략을 승인하고 있었다. 특히 국제협상에 있어서 문제제기 및 논쟁의 야기는 국내적 비준전략을 위한 협상력의 증진에 기여하고 있었다.

　그러나 의회의원들의 정책선택에의 참여는 제한적인 간접적인 형태로 이루어졌다. 여당만이 당정협의를 통해서 정책참여가 이루어졌으며, 야당은 의정단상에서의 논쟁을 통해서 참여가 가능했다. 그러나 북방정책이 국가정책으로 차지하는 비중에 의하여 행정부의 요구를 논쟁을 거쳐서 승인하는 제한적 역할만을 수행하였다.

나. 북방정책의 선택과 정책결정자

정책결정자는 정책환경을 해석하고, 정책능력을 종합적으로 판단하는 주체이며, 자신과 집단의 정치적 이해나 정치적 인식에 근거하여 국가정책을 선택하고, 변화시킨다. 그리고 정책기구를 형성하며, 국가관료들의 임면을 통해서 정책의 선택과 추진을 가능하게 한다. 따라서 주요한 정책일수록 정책결정자의 선택에 따라 국가관료들은 정책을 집행하는 과정을 밟게 되는 것이다.

정책결정자로서 한국의 대통령은 헌법에 부여된 권한뿐만 아니라, 3권을 통괄할 수 있는 막강한 권력을 가지고 있다.[34] 따라서 최고 정책결정자인 노태우 대통령의 선택은 정책엘리트를 비롯한 모든 국가 정책기구를 재구성하고 국가 동원체제를 구축할 수 있다는 것을 의미한다.

제6공화국의 북방정책은 제5공화국과 계속성을 가지고 발전하고 있었지만, 제6공화국에서는 제5공화국과 달리 국가의 주요한 정책으로 명확히 하고 있었다. 노태우 대통령은 국가의 모든 역량을 동원하여 구체적인 프로그램을 개발하여 단계적으로 추진하였으며, 정책 결과를 정권의 업적으로 상징화하려고 하였다. 이러한 관점에서 제6공화국의 북방정책은 정책결정자의 정책의지를 반영하는 것으로 평가할 수 있다. 정책결정자의 정책의지가 공식화된 것은 여러 가지 형태로 나타나지만, 노태우 대통령은 임기개시 5개월 후에 발표된 7·7선언을 통해서 북방정책의 방향과 실천 프로그램을 구체적으로 표현하고 있는 것이다.

정책결정자가 북방정책을 선택하였다는 것은 이미 정책결정자의 인

---

34) 대한민국 헌법 제66조~제100조 참조.

식이나 이해의 반영했다는 것이다. 노태우 대통령은 1981년 88서울올림픽 유치와 준비과정을 주도하면서 북방정책의 기초를 마련하고 있었으며,[35] 88서울올림픽 조직위원장과 체육부 장관을 거치면서 사회주의 국가와의 관계강화의 필요성에 대해 인식을 하고 있었다.[36] 그리고 제13대 대통령 선거가 전개되면서 북방정책의 의지를 구체적으로 표현하고 있었다. 노태우 대통령 후보는 대통령 선거 기간 중 국가안보와 평화적 민족 통일을 위한 자주외교의 필요성과 적극적 북방외교를 제시하고 있었다.[37] 대통령 선거유세에서 노태우 후보는 "임기 중에 중화인민공화국과 정식외교관계를 갖도록 추진하겠다"고 공약하였다. 대통령 선거에 출마한 여타의 후보들도 사회주의 국가들과의 관계 설정을 교차승인의 입장에서 접근하고 있었지만,[38] 여타 후보들과는 달리 노태우 후보는 통일정책의 부분으로서가 아닌, 통일정책과 대외정책을 포괄하는 독자적인 영역으로 북방정책을 개념화하고, 단계화된 실천프로그램을 포함하는 공약으로 제시하고 있었다.[39]

---

35) 1981년 7월 15일 예편 후, 외교안보담당인 제2정무장관에 임명되어 9월 초 대통령에게 건의서를 올렸으며, 다음날 대통령의 최종 재가와 함께 유치 책임자로 임명되었다. 노태우 장관의 인식은 비동맹국 사람들을 껴안아야 남북대결외교에서 이길 수 있다는 것에서 출발하고 있으며, 북방정책에 대한 구상은 비동맹외교에서 사회주의 국가에 대한 외교로 확대시키는 단계적 구상을 한 것으로 밝히고 있다. 조갑제, "노태우의 육성 회고록"(1999. 5), 81-4쪽.

36) 노태우, "북방정책", 고려대 언론대학원 특강(1995. 6. 4), 『월간 조선』(1995. 7).

37) 동아일보사, 『동아연감』, 1988년, 73-4쪽: 노태우, (1987), 229-31쪽.

38) 북방정책이 선거공약으로 제시되어 국민적 관심 및 평가에 대한 분석은 박치영, "한국대통령선거와 외교정책 이슈", 『국제정치논총』 제29집 제1호, (1989), 25-58쪽.

39) 제13대 대통령 선거 기간 동안에는 공산권 국가 접근을 3단계로 구분하여, 1단계는 문화, 스포츠 같은 비정치적, 비경제적 분야의 교류 촉진, 2단계는

134

<도표 Ⅳ-2: 제13대 대통령 출마자들의 북방정책 공약>

민정당(노태우)	민주당(김영삼)	평민당(김대중)	공화당(김종필)
민족화합민주통일에 의한 단일정부 수립	6원칙 5단계 한민족공동체통일방안	평화정책, 평화교류, 평화통일 3단계공화국 연방	민주주의에 입각한 5단계 통일실현
4대국 시차 교차승인 및 3단계 북방정책	연방제/단일정부 등 제도개선보다 체제우호 관계 우선 추진	4대국과 유엔 협력 아래 동시 교차승인	국제환경조성을 위한 적극적 통일외교추진
남북수뇌 상호방문			

*자료: 『한국일보』, 1987년 11월 8일자

대통령으로 당선된 이후 노태우 후보는 1987년 12월 21일 대통령 취임준비위원회를 구성하여, 자주적, 자생적 대외정책을 표방하고 있었다. 이러한 정책기조는 대통령 취임사(1988. 2. 25), 3·1절 기념사, 취임 이후의 첫 기자회견(1988. 4. 21)에서도 주요 정책기저로 언급되었으며, 북방정책으로 구체화되어 점진적으로 체계화되었다.

정책결정자의 이러한 인식과 선택, 강력한 추진의지는 어떠한 이유에서 가능했던가? 첫째, 제13대 대통령으로 당선된 노태우 당선자는

경제교류와 협력 촉진, 3단계는 정치외교관계 수립으로 하고 있다. 노태우, (1987), 229-231쪽; 북방정책의 전체적인 구상은 1단계로 동구권, 소련, 중국과의 수교까지를 1단계로 하여, 북한을 완전 포위하는 것이며, 2단계는 남북한 통일로 '남북기본합의서'가 하나의 성과이며, 3단계는 최종목표로서 생활문화권을 북방으로 확대하는 것이다. 조갑제, "노태우의 육성 회고록"(1999. 5), 87쪽; 박철언 청와대 정책비서관의 제5공화국 시절 작성했던 청사진은 1단계로 특정 사회주의 국가와의 국교를 수립하여 기초, 반석을 다지며, 2단계로 중국, 소련을 포함한 모든 사회주의 국가와 국교를 수립하여, 관계를 정상화하고, 남북문제에 정상회담을 실현하여 평화공존, 자유왕래가 도래하는 단계를 거치며, 제3단계로 조국의 평화적 통일을 실현하는 것으로 설정하고 있다. 박철언, "한반도 정세와 통일에의 길", 북방정책과 한-소관계 세미나, 『민족지성』(1991. 4), 124-5쪽.

국가관료 혹은 정치인으로서 북방정책에 관한 다양한 성과를 접하였고, 북방정책의 성공가능성에 대하여 확신하고 있었다. 1988년 1월 16일 대한상공회의소는 사회주의 국가 최초로 헝가리 상공회의소와 경제협력 확대를 위한 6개항의 업무협정을 체결하였으며, 1월 25일 상공부는 국회에서 '88년도 통상정책 방향' 보고서에서 동구권과의 무역사무소 개설 등 사회주의 국가들과의 교역을 강화할 방침을 밝히고 있었다. 1월 26일에는 최광수 외무장관이 동구권과의 무역확대 방안의 하나로 3월에 헝가리 상공회의소 무역사무소가 설치된다는 것을 밝혔다. 민간 부문에서 베트남을 비롯한 중국과의 투자조사활동 및 투자상담이 이루어지고 있었다. 제5공화국 말기의 사회주의 국가와의 교류협력의 성과는 제6공화국에서 북방정책을 국가 주요 정책으로 선택가능성을 높여주고 있었을 것이다.

그리고 사회주의 국가들의 정책엘리트들은 88서울올림픽을 계기로 한국에 대한 이미지와 위상이 높게 평가되고 있었으며, 이들 국가의 국가관료들과 커뮤니케이션 루트가 확보되어 있었다. 또한 1986년 이후 대외무역의 흑자가 유지되고 있으며, 이를 통해 북한보다 우월적인 입장에서 대외적인 경제적 지원이나 협력이 가능하였기 때문이다.

노태우 당선자는 4월 21일 대통령 취임 후 첫 기자회견에서 "올림픽은 북방외교를 위한 새로운 전기가 될 것"이라며 중국과 동구권 국가들과의 교류가 진전되고 있다고 지적하면서, 북방정책을 과감하게 추진할 것을 밝히고 있었다.[40]

둘째, 제6공화국의 정치적 업적으로 북방정책을 상징화하고자 하는 정책결정자의 정치적 동기이다. 노태우 대통령은 대통령 선거 기간 동안 한국의 3대 국가과제로 민족통일을 설정하고 있었다.[41] 통일에 대

---

40) 공보처, 『제6공화국 실록』 제1권, (1992), 82쪽.

136

한 국민적 욕구를 충족시키고,[42] 국가발전을 위한 정책과제로서의 남북통일을 북방정책을 연계하고 있다. 남북한 대화에서 '순서'라는 작은 것을 잠시 양보하여, 사회주의 국가와 관계를 먼저 개선하고 통일이라는 정책목표를 달성하고자 하는 전략적 선택인 것이다.[43]

88서울올림픽 개최를 계기로 북방정책이 적극 추진되고 있는 상황에서 한반도의 긴장완화와 평화정착 등 통일의 토대를 마련하는 것은 민족통일이라는 국가목표를 달성하는 과정이다. 대외정책으로서의 북방정책을 통해서 통일정책을 구체적으로 실천해 가는 정책설계가 성과를 발휘할 수 있다면, 통일에 대한 국민적 요구를 해결하여 정권의 업적으로 만들고, 이를 통해서 국민적 지지를 받을 수 있기 때문이다.

셋째, 대외정책의 성과를 통해서 국내적 지지를 확보하는 국내적 비준전략이다. 제13대 대통령으로 당선된 이후 노태우 당선자는 과거사의 논쟁을 정리하기 위해 민주화합추진위원회의 건의(1988. 2. 23)와 이에 따른 일련의 조치를 취했지만, 긍정적 여론이 조성되지 않고 있었다. 그리고 대선에서 공약한 중간평가와 관련한 특별담화(1988. 3. 20)를 발표하여 연기가능성을 제시하였지만, 정치권의 반발과 심각한 여야 대치상황을 조성하고 있었다. 특히 4·26총선에서 여당이 과반수의 석에 미달함으로써[44] 신임대법원장 임명동의안이 부결됨으로써 국정

41) "우리의 과제를 줄여서 세 가지로 압축해 보면, 첫째로 남북관계에 있어서의 안보와 사회 안정의 문제이고, 둘째, 경제발전의 문제이며, 셋째, 민주주의의 문제이다."로 지적하고 있다. 노태우, (1987), 235쪽.
42) 박상변, "북방정책의 평가: 사회적·문화적 측면", 서울대 국제문제연구소,『논문집』제15호, (1991), 20쪽.
43) 노태우, (1987), 230쪽.
44) 13대 국회의원 총선 결과 투표율 75.8%, 지역구 당선자 민정 87명, 평민 54석, 민주 46석, 공화 27석, 무소속 10석의 분포를 보였음. 중앙선거관리위원회,『제13대 국회의원 선거 총람』(서울: 중앙선거관리위원회, 1988), 참조.

운영의 심각한 차질이 발생하고 있었다. 전직 대통령 일가의 비리에 대한 여야 간의 논쟁이 전개되고,[45] 그해 6월 임시국회에서 국정조사권을 가진 5공비리특별위원회와 광주민주화운동조사특별위원회가 구성되고, 7월 국회에서는 국정감사조사법에서 동행명령제가 도입되어 국내의 정치적 불안은 지속되고 있었다. 또한 노동계 및 학생운동의 시위로 인하여 사회불안이 심화되고 있는 상황이었다.

국내 정치의 혼란 상황은 대외정책의 강력한 추진으로 국민 여론의 지지를 받는 전략적 선택을 요구하고 있었다. 국민의 통일 및 민주화 요구의 분출과 여소야대 국회의 정치적 갈등이 혼재되어 있는 상황에서 노태우 대통령이 추진한 88서울올림픽과 성공가능성이 있는 북방정책은 국내적 간섭이 없이 정권의 업적으로 상징화할 수 있는 대외정책이며, 통일정책이었다.

북방정책을 추진하고자 하는 대통령의 의지는 임기만료 직전인 1992년 11월 24일 청와대에서 열린 '북방정책 보고회의'에서 북방정책의 성과를 지적하면서 민족통일, 국가번영, 나라 위상에 새로운 지평을 연 것으로 평가하고 있는데,[46] 이는 대통령이 북방정책을 국가 주요 정책으로서 정책의지에 대한 평가를 가능하게 한다.[47]

그러나 대통령의 강력한 의지는 북방정책을 국가정책으로 선택하여, 이를 정책과정에서 제도화시켜 추진하는 데 오히려 장애가 되고 있었

---

45) 문수언, "탈정치적 제도화의 역설과 북방정책", 서울대 국제문제연구소, (1991), 39쪽.
46) ①우리는 능동적, 창조적 외교로 전방위 외교 시대를 개화시켰음. ②북방대륙의 무한한 시장이 열리게 되었음. ③북방정책은 국가안보에도 크게 기여했음. ④가장 중요한 성과는 통일의 큰 길이 열린 점이다. 공보처, 『제6공화국 실록』 제5권, (1992), 427-9쪽.
47) 1987년 "유연한 교차승인의 시기가 왔다는 것을……" 판단할 정도로 자신감이 서 있었다. 노태우, (1987), 229쪽.

다. 초기의 정책을 선택한 대통령이 청와대 중심으로 지침을 시달하고, 또 이를 직접 관리함으로써 실무부서들은 북방정책의 개념화 및 정책 추진과정에서 정치적 결정을 요하는 많은 사항에 대하여 청와대의 지침을 기다려야 했다. 이러한 원인은 대통령의 정책선택이 자신의 정치적 동기를 공적 목적으로 전환하여 추진함으로써 심화되었으며,48) 국회나 여론의 정책 혼선 및 독주에 대한 비판이 제기된 이후 제도화가 추진된 원인이기도 하다.

제3절 북방정책의 선택과 제도화

가. 북방정책의 선택과 제도적 장치의 마련

북방정책은 7·7선언을 통해서 구체화되지만, 이는 제6공화국의 성립과 더불어 이미 제도적 준비 단계로 진입하고 있었다. 북방정책은 주요한 대외정책으로서 대통령의 부속조직인 청와대에 정책기구가 설치되었으며, 외무부 등의 관련 행정 부처들은 자신들의 업무와 관련되어 추진되던 부분적인 업무들을 통합하는 등 부처 내부에 담당기구들을 설치하기 시작하는 등의 법적, 제도적 장치들이 마련되기 시작하였다.

먼저, 대통령의 참고기구로서 청와대에 정책기구가 설치되어, 이들 정책기구가 북방정책의 추진 주체가 되었다.49) 대통령 취임식 날 정

---

48) 박철언 씨는 1989년 가을의 한 인터뷰에서 "북방외교는 노 대통령의 입지와 밀접하게 연관되어 있어 청와대가 관장할 수밖에 없다"고 말한 적이 있다. 김일동, "청와대 북방정책 인맥", 『신동아』(1990. 9), 219쪽.
49) 헌팅턴의 제도화의 개념에서 조직을 중심으로 살펴보고자 한다. 민준기,

책조사보좌관실을 설치하고 박철언을 임명하였으며, 산하에 정책기획비서관, 정책조사연구담당 비서관, 남북문제담당 비서관을 두어 북방정책을 실질적으로 담당하도록 했다. 그러나 1989년 7월 19일 박철언을 정무1장관으로 임명하면서 정책조사보좌관실이 폐지되고, 통일문제는 정무수석실 소속의 섭외 및 통일업무담당 비서관이 담당하게 되었다. 외교·안보수석보좌관은 국제안보담당비서관, 국방행정담당비서관, 외교담당비서관을 산하에 두고 북방정책을 담당하게 되었다. 초기 청와대 중심의 북방정책 추진과정에서 불협화음이 발생되자 행정 부처들 간의 의견 및 업무 등의 조정을 위한 북방교류협력조정위원회 등이 발족하면서 북방정책의 권한이 고유 주무부서로 점진적으로 이양되기 시작하였다.[50]

그러나 주요한 비밀업무 추진이나 대통령이 관련된 사안은 청와대가 중심이 되어 추진될 수밖에 없었다. 1989년 초 정주영 현대그룹 명예회장의 방북이나 1990년 6월의 샌프란시스코의 정상회담도 청와대가 추진 주체가 되어 소련과의 교섭을 맡았으며, 대화 통로도 외무부나 통일원을 거치지 않고 직접 청와대로 전달되었다.[51] 북한과의 협상을 위한 접촉과 정책의 선택은 청와대와 안기부가 중심이 되었으며, 이들 정책기구의 조정 이후에 통일원은 실무기구로서 집행기능을 수행하였다.

청와대를 중심으로 하는 북방정책의 선택과 집행에도 불구하고, 정부조직법에 의한 북방외교의 주무부처는 외무부이고, 남북한 통일정책은 통일원에서 담당하고 있었다. 경제기획원을 비롯한 상공부, 재무부 등이

배성동,『정치발전론』(서울: 을유문화사, 1987), 27쪽.

50) 차성덕, "외교정책결정에 있어서 정책결정체계의 영향에 관한 연구", 관악행정학회,『한국사회와 행정연구』제6권, (1995. 12), 240쪽.

51) 이호,『외교는 사기다』(서울: 제일미디어, 1997), 92-95쪽.

경제수석과 함께 사회주의 국가들과의 경제협력에 관한 문제를 협의하였으며, 공보처 및 교육부, 체육부 등 거의 대부분의 부서가 각 분야에 관련된 북방정책을 추진하고 있었다. 따라서 북방정책은 행정부의 대부분의 부서가 망라되는 종합적 성격의 정책으로, 청와대의 정책 지침과 방향이 설정되면, 각 부처는 이를 집행하는 정책과정을 밟게 되었다.

〈도표 Ⅳ-3: 제6공화국 북방정책의 조정 기구표〉

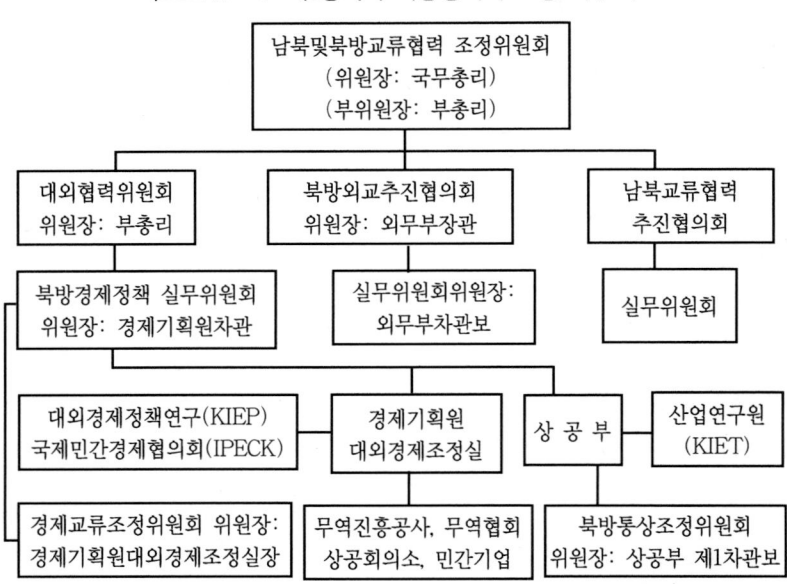

* 자료: 산업연구원, 『북방경제협력의 과제와 전망』(1991. 4), 77쪽.

7·7선언 이후 북방정책 및 남북관계개선을 위한 조치들이 본격화되면서 청와대의 업무의 독점으로 인한 불협화음이 표출되고 실무내용에 대한 청와대 및 안기부의 조정의 한계가 발생하였다. 제5공화국의 말기까지는 각 부처별로 추진되어 왔던 사회주의 국가에 대한 정책집행이 제6공화국에서 청와대를 중심으로 추진되면서, 행정 각부의

의견을 조율하는 위원회 및 협의회로 확대 개편되었다. 조정기구들은 총리 및 부총리를 중심으로 하는 결정기구와 차관급이 중심이 되는 조정기구로 만들어졌다.[52]

이들 정책기구들은 국무총리, 경제기획원장관인 부총리, 외무장관이 중심이 되어 운영되었으며, 각각의 실무위원회가 구성되는 위계적 구조를 가지고 있다. 그리고 행정부서 내의 이견조정뿐만 아니라 민간과 공공 영역 간의 관계를 조절하고, 사업 내용을 조정하고 배분하는 집행기구들도 포함되어 북방정책의 조직구성이라는 제도화가 완성되고 있었다. 그리고 연구기관을 북방정책 기구에 포함시킴으로써 대외정책의 정치성을 배제하는 실무적 차원의 정책집행 및 장기적인 대응책 마련을 추진했었다. 그리고 이러한 조정기구나 집행기구에도 불구하고, 청와대나 안기부가 정보의 수집 및 분석, 주요 결정의 핵심적 역할을 하고 있었으며, 부처 간의 갈등은 조정기구의 설치가 완료되는 1989년에 이르러서 완화되기 시작하였다.

정책기구의 제도화와 함께 진행된 정책집행 제도로서의 법적 장치도 마련되었다. 7·7선언은 이러한 법적·제도적 장치를 마련하는 토대로서 부처별로 후속조치들이 추진되었다. ①남·북 동포 간의 적극적인 상호교류 추진과 해외동포의 남·북 자유왕래를 위한 문호개방조치(선언 제1항), ②남·북 교육당국 회담 제의(88. 7. 15), 해외동포 남·북 간 자유왕래 문호개방 조치(88. 7. 19), 납북 및 월북 문인 작품 해금조치 및 북한에 대한 비방방송 전면 중지(88. 7. 19), 북한 및 공산권에 관한 정보와 자료의 대민공개 방침 발표(88. 9. 3), 납·월북 미술·음악인 작품 해금조치(88. 10. 27), ③이산가족들의 생사·주소 확인, 서신왕래, 상호방문의 주선 노력(선언 제2항 관련), ④남·북 경

---

52) 김학수, (1991), 86쪽.

제교류, 문호개방을 위한 7개 실천 조치사항 발표(88. 10. 7, 선언 8항 관련), ⑤국제사회에서의 남·북 간 협조(선언 제4, 5, 6항), 미－일 등 우리 우방과 북한 간의 상담 목적 민간왕래 및 지사 설치 불반대, 북한의 각종 국제기구 가입에 우리 정부의 적극 협력 방침 발표 등 (88. 7. 16)으로 각 부처별로 발표되었다.

특히 최광수 외무장관은 1988년 7월 16일 한반도에서 긴장 완화 및 평화정착, 그리고 남북한 관계를 민족공동체 내에서의 동반자 관계로 발전시키기 위해 '7·7특별선언'의 후속조치로서 정부가 실천해 나갈 관련 외교시책을 밝혔다.53) 이어서 정부는 1988년 7월 19일 전 세계에 살고 있는 450여만 명의 해외동포들의 남·북한 자유왕래를 위한 후속조치를 발표하였다.54)

---

53) 7·7선언에 따른 외무부의 외교시책은 ①우리의 우방들이 자국의 명령과 정책에 따라 북한과 비군사적 물자를 교역하는 데 반대하지 아니한다. ②교역을 위하여 상담 등을 목적으로 한 우리 우방과 북한 간의 민간인의 왕래에 반대하지 아니한다. ③우리 우방이 북한에 만간상사의 지사 또는 지점을 설치하는 데 반대하지 아니한다. ④북한이 UN 현장의 정신과 원칙에 따라 세계평화와 인류의 발전에 기여할 것을 희망하고 북한이 국제사회의 책임 있는 일원으로 참여할 수 있도록 협력한다. ⑤ 북한과 소모적 경쟁·대결외교를 지양한다. ⑥모든 국제기구, 국제회의를 포함한 외교무대에서 남·북한은 민족 공동체로서 중상이나 비방 등 비생산적 논쟁을 지양할 것을 북한에 촉구한다. ⑦북한이 UN의 모든 산하기구와 전문기구, 정부 간 지역협력 및 개발기구 등에 참가하는 것을 환영한다. ⑧남·북 대표가 함께 참가하는 모든 국제회의 및 행사에서 상호 접촉과 대화를 갖도록 능동적으로 대처한다. ⑨남·북의 공관이 함께 설치되어 있는 국가에서 남·북 외교관 간의 접촉과 대화를 추진한다. ⑩우리의 우방이 북한과 문화·예술·스포츠 등의 분야에서 민간교류를 갖는 것에 반대하지 않으며, 필요하다면 이에 협조할 용의가 있다는 것이다.
54) ①우리나라 국민으로서 해외에 생활근거를 둔 영주권 소유자, 영주권에 준하는 장기체류 허가를 취득한 거주 여권 소지자에게 북한방문을 허용한다.

그리고 남북교류를 뒷받침하는 법적, 제도적 장치를 마련되지 못해 논란이 발생하자 이에 대응하여 적극적으로 제도화를 추진하게 되었다. 1989년 6월 12일 대통령 지시 1호로 발표된 '남북교류협력에 관한 기본지침'을 제정했으며, 1990년 8월 1일에 선포된 '남북교류협력에 관한 법률' 및 '남북협력기금법'이 그것들이다. 제도적 뒷받침이 마련됨에 따라 남북한 사이의 민간인 수준에서의 교류도 대단히 활발하게 이루어졌다.[55]

나. 북방정책과 정책과정의 개방화

제6공화국은 민주화의 폭발적 요구를 수렴해야 하는 시대적 과제가 있었다. 노태우 정권은 집권 이후에 북방정책을 선택하고, 집행하는 정책과정에서도 민주화의 요구를 수렴하는 의사결정과정의 민주화를 추진하고 있었다.

이러한 민주화의 기류는 국회에서부터 성과가 나타나기 시작되었다. 국회는 예산배정, 조약체결 승인, 정책 대안을 통해서 행정부에 대한 정책 통제를 해 왔지만,[56] 대통령의 막강한 권력과 약체 야당 그리고 권위주의적 통치로 인하여 대외정책에 있어서 국회는 거수기에 불과한

---

②해외에 거주하는 북한국적 동포에게도 자유로운 모국 방문을 보장한다. ③공산권에 거주하는 우리 동포의 자유로운 모국방문을 보장한다. ④이와 관련하여 남·북한을 방문하는 해외동포들의 신변 안전보장에 관하여 남·북한 관계 당국자 간에 협의할 것을 북한 측에 제의한다. 외무부, (1990), 105-7쪽.

55) 외무부, (1990), 21쪽.

56) 대한민국 헌법 제40조(입법권), 제54조~제59조(예산권), 제60조(조약 승인권), 제61조~제62조(정책감사 및 제안권), 제63조~제65조(해임요구 및 탄핵권) 등의 권한이 있다.

것으로 인식되었다. 그러나 제13대 총선거에서 여소야대의 출현과 국민들의 민주화 및 통일에 대한 욕구는 청와대가 중심이 되는 정책독점과 비밀외교, 행정부의 정책기구들의 갈등을 비판하고 있었으며, 이에 대응하여 노태우 정권은 정책과정의 민주화를 촉진시키고 있었다.

먼저, 대외정책의 정책과정에 대한 정부 독점이 불가능해졌다. 민주당, 평민당, 공화당의 정치지도자들은 대체로 북방정책의 추진필요성을 인식하고, 정책과정에 참여를 적극 추진하고 있었다. 사회주의 국가와의 관계개선에 대해 야당 정치지도자들의 인식이 구체화되지는 못했지만, 제6공화국 출범 이후 북방정책에 대한 적극적인 의지를 밝히고 있었다.[57]

그러나 국회에서의 문제제기와 논쟁은 주로 원칙적 찬성과 함께 북방정책의 전략이나 정책수단, 방법에 대한 논쟁이었으며, 나아가 북방정책의 정치화에 대한 비판을 제기하였다. 야당과 재야세력 등은 7·7선언의 발표 배경을 북한의 8·15평양축전에 참가하려는 학생들에 대한 선점전략으로 비판하였다. 그리고 대통령 선거 공약이었던 중간평가, 지방의회의원 선거를 유리하게 전개하려는 정권의 국면전환용이며,[58] 내각제 추진 갈등과 당내 계파 간의 갈등을 무마시키기 위한

57) 김대중 신민당 총재도 "북방외교는…… 정치적으로 국제적 지위향상, 한반도 평화, 우리의 통일촉진에 기여할 수 있고, 경제적으로 새로운 시장 확보라든가 자원을 획득하는 문제 등에서 이점이 있다"고 긍정 평가하고 있다. 『외무통일위원회회의록』 제145회 임시 국회, 제2호, 10쪽: 김영삼 민주당 총재로서 1988년 6월 140회 임시국회 대표연설에서 "평화와 통일을 위해서라면 모스크바든 북경이든 평양이든 어느 곳이라도 찾아갈 용의가 있다"고 강력한 의지와 함께, 별도로 북방정책을 위한 참모조직을 두고, 야당 총재(1989. 6)와 집권당 대표최고위원 자격(1990. 3)으로 2차례 소련을 방문했다. 이호, (1997), 35-55쪽.
58) 조정현, "3당 통합의 원인: 3당 통합과정과 원인에 관한 정당체제론적 접근", 『한국과 국제정치』 제11권 1호, (1995년 봄호), 79-99쪽: 3당 통

전술이라는[59] 비판이 제기됨으로써 야당을 비롯한 재야세력, 노동 및 학생운동 세력으로부터 북방정책의 정치화로 비판을 받았다.[60]

또한 통일정책 방향과 전략에 대한 논쟁으로 남북한의 교류, 협력과 정치, 군사문제의 우선 처리에 대한 논쟁, 국가보안법 개폐 논쟁, 팀스프리트 훈련 폐지 논쟁 등의 민간 및 야당과의 정책논쟁이 전개되었다. 그리고 방문인사의 법적 형평성의 논쟁도 제기되었다. 정주영 현대그룹 회장과 문익환 목사, 임수경 학생, 문규현 신부, 유원호 씨의 방북에 대한 법률적용의 차별성이 논쟁의 중심에 있었다. 그러나 국회는 행정부에 이의를 제기하는 차원을 넘어 법적용의 수정이나 변경을 유도하는 데는 미치지 못했다.

이러한 논쟁과 비판에 따라 집권세력의 정책과정의 민주화를 위한 조치가 마련되었다. 집권당인 민주정의당과 행정부는 당정협의를 거쳐서 국무회의 의결 이전에 주요 정책 및 제출안건을 조율하였으며, 주요 사항에 대해서는 당의 대표를 통해서 주례회동에서 정책의 방향이나 현안에 대한 건의를 하는 수렴 과정을 강화하고 있었다. 이러한 기존 제도의 운영강화 이외에도 대통령의 정책의지를 뒷받침하기 위하여 당내 북방정책특별위원회를 구성하여 의견을 수렴하고 있었으며, 여야나 시민 영역과의 논쟁에 대응해 나갔다.

합은 정치안정과 경제발전을 위한 보수대연합이라는 당사자들의 입장은 박철언, 『변화를 두려워하는 자는 창조할 수 없다』(서울: 고려원, 1992), 62-75쪽; 김영삼, "민자당은 도덕적 보수세력이 되어야 한다", 『한국논단』(1990. 4), 154-65쪽.

59) Lee, Hong Young, "South Korea in 1991: Unprecedented Opportunity, Increasing Challenge", *Asian Survey*, Vol.32, No.1, (January, 1992), p.73.
60) 문수언, "탈정치적 제도화의 역설과 북방정책", 서울대 국제문제연구소, (1990), 40쪽; 유근일, "유엔정국이 노리는 것", 『조선일보』, 1991. 8. 10. 5쪽.

이러한 정책과정의 민주화는 정부의 독점적, 편의적 북방정책과 통일정책에 대한 비판으로부터 시작되었다. 비판이나 논쟁은 대외정책의 정책과정의 민주화를 촉진시키고 있었으며, 남북한 교류와 관련된 법적, 제도적 장치의 제도화에 기여했다. 또한 북방정책의 합목적성을 찾는 데 도움이 되었지만, 국가정책의 추진에 있어서 많은 정책혼선과 지체를 낳는 요인이 되기도 하였다.[61]

---

61) 한-소 국교수립 1년이 되어 외무부가 외교 채널로 제도화된 시기에 박철언 체육부 장관이 옐친 러시아 대통령을 초청한다는 보도가 있었다. 이를 북방정책에 심혈을 기울여 온 한 개인의 개인적 열정으로 돌려버릴 수도 있지만, 북방정책 추진의 난맥상으로 지적되었다. 『조선일보』, 1991. 8. 24.: 문수언, "탈정치적 제도화의 역설과 북방정책", 서울대 국제문제연구소, (1990), 37쪽.

제 5 장

제6공화국 북방정책의 추진과 성과

A NORTHWARD POLICY

  사회주의 국가에 대한 정책이었던 반공정책과 할슈타인 독트린을 6
· 23선언을 통해 수정한 한국은 정책의 대상 및 목표, 실천전략 등의
변화를 통해서 사회주의 국가와의 관계를 강화시켜 왔으나, 적응전략
으로서 수세적인 대외정책으로 효과를 거두지 못했다. 그러나 제6공화
국 노태우 정권에서는 정책환경에 대한 적응보다는 정책환경을 재구
성하는 공세적 대응전략을 통해서 사회주의 국가들과의 관계가 개선
되고 외교적 관계가 수립되는 성과를 거두었다.

  특히 남북대화를 통해서 고위급 회담 및 남북기본합의서가 서명됨
으로써 통일을 위한 제도적 기반이 마련되고 있었으며, 노태우 정권은
이를 북방정책의 성과로 받아들이고 있었다.

  본 장에서는 북방정책의 성과가 이루어지는 일련의 과정과 내용에
대하여 동구, 소련, 중국과의 관계개선에 대하여 먼저 살펴보고, 이러
한 성과가 이루어지게 된 요인을 살펴보고자 한다. 그리고 우회전략으
로의 설정된 북방정책이 통일정책과 어떠한 관계를 형성하고 있었으
며, 또 개입정책을 통해서 일련의 남북한 관계를 규정해 왔던 정책환
경을 재구성하는 정책엘리트들의 인식과 이해 그리고 정치적 동기를
살펴보고자 한다. 그리고 제6공화국의 북방정책의 추진 요인과 의미를
살펴보고자 하는 것이다.

제1절 한국과 사회주의 국가와의 관계개선과 수교

가. 동구 사회주의 국가와의 관계개선과 수교

전후 동유럽 사회주의 국가에 이식된 전통적 사회주의는 공산당 일
당독재와 인민민주주의, 계획경제체제를 표방하고 있었다. 미국의 마
샬플랜(Marshall Plan)에 대응하는 코메콤(COMECOM: Council for
Mutural Economic Assistance)을 통해 사회주의 국가 간의 분업과 경
제교류를 추진하고,[1) 진영외교를 통해서 사회주의 블록의 일체감을
형성하고 있었다. 그러나 1958년 후루시쵸프 주도의 소련공산당 대회
는 평화공존과 사회주의로에 다양한 길을 승인하였고, 스탈린에 대한
비판운동이 전개됨으로써 폴란드와 헝가리 등의 동유럽에서 민주화
운동과 탈소운동의 기류가 조성되기 시작하였다. 이러한 기류는 제2차
세계대전 이후 공산화된 동구 경제의 전반적인 침체와 공산당의 일당
독재를 폐해를 비판하고, 민족주의에 대한 요구를 반영하는 것으로
'시장사회주의' 수립을 목적으로 하는 위로부터의 보수적인 경제개혁
을 추진했다.[2) 그러나 소련의 브레주네프 독트린과 소련군의 무력진
압으로 동구권 국가들의 자율적 개혁의 추진은 무산되었다.[3)

그러나 1970년대 중반에 이르러 민주적 반체제 운동이 폴란드, 체

---

1) 김호섭, "동구", 김공열(외), 『사회주의국가의 해체와 변혁』(서울: 아주대
   사회과학연구소, 1992), 147-152쪽.
2) 동유럽 공산국가들의 경제개혁의 과정과 실패요인에 관해서는, 윤덕희(역),
   『오늘의 동유럽』 자크 루프닉(저), (서울: 문학과 지성사, 1990), 357-370
   쪽. 참조.
3) 동구의 자율적인 탈소저항은 모두 실패하였다. 이영일, 『사회주의 체제변
   동의 연구』(서울: 통일원, 1990), 참조.

150

코슬로바키아, 헝가리를 중심으로 꺼지지 않는 불씨로 이어졌으며, 1980~81년 '솔리다르노시치'의 프로그램이나 1989년의 동구의 민주화 물결처럼 전체주의에 대항하여 민주체제의 수립을 요구하는 변화가 이루어졌다. 이러한 동구의 변화의 특징은 첫째, 시장경제로의 전환이며, 둘째, '공산주의로부터의 이탈을 위한 전환'이며,[4] 셋째, 시장경제와 시민사회나 존재하지 않는 상황에서 전개되는 정치적 변화로 체제전환의 험로를 예고하고 있었다.[5] 넷째, 지리정치학적 체제변화의 도미노 현상은 사회주의 연대의 붕괴와 소련 개입의 가능성을 사전에 차단하고 있었다.[6]

동구의 사회주의 체제의 이러한 변화는 한국과의 관계개선 및 외교 관계 수립을 위한 긍정적인 환경을 제시하고 있었다. 6·23선언을 전후하여 동유럽에 한국의 민간통상사절단 및 조사단이 파견되었지만, 이들 국가들과의 접촉과 교류를 위한 노력들은 성과를 거두지 못했다. 제5공화국의 스포츠외교와 신데탕트의 정책환경과 한국과 동구 국가의 양면적 필요에 의하여 쌍무적인 교류협력이 촉진되기 시작하였다.

제6공화국 이전에 동구권과 한국의 관계는 이미 비정치적 분야에서 상당히 성숙되어 있었다. 동구권 국가들과의 영화를 비롯한, 학술교류[7] 등 사회문화적 교류와 국제기구를 통한 스포츠 행사 등에 있어

---

4) 윤덕희, "동유럽의 정치·경제개혁과 북방정책", 서울대 국제문제연구소『논문집』제15집, (1991), 51쪽.

5) 윤덕희, "동유럽의 정치·경제개혁과 북방정책", 서울대 국제문제연구소, (1991), 48~9쪽; 김인혁, "폴란드 자유노조의 성립배경에 관한 고찰", 한양대 중소연구소,『중소연구』통권 58호, (1993. 여름)170-1쪽.

6) 조갑제, "노태우의 육성 회고록",『월간 조선』(1999. 5.), 95쪽.

7) 1990년 4월 교육부가 집계한 한국 내 대학들이 공산권 국가들과 맺은 협력관계는 (1)단국대-헝가리 부다페스트 공과대학, (2)한국외국대-폴란드 야길로니안 대학 및 유고슬라비아 베오그라드 대학, (3)서울 법대와 북경대와의 학술교류, (4)서울대와 헝가리 칼마르크스 경제대 및 부다페

서 착실하게 진척되어 왔으며, 관광목적의 사회주의 국가 방문도 급격히 증가되었다.[8] 특히 사회주의 경제블록에 의존하던 동유럽 국가들은 진영 경제블록의 붕괴와 기술혁신의 침체, 규모의 경제의 비효율성, 관료화 과정의 악순환, 배급제조와 생산성의 하락, 가격제도와 생산성의 하락 등으로 인하여[9] 실질국내총생산과 산업생산의 하락, 고실업률과 인플레이션이 발생하고 있었다. 이러한 동유럽의 경제적 어려움은 체제불안과 체제전환이라는 국민적 요구로 발전하고 있었다.

한국과의 관계에 있어서 동유럽 국가들은 한국과의 경제교류에 대한 욕구가 확산되고 있었으며, 북한에 일방적으로 의존하던 한국에 대한 이미지 제고[10]가 스포츠 외교를 통해서 해소됨으로써 한국에 대한 우호적 정책망을 구성하고 있었다.

비정치적 교류의 비약적인 증가는 제6공화국에 들어서면서 이미 수교논의를 진행할 수 있게 된 원인이 되었다. 외무부와 상공부 등 개별 부처에서 실무적인 협의를 진행시키고 있었으며, 이들 국가들은 한국으로부터 경제개발 경험 전수를 비롯하여, 자국의 경제발전을 위한 지

스트 공과대학과의 국제학술교류협정, (5)연세대와 레닌그라드 대학교 및 모스크바 대학교와의 협력, (6)고려대와 북경인민대학교와의 교류, (7)서강대와 중국 흑룡강대와의 교류, (8)성균관대와 북경대와의 자매결연. 『조선일보』, 1990. 4. 4; 박상변, "북방정책의 평가: 사회적·문화적 측면", 서울대 국제문제연구소, (1991), 18쪽.

8) 1989년 1월부터 10월까지 공산권 국가들로부터의 방한자의 수는 6,330명으로 1988년 같은 기간에 비해 79.5%가 증가하였다. 『조선일보』, 1989. 12. 10; 정부는 1991년 2월 10일부터는 단기간(90일)방문의 경우 과거의 허가제를 폐지하고 신고만으로 여행이 가능하도록 하는 조치를 취했다. 박상변, "북방정책의 평가: 사회적·문화적 측면", 서울대 국제문제연구소, (1991), 18쪽.

9) Ellman, Michael, *Socialist Planning*, (Cambridge: Cambridge University Press, 1980), pp.246-276.

10) 조갑제, "노태우의 육성 회고록", (1999. 5), 93-6쪽.

원을 희망에 대응하고 있었다.[11]

〈도표 Ⅴ-1: 동구제국과 한국과의 교역 현황〉

	헝가리		폴란드		체코		유고슬라비아		루마니아		불가리아	
	수출	수입	수출	수입	수출	수입	수출	수입	수출	수입	수출	수입
1979	149	3,410	2,168	1,335	2,769	8,426	361	3,914	202	13,567	1,406	225
1980	1,203	619	4,472	2,285	7,296	1,981	543	4,804	905	567	565	24
1981	3,998	1,247	386	2,685	3,485	705	1,485	2,985	2,414	438	1,461	120
1982	5,331	1,004	1,738	1,996	2,154	1,433	1,014	1,873	2,293	1,444	630	175
1983	1,368	1,161	25,189	6,044	1,674	1,953	434	2,439	1,751	3,550	736	1,199
1984	564	4,514	9,487	7,204	1,184	4,933	2,018	5,601	1,397	2,509	1,171	2,055
1985	4,519	3,681	17,069	8,341	2,916	3,345	44,201	40,293	898	6,540	495	3,090
1986	7,053	2,515	16,292	5,425	2,641	3,312	5,708	1,059	2,219	1,661	1,251	2,585
1987	13,754	7,697	16,993	5,523	4,960	5,366	8,197	2,182	1,185	18,278	1,215	2,115
1988	20,693	11,438	27,121	15,247	23,367	11,177	16,632	17,321	2,764	22,889	5,544	3,621
1989	48,986	19,098	56,126	17,969	79,483	23,896	46,652	20,126	342	18,681	17,848	11,104
1990	89,976	23,139	113,117	91,359	52,107	23,022	214,436	41,780	21,705	3,126	17,700	19,749
1991	84,675	37,822	290,117	152,692	21,370	31,790	103,246	23,482	25,551	10,339	11,611	11,822
1992	62,179	28,822	119,555	80,990	58,700	37,823	41,600	15,682	38,191	6,505	31,282	15,991
1993	83,047	19,358	240,537	44,563	44,236	11,339	854	2,271	79,929	5,581	53,327	10,942

* 단위: 천 달러
* 자료: 헝가리, 폴란드, 체코슬로바키아: KOTIS
  유고슬라비아, 루마니아, 불가리아: 한국무역협회, 『무역통계』(1994).

이에 따라 한국과 동유럽 국가들은 환거래협정을 비롯하여, 한국의
국제민간경제협의회와 동구의 경제단체들과의 민간경제협력위원회 설
치, 무역관 설치, 정부 공식기구로서의 무역대표부 설치의 단계를 거
치면서, 정상적인 외교수립 단계에 이르기까지 단계적인 발전과정을
거쳤다.

---

11) 김학수, 『한국의 대외경제협력에 관한 정책과제와 방향』(서울: 대외경제
    정책연구원, 1991), 90쪽.

〈도표 Ⅴ-2: 한국-동구 국가별 직접투자 추이〉

구 분	1990	1991	1992	1993
헝가리	1(1,465)	2(4,213)	4(8,433)	7(15,238)
체코슬로바키아			1(6,078)	2(11,780)
루마니아		1(183)	1(500)	1(500)
폴란드		1(5259)	2(559)	4(1,509)
소계	1(1,465)	4(4,925)	8(15,570)	14(29,029)
총 투자액 대비율	0.06	0.1	0.3	0.5

* 단위: 건수, 천 $, %, 누계 방식
* 자료: 한국은행, 『해외투자현지법인 현황』 각 연도

  그러나 초기 동구 국가들과의 한국과의 수교협상은 공산계열이 권력 지도부를 장악하고 있는 상황에서 추진되었다. 이들은 북한과의 관계나 이념적 보수적 경향으로 인하여 난색을 표명하고 있었지만, 한국은 동구권 국가들에게 강력한 요구와 설득을 하여 병행하는 수교협상을 진행하고 있었다. 또한 정치, 경제적 개혁이 추진되고 있는 헝가리나 폴란드에 대해서는 이러한 설득과 요구가 효과를 거두었지만, 후발 개혁국가들인 루마니아나 볼리비아, 알바니아와의 수교협상은 이들 국가의 정치경제적 개혁이 이루어지면서 한국과의 순차적인 관계증진과정을 넘어 급격히 수교협정이 진행되었다.

  1988년부터 헝가리를 필두로 경제적 관계의 제도화가 추진되어 1989년에 동구권 국가로는 처음으로 헝가리와 수교를 하게 되었다. 이어 한국과 폴란드와 수교가 이루어졌으며, 1989년부터 진척되기 시작한 동유럽 국가의 탈사회주의화와 자유선거의 실시, 비공산 정권 및 중도우파 정권이 집권함으로써, 1989년 12월 28일에는 유고슬라비아와 수교가 이루어졌다. 그 후 1990년 3월에는 체코슬로바키아(22일), 불가리아(23일), 루마니아(30일)와의 외교관계가 수립되었다. 이러한 수교 도미노 현상은 1991년 8월 22일 마지막으로 알바니아와 국교를 맺

음으로써 동유럽 국가들과의 외교관계 수립은 완료되었다.

〈도표 V-3: 한-동구의 관계발전 및 동구국가의 국내 상황 변화〉

		한국과의 관계	동구국가의 국내 상황 변화
헝가리		87.12. KOTRA 부다페스트무역사무소 개설 88. 3. 헝가리 서울주재 무역사무소 개설 88. 9. 상주대부 설치 합의(12월 설치) 88.11. 투자보장협정 체결 89. 2. 대사관 교환 설치, 무역/경제협력협정체결 89. 3. 이중과세방지협정 체결 89.11. 노태우 대통령 헝가리 방문, 항공협정체결	88. 5. 공산당 제1서기를 그로스로 교체 89. 2. 다당제 승인 89. 8. 프로레타리아 독재 포기 90. 3. 자유총선(중도우파 민주포름집권)

폴란드		88. 1. 관영무역회사 서울지사 설치
		88.11. 통상어부협조약정 체결
		89. 4. 양국 현지 무역사무소 개설
		89. 5. 양국 체육교류협정 체결
		89. 5. 서울에 무역사무소 개설
		89.11. 대사급 외교관계 공식 수립
		    (투자보장협정, 무역협정체결)
		90. 5. 박준규 국회의장 바웬사 대통령 방문
		91. 6. 비엘레츠키 수상 방한, 이중과세 및 탈세방
		    지협정 체결.
			80. 자유노조의 자치 노동조합 결성
			88. 메세나 수상 경질(경제침체)
			
			89. 4. 정부-자유노조 간 정·경개혁
			    합의
			89. 5. 야루젤스키 대통령 재선출 및
			    자유노조 마조비예츠키 수상
			    선출 (비공산연립정부)
			89.12. 신헌법 채택(정치, 경제개혁)
			90.12. 자유노조 바웬사 대통령 선출

유고슬로비아		82. 3. 환거래협정 체결 88. 6. KOTRA 류블리아나 무역관 개설 88.10. 유고의 서울 무역사무소 개설 89. 2. 유고 투자사절단 방한/무역대표부 설치 89.12. 양국 국교수립 발표 90. 4. 민간경제사절단 유고 방문 90.11. 요비치 유고 대통령 방한	88. 시장경제 도입 헌법개정 89. 마르코비치 수상 취임(경제문제) 90. 4. 슬로베니아, 크로아티아의회자 유선거 91. 6. 분리독립 선언으로 내전 발발
체코슬로바키아		89.11. 통상사절단 방한, 무역사무소 개설합의 90. 1. 민간경제협력위원회 발족 90. 2. 프라하 무역관 개설 90. 3. 대사급 수교 90. 4. 관민 통상사절단 프라하 방문 90. 5. 투자보장협정 가서명	86. 제한적인 경제 개혁 단행 89.11. 민주화 요구로 공산당 붕괴 89.12. 시민포럼의 하벨 대통령 당선 90. 6. 의회 총선거(비공산 연정 집권) 90. 7. 시민포럼의 하벨 대통령 재선출

	한국과의 관계	동구국가의 국내 상황 변화
불가리아	88.11. 양국 무역사무소 개설 합의 89. 5. 경제협력협정체결 90. 1. 민간경제협력위원회 설립 협정 체결 90. 3. 양국 외교관계 수립 91. 2. 의원친선협회 구성 90. 5. 체육 및 교통협정 체결 90.11. 경제과학기술협정체결 91. 5. 이중과세방지협정 가서명 91. 5. 불가리아 외주장관 및 재무장관 방한	88. 지방의회 선거 　(복수 후보제, 당간부 임기제 개혁) 89.10. 민주화 요구 시위 확산 89.11. 지프코프 서기장 사임, 　(몰라데노프 선출) 90. 4. 민주 헌정 개헌안 승인 90. 6. 국민의회 총선거(사회당 재집권) 90. 7. 몰라데노프 대통령 사임 90. 8. 젤리프 대통령 선출(민주세력동맹) 90. 9. 루카노프 신임 수상 선출(사회당)
루마니아	81. 1. 환거래협정 체결 89.12. 루마니아 민중봉기 구호금 지원(12만 불) 90. 1. 루마니아에 의약품 10만 불 추가 지원 90. 3. 대사급 수교 의정서 서명 90. 5. 발틱 전자공업부 장관 방한(투자요청) 90. 6. 루마니아 경제사절단 방한 90. 8. 투자보호협정, 무역/통상협정, 경제과학 　기술협력협정체결 90.10. 한국 무역관 개설 91. 5. 의원친선협회 결성	89.12. 차우체스크 정권 붕괴(민중봉기) 90. 1. 공산당 해체 및 다당제 도입 　(일리에스쿠 임시 대통령: 공산계 　열) 90. 5. 대통령 및 의회 자유선거 　(대통령 재선, 구구전선이 재집권)
알바니아	91. 1. 삼성전자 TV수출 91. 8. 양국 국교수립	90. 5. 일련의 정치적 개혁 추진 90. 7. 소련과 국교정상화(60년 단교) 91. 3. 다당제 총선 실시(노동당 재집권) 91. 6. 노동당을 사회당으로 개명 및 　일당 독재 청산, 노동자 파업으 　로 민주당과 연정 구성

*자료: 산업연구원, 『북방지역국가 총람』(1991): 국제민간경제협의회, 『북방국가편람』(1991).

　한국은 북방정책을 추진하면서 동구 국가들과의 외교관계 수립을 1차적인 목표로 설정하고 있었다. 첫째, 동구 사회주의 국가들은 지리적으로 한반도와 멀리 떨어져 있을 뿐만 아니라, 중국이나 소련과 같이 한국과 직접적 적대관계를 맺은 경험이 없기 때문이다. 둘째, 헝가리나 폴란드와 같은 국가들은 80년대 초반부터 과감한 개혁 및 개방

정책을 추진하고 있었기 때문에 한국과의 교류협력 증진에 대한 거부
감이 적을 것이라는 전략적 고려에 기인한다. 셋째, 동유럽은 지리적
으로 북한과 멀리 떨어져 있을 뿐만 아니라, 북한과의 실제적인 관계
도 중국이나 소련처럼 긴밀하지 못했다는 것이다.[12]

이러한 한국과 동구국가들과의 관계개선 및 수교의 요인들을 살펴
보면, 첫째, 동구 국가들의 강력한 경제협력의 요구를 검토해 볼 수
있다. 동구 경제는 외국의 자본과 기술이전, 투자 등의 국제경제협력
체제의 구축을 요구하고 있었다.[13] 국영기업의 민영화를 통해서 재정
수입을 확보해야 하며, 생필품의 공급을 확대하고, 경제회복을 위한
시장이 필요했다. 동구 국가들은 88서울올림픽을 치르면서 한국경제의
능력을 확인하고 있었으며, 한국의 적극적인 투자 유도를 통해서 자국
의 경제회복을 바라고 있었던 것이다.

둘째, 한국은 북방정책의 가시적 효과로서 동유럽 국가와의 수교가
필요했다. 이는 북방정책이 가져올 정권의 성과주의와 북방정책의 성
공에 대한 자신감에 기인한 것으로[14] 한국의 정책결정자의 遠交近政

---

12) 최동희, 『동유럽의 정치경제와 한반도』(서울: 나남출판사, 1991), 제3장
   3절, 참조.

13) 제6공화국은 북방정책의 성공을 위해 차관을 정책수단으로 활용했다. 차관
   외교는 1989년 2월 형가리와 수교조건으로 1억 2천만 불을 제공했으며, 12
   월에 폴란드에 4억 5천만 불의 차관을 제공하였다. 안병준, "한국외교의 역
   사적 전개", 정일영(편), 『한국외교 반세기의 재조명』(서울: 나남출판사,
   1993), 19쪽.

14) 올림픽 개최의 성공은 정책엘리트로 하여금 동구권 국가 접촉에 자신감을
   심어 주었다. 홍순호, "올림픽의 국제정치학", 『국제문제』제19권 제12호,
   (1988년), 80 - 99쪽; Thomas Robinson, "The Seoul Olympics: Catayst for
   Cross - Recognition and Inter - Korean Reconciliation?" *Korea and World
   Affairs*, Vol.12, No.2. (Summer 1988), pp.281 - 92; Young Ho Lee, "The
   Seoul Olympics: What They Mean to the Korean People", *Korea and
   World Affairs*, Vol.12, No.2. (Summer 1988), pp.253 - 69.

전략과 비밀접촉 그리고 차관외교 등의 정책수단을 통해서 이들 국가
의 정책목적을 구현하는 상호주의 입장을 구체화시킬 수 있다는 확신
에 기인하였다. 이러한 동구의 요구와 한국의 요구가 일치함으로써 초
기 동구 국가들과의 수교협상은 급박하게 진행된 것이다.

셋째, 한국 등 자본주의 국가와 사회주의 교류협력이 보편화되고
있었다. 헝가리나 폴란드, 체코, 유고 등 사회주의 국가이면서도 서구
의 자본주의 국가와의 교류가 진행되고 있었으며, 코메콘의 경제블록
이 붕괴되면서, 미국 등 서방국가들의 진출이 이루어져 있었다. 이러
한 경제교류 등 개방화 현상은 한국의 동구진출을 원활히 하는 배경
이 되었다.

넷째, 한국과의 교류의 장애로서 소련이나 북한의 반대가 장애가
되지 않았다.15) 고르바초프는 사회주의 국가의 개혁과 개방을 지지
하고 있었으며, 한국·헝가리 수교를 반대하지 않았듯이 소련의 제한
주권론이나 코메콘의 블록경제는 이미 세계체제로서의 의미를 상실
하였으며, 강제할 능력도 없었다.16) 또한 북한도 한국·헝가리와의
수교에서 보듯이 사회주의 진영외교를 강요할 수 없었으며, 그 정책
효과를 기대할 수 없는 상황에서 오히려 북한의 고립화 방지가 급선
무였다.17)

---

15) 헝가리와의 외교관계 수립은 적어도 사회주의권의 몰락 이전에 이루어졌으
며, 헝가리가 사회주의 정당의 집권하에 있을 때 합의되었다는 점에서 한국
북방정책을 불로소득으로 보는 것은 비합리적이라 할 수 있다. 정종욱, "북
방정책의 평가: 외교적 측면", 서울대 국제문제연구소, 『논문집』 제15집,
(1991), 3쪽.

16) 1988년 3월 소-유고 공동선언에서 세계공산주의 운동의 민주적 평등관
계를 주장하면서 동유럽 국가의 자유로운 서방국가와의 교류협력 및 외
교관계 수립이 가능해졌다. 김부기, "고르바초프의 개혁과 동북아 정세",
『국제문제』 통권215호, (1988. 7), 72쪽.

이러한 한국·동구 국가들과의 수교는 한국이 남북한의 외교경쟁에
서 승리하고 있다는[18] 의미를 부여하고 있었다. 헝가리나 폴란드, 유
고에 대한 수교협정에서는 한국이 적극적인 성의와 열의를 보였지만,
여타 국가들과의 수교협정은 동구 국가들의 수교 요구가 먼저 이루어
졌다. 경제나 사회문화 등의 정책적 필요보다는 정치적 필요를 위한
한국·동구 수교협상의 의미를 부여하는 것으로, 중국과 수련과의 수
교가능성을 현실화시켜 주는 계기로 이해되었다.

나. 소련과의 관계개선과 수교

아시아와 유럽의 양 대륙에 걸쳐 있는 소련은 1980년대에 들어서면서
소련의 경제적 개혁의 필요성을 인식하고 1985년 3월 고르바초프(M.
Gorvachev)의 등장을 계기로 새로운 변화가 모색되었다.[19] 고르바초프
로부터 시작된 소련의 변화는 당면한 구조적 경제난관 타개에 가장 역점
을 두고 페레스트로이카(Perestroica: 개혁)와 그라스노스트(Glasnost:
개방)를 선택하였다. 이러한 변화는 시장거래의 합법화, 사적 혹은 협동

---

17) 북한은 한-헝가리의 수교에 대해 '사회주의에의 배신행위'라고 비난하
면서, 북한 대사를 소환하였다. 그러나 1989년 11월 한-폴란드 수교에
대해 대사소환이나 비방을 하지 않아, 현실을 인정하는 태도전환을 확인
하게 되었다. 『로동신문』, 1988. 9. 19. 참조.

18) Robert A. Scalapino, "The Prospects for Peace on the Korean Peninsula",
Korea and World Affairs, Vol.12, No.2. (Summer 1988), pp.270-80.

19) 안드로포프(1982.11~1984.2), 서기장은 당중앙위원회 총회(1982. 11)에서
소련경제의 문제를 산업불균형, 노동생산성 감퇴, 자원문제, 인구문제, 수송
문제로 설명하면서, 노동규율의 강화를 위한 행정권의 사용 및 무능한 경제
관료 해고로 지적했다. Pravada, 23 noyabrya, 1982g, 재인용: 서재진 (외),
『사회주의 체제 개혁·개방사례 비교 연구』(서울: 통일원, 1993), 107-8쪽.

조합을 통한 거래, 생산단위에 대한 권위부여, 기업운영에 있어서의 기업의 자율성 확대 등 계획경제의 틀에서 효율성을 증가시키기 위한 것으로,[20] 1987년 당중앙위 전체회의에서 독립채산제를 포함한 기업자율성 확대, 당의 중앙집권적 통제체제의 개혁을 추진하고, 국영기업법 및 협동조합법, 합영기업법 등의 법제화가 추진됨으로써 계량적개혁이 추진되었다.[21] 그러나 사회주의 노선을 견지하면서 개혁과 개방을 추진하던 소련은 1988년부터 급진적인 정치적 개혁을 추진하였지만, 보수파들의 저항과 경제개혁의 실패[22]로 정치적인 정당성의 위기로 전이되고 있었다.[23] 1991년 8월 개혁과 개방정책에 반대하는 보수파 쿠데타로 소비에트연방은 해체되고, 옐친을 대통령으로 하는 러시아가 소련을 대신하게 되었으며, 구소련의 연방공화국들은 독립국가연합의 국가연합(CIS)의 형태로 유지하게 되었다.[24]

소련의 변화는 국내 모순 해결을 위한 '신사고 외교정책'(new thinking

---

20) David Lane, *Soviet Society under Perestroika* (Boston: Unwin Hyman, 1990), p.38: 개혁프로그램의 자세한 내용은 한종만 (외 역), 『러시아 소련 독립국가연합 경제의 구조와 전망』, 폴 그레고리 & 로버트 스튜어트 (저), (서울: 열린책들, 1992), 576-600쪽. 참조.

21) David Lane, (1990), p.38-9.

22) GDP는 1988년 5.5%에서 1991년 -13%로 하락, 인플레이션은 1988년 11%에서 1991년에는 128%로 급증, 1990년 말 현재 518억 루블의 재정적자를 보이고 있다. 국제민간경제협의회, 『북방국가 편람』(1991), 26-28쪽.

23) David Mason, *Revolution in East-Central Europe: The Rise and Fall of Communism and the Cold War*, (Oxford: Westview Press., 1992), pp.30-3.

24) 러시아는 수동적인 친서구 외교정책에서 러시아의 민족적, 국가적 정체성을 강조하는 신군사독트린으로 수정했다. Sergei Stankevich, "Russia in Search of Itself", *The International Interest*, No.28, (Summer, 1992), pp.47-55.

in foreign policy)에 의한 대외정책으로도 표현되었다.[25] 소련의 대외정책의 변화는 국내경제체제의 개혁과 개방을 위한 국내정치적 목적의 정치적 선택이다. 소련은 체제유지를 위해서 상호 의존과 자기적응의 생존전략으로서 탈냉전과 평화공존을 모색하였다. 고르바초프는 국제적 안정을 통해 안정적 경제개혁을 추진한다는 전략을 선택하고, 미국과의 평화공존을 모색하였다. 그리고 중국과의 국교정상화의 장애를 해소하고, 또 동유럽에 대해서 일국사회주의에 의한 브레주네프 독트린을 고집하지 않았다. 이러한 소련의 정책변화는 '얼굴 있는 사회주의'로서 군비보다는 인간성 회복과 국민복지에 역점을 둔 정책을 추진하면서도, 대외적으로는 탈이데올로기적 실용주의, 외교정책에 있어서의 경제관계의 비중 증대, 평화로운 주변 환경 유지, 정·경분리 원칙 등을 기저로 하고 있다.

소련의 개혁과 개방은 국내경제의 모순을 해결하기 위한 변화로서 세계적 차원의 탈냉전과 지역적 차원의 공존 모색이었다. 소련은 서방국가들뿐만 아니라, 아시아 국가의 일원이라는 주장과 함께 동북아 정책을 본격적으로 추진하면서, 동북아 국가들의 역할을 통해서 소련경제를 회복시킬 수 있는 대안을 찾고 있었다.[26] 이로 인한 동북아의 해빙무드는 북한의 중-소 등거리외교의 토대가 무너지기 시작하였으며,[27] 이러한 상황은 한국의 북방외교에 유리하게 작용하고 있었다.

---

25) 신사고외교정책은 이질체제와의 평화공존, 절대안보에서 공동 또는 상대적 안보개념으로의 궤도 수정, 국제계급투쟁론의 폐기, 방어적 전략개념의 채택, 상호 의존적 통합세계에의 적극적인 참여 등의 혁명적 변화를 꾀하는 것이며, 이를 통해 군비감축, 군사개입 지양, 새로운 유럽질서의 확립, 협상과 타협에 의한 세계평화의 구현을 추구하는 것이다. 이명식, "독립국가연합(구소련방)의 외교정책과 대외관계", 경희대 사회과학연구소, 『사회주의 국가의 대외관계』(1992. 5), 79-83쪽.

26) Byung-Joon Ahn, "The Soviet Union and the Korean Peninsula", *Asian Affairs* Vol.11, No.4, (Winter, 1985), pp.16-7.

소련은 한반도의 점령군으로 진주하여 한반도 문제에 직접 개입하
게 되었다. 사회주의 국가의 맹주로서 소련은 진영외교를 통해 북한과
의 동맹관계를 유지하고 있었다. 그러나 한-소 관계는 6·23선언 이
후 공식적인 교류와 국가관료들 간의 비밀접촉을 가지게 되었으며, 88
서울올림픽을 계기로 확대되기 시작한 한-소 간의 교류협력은 1991
년 한-소정상회담을 통해서 극적인 발전을 이루게 된다.

이러한 양자관계의 1986년 7월 25일 블라디보스토크(Vladivostok)연
설28)과 88서울올림픽 개막일을 하루 앞둔 1988년 9월 16일 크라스야노
르스크(Krasnoyarsk), 연설을 통하여 동북아에서의 군사 전략적 경쟁관
계 청산29)과 '한국과의 경제관계'를 언급함으로써30) 소련의 동방정책과

---

27) 최동희, 『탈냉전 시대의 한국 외교정책』(서울: 사회문화연구소, 1998),
   270쪽; 북한의 등거리외교를 밀착, 중립, 소원으로 표현하여 연대기적으
   로 분석한 것은 유석렬, 『북한정책론』(서울: 법문사, 1989), 171-3쪽.
28) 이 연설은 아시아 핵보유국 핵선제 사용 포기, 아시아에서의 핵실험 금
   지, 핵확산 방지 조약 서명, 아시아 주둔 외국기지 철수, 기존 군사블록
   해체를 주요 내용으로 하고 있다. 국토통일원, 『고르바초프의 대외정책
   자료집』(북방정책연구 시리즈 Ⅲ), 1988년 11월, 105쪽; 이 연설은 미국
   의 동북아 해상방위전략에 손상을 가져올 것으로 예상되어, 미국과 일본
   에 부담이 되었으며, 북방정책을 추진하던 한국도 동북아의 긴장완화,
   한-소 관계개선 희망, 동맹국가와의 군사전략의 상호모순으로 고민하게
   된다. 김국진, 『아국의 북방외교정책 전개방향』, 외교안보연구원, 정책연
   구시리즈 88-20, (1988), 33쪽.
29) 주요 내용은 미·일·중국 등 태평양국가들과의 선린 유지 필요, 극동지역
   의 해양자원 수산업, 임산자원을 비롯한 천연자원 개발 및 합작투자 추진,
   중국식 사회주의 건설을 이해, 연내 아프칸 주둔 6개 연대 철수 및 중국과의
   지속적인 관계개선, 일-소정상회담 조기 개최 희망, 일소근접지역에 합작
   기업 설치 문제 토의, 아시아-태평양 안보회의 히로시마 개최, 모든 아시아
   -태평양제국과의 관계증진 희망, 북한의 한반도 비핵평화지대화 창설제의
   는 한반도 평화정착에 기여 등이다. 국토통일원, 『고르바초프의 대외정책자
   료집』(1988), 93쪽.
30) 고르바초프의 크라스노야르스크 연설, 한양대 중소문제연구소, 『중소연

162

한국의 북방정책이 교우하게 되었다.[31]

한국과 소련의 수교는 88서울올림픽을 계기로 한국의 적극적인 관계개선 의지를 밝히고, 이를 적극적으로 추진해 나갔다. 박철언 정책보좌관이 소련을 방문(1988. 8. 27.~9. 6)하여 고르바초프의 측근인 게오르기 아르바토프를 통해 대통령의 친서를 전달하고 양국 간의 관계증진을 위한 실천전략을 추진하였다.[32] 또한 올림픽조직위원회의 초청외교로 소련의 각료급 인사를 비롯한 국가관료들의 한국 방문을 추진하였으며, 소련은 올림픽에 6명의 영사단과 1,000여 명의 선수단, 관광객·예술인 등 2,000여 명을 한국에 파견하였다. 이에 따라 신변 안전을 비롯한 영사업무의 처리를 위해 정부 간 공식대화를 통해서 구상서의 형태로 한-소 간의 공식 문서가 작성되었다. 그 외에도 소련의 동방학연구소, 소련과학원, IMEMO 등의 개혁파 인사이면서도 고르바초프 대통령의 지근 인사들을 초청하거나 방문하는 외교활동을 적극화시켰다.

한-소 관계의 또 다른 측면은 경제적 관계의 제도화이다. 한-소 간의 경제협력이 강화되면서 제도화에 대한 요구가 증대되기 시작되었다. 이에 따라 1988년 10월 15일에는 서울에서 무역공사와 소련 상공회의소 사이에 '한-소직접교역 비망록'을 교환하였으며, 1988년 10

구』자료편, 제12권 제3호, (1988), 269-290쪽.
31) 최영, "한국의 북방정책과 소련의 동방정책", 『국제문제』 통권 217호, (1988. 9), 44-5쪽; 『동아일보』, 1988. 11. 4.
32) 정한구, 『소련의 대한반도 정책 전망과 한소관계 증진 방안』 외교안보연구원, 정책연구시리즈 88-22, (1988), 7쪽; 『동아일보』, 1988. 12. 29.; 양국 간의 유학생 교환 원칙을 소련 당국과 합의하고, 1989년 1월 서울을 방문한 소련 상공회의소 부회장 콜라노프와의 회담을 통해 단순한 유학생의 교환에서 언론사 특파원의 상주 문제도 포함되어 타결하였다. 『조선일보』, 1989. 1. 15.

월 17일 무역진흥공사는 1989년 초에 극동 경제개방구인 블라디보스
토크와 모스크바에 무역사무소를 설치할 것을 소련 연방상공회의소
블라디미르 골타노프 회장과 합의했다.33)

〈도표 Ⅴ-4: 한국-소련의 교역 현황 1979-1993〉

년	1979	1980	1981	1982	1983	1984	1985	1986
전체	7,350	12,054	11,436	17,473	25,702	44,876	58,405	80,243
수출	1,027	2,405	1,499	1,014	1,362	3,387	16,242	12,457
수입	6,323	9,649	9,937	16,459	24,340	41,489	42,163	67,786
년	1987	1988	1989	1990	1991	1992	1993	
전체	150,548	204,334	599,446	888,799	1,202,373	192,914	1,575,992	
수출	17,416	26,022	207,746	519,147	625,080	118,084	601,171	
수입	133,132	178,312	391,700	369,652	577,293	74,830	974,821	

* 1991년 이전은 구소련. * 단 위: 천 달러
* 자료: 한국무역협회,『무역통계』(1994), 24쪽.

  그러나 경제적인 관계증진에도 불구하고, 소련은 한국과의 정치적
관계로의 발전을 거부하고 있었다.34) 한국의 요구에 대해 소련은
1989년 12월 무역사무소에 제한된 영사기능을 설치하는 편법으로 대
응하였으며,35) 1989년 6월 4일 샌프란시스코 한-소정상회담에서도

---

33) 국회 국정감사 보고,『동아일보』, 1988. 10. 18.
34) 1989년 3월 로가쵸프 소련 부수상이 유엔 아시아-태평양 경제사회위원회
   (ESCAP)회의에 참석하기 위해 방콕을 방문한 자리에서 한국과의 외교
   관계 수립 계획을 부인했다. *Korea Herald*, 1989. 3. 29.
35) 소련의 유보 이유는 (1)북한을 개방으로 유도하기 위해서 즉각적인 한
   소수교에 의한 북한의 고립화는 바람직하지 않으며, (2)대소경협에 미온
   적인 일본을 시베리아 개발에 참여유도하기 위해서도 한국 카드를 이용
   하여 일-소정상회담(91. 5)때까지 수교를 지연시키며, (3)한국과의 경
   제협력에서 유리한 입장을 차지하기 위해서도 경제협력의 증진 문제와
   수교문제를 연계시키며, (4)한-중관계나 긴장완화를 위한 관계국 간의
   논의를 고려하여, 아태 지역의 평화정착에서 소련이 유리한 위치를 차지

양국 정상 간 합의에도 불구하고, '양국의 유대가 발전하고, 한반도의
정치상황이 전반적으로 개선 될 때'만이 가능하다고 언급함으로써 수
교를 위한 여건 조성을 요구하고 있었다.

그러나 한-소정상회담 이후 한-소수교가 기정사실로 받아들여짐으
로써 경제협력을 요구하는 소련의 주장과 선수교에서 정경동시타결로
전략을 전환했던 한국과의 의견대립도 양국 대통령의 친서교환과 청와
대 비서실장 및 외교안보수석의 실무접촉을 통해서 동시타결로 합의되
었다. 그리고 1990년 6월 뉴욕에서 양국 외무장관이 수교의정서 서명과
7월 말 정부의 수교 교섭단이 모스크바를 공식 방문하여 수교가 이루어
졌다. 이러한 한-소수교에 이어 양국 간에서 경협문제 타결을 위한 정
부대표단 회의[36]와 현안타결을 위한 외무장관 회담이 지속적으로 이루
지고 있었다. 그리고 1989년 6월 샌프란시스코 정상회담, 1990년 12월
모스크바 정상회담,[37] 1991년 4월 제주도 정상회담을 통해 양국의 우호
관계가 강화되었다. 특히 한국의 제의한 남북한 유엔 동시가입과 핵사찰
에 대한 지지를 획득하게 됨으로써 동북아에서 중국과 더불어 평화공존
과 한반도의 긴장완화를 위한 토대를 마련하게 되었다.

그러나 1991년 8월 소련에서 발생한 군부쿠데타를 계기로 소련연방

할 때만 수교한다는 것이다. 김영준, "북방정책의 평가와 전망", 경희대
정치학과 동문회, 『한국의 정치상황과 북방정책』(1990. 6), 22-3쪽.

36) 외무부, 『외교문제해설』 91-5, (1991. 2. 20). 한국의 30억 불의 차관 제
공은 미국의 10억 불 수준의 원조 논의에 비해 파격적인 것으로, 국내에
서는 30억 불로 수교를 매입한 것으로 비난받았다.

37) 대한민국 대통령의 최초의 소련 방문은 첫째, 얄타체제가 아시아에서 사
실상 무너졌으며, 둘째, 한-소 모두가 탈이데올로기적인 외교를 수행하
고 있으며, 셋째, 한국의 외교적 지평을 확장시키는 가운데 한국과 소련
의 협력관계를 외교적·경제적·문화적 측면에서 심화시킬 것이라는 것
이다. 김학준, "韓·蘇 화해와 남북관계", 대외경제정책연구원, 『북방경
제』(1991), 6-7쪽.

이 해체되고, 소련을 승계한 러시아는 급진 사회주의 세력을 불법화시
킴으로써 개방과 개혁노선을 견지하고, 한국과의 경제협력을 더욱 강
력히 요구하고 있었다. 이에 1992년 11월 옐친 러시아 대통령이 서울
을 방문하여 한국과 러시아의 기본관계에 관한 조약을 체결함으로써
한-소 관계는 더욱 강화되었다.[38]

〈도표 Ⅴ-5: 한-소 간 경제협력 현황, 91. 5 현재〉

종 류		사 업 내 용
30억$ 경협 자금	은행차관 (10억$)	· 10개 국내은행과 소련대외경제은행 간 1991년 중 5억 불 제공 계약 체결 나머지는 92~93년 중 제공
	전대차관 (15억$)	· TV, 냉장고 등 등 8억 달러 상당 34개 소비재 및 원료를 1991년 중 지원 나머지는 92~93년 중 지원
	연불수출 (5억$)	· 라면공장, TDX(전자교환기) 등의 프로젝트를 선정, 92~93년 중 지원
합작투자 및 자원개발		· 1990년 말, 현대의 연해주 산림개발 등 5개 업체 6건의 투자승인 치타주 우다칸3동황, 하바로프스크의 금속 및 유연탄광, 사할린육상유전개발, 사할린 야크트 가스전개발 등 에너지·광물개발사업에 대한 공동참여를 협의 중
무역·투자		· 경협자금 이용을 위한 실무협의를 1991년 2월 중 모스크바에서 개최 · 석유화학 분야 3개, 펄프 및 제지, 승용차 조립설비, VCR 조립공장, 야금공장 설립, 군수산업의 민수화 전환사업 등 8개 분야 프로젝트에 참여를 원하는 한국기업과 소련 기관 및 기업을 연결, 사업성을 검토토록 지원
자원개발		· 양국이 공동개발 대상인 사할린 석유 등 7개 사업 개발가능성 검토 위해 1991년 중 합동 현지조사 실시 · 한국 측의 시베리아개발 타당성 조사 및 유망사업의 추가조사를 위해 빠른 시일 내에 2차 지원조사단을 파견

38) 한반도 문제에 대한 당사자 간 직접대화 및 민주적 평화통일원칙에 대
한 지지 그리고 남북대화 여건 조성을 위해 러시아가 협력할 것을 약속
하였으며, 1961년에 체결된 북한과의 상호원조조약을 폐기할 의사를 밝
혔다. 김영삼-옐친 모스크바 정상회담(1994. 6)에서 조소상호원조조약
의 폐기를 거듭 확인하는 과정을 거쳐, 1996년 9월 폐기되었다.

종 류	사 업 내 용
과학기술	· 제1차 한소과학기술장관회의를 1991년 5월 중 서울서 개최 · 원자력분야 공동프로젝트를 협의위해 1991년 3월 중 제1차 한소원자력공동조정위원회를 서울 개최 · 부총리급 위원장의 한소경제및과학기술협력공동위원회 설치. 1차 회의는 1992년 상반기 중 모스크바에서 개최
어 업	· 어업협정 가서명, 1991년 1/4분기 중 공식 서명키로 합의 · 현안협의를 위한 한소 어업회담을 1991년 2월 모스크바에서 개최 · 한소 경제수역 내에서의 어로활동재요청을 호의적으로 검토키로 합의
교통 · 통신	· 항공협정을 조속한 시일 내에 체결 · 양국직통회선 증설, 국제전자우편설치 등 협의 실무회의 개최(1991년 상반기)
미타결 현안	· 어업협정(현재 가서명상태), · 항공협정(〃) · 해운직항로개설 · 한소 경제과학기술공동위 구성

*자료: 김학수, 『한국의 대외경제협력에 관한 정책과제와 방향』(서울: 대외경제정책연구원, 1991), 60-1쪽.

한-소 외교관계 수립은 사회주의 종주국과 외교관계가 달성됨으로써 북방정책이 성공하고 있다는 확신의 전환점이었다. 한-소 관계가 이렇게 급속히 진전될 수 있었던 것은 첫째, 양자 간의 이해를 일치시킬 수 있는 정책능력의 확보에 있었다. 소련은 외국의 자본과 기술을 유치하여 침체된 소련 경제를 회복시키는 전략적 목적이 있었다.[39] 소련은 한반도에서 지정학적인 중요성을 가진 한반도에서 자신들의 기득권 존중과 현상유지정책을 통해 영향력의 유지하는 것이다.[40]

---

39) 김달중, "동북아 세력구조 변화와 한반도 평화 제도화", 외무부 특정외교정책 추진반『아·태 지역의 국제질서 변화와 한국의 대응전략』(1989), 36-37쪽.

40) 소련은 4월 5일에 워싱턴 미-소외상회담에서 한-소수교 방침을 미국에 전하면서 '남북조선 간을 중개할 수 있는 것은 현재 소련뿐이다'이라는 표현으로 한반도에 대한 기득권의 유지를 분명히 하고 있었다. 미국도 마찬가지 입장에서 한-소수교를 지원하고 있었다. 미국의 중재 역할에 대해서는 邊眞一, "南北パワ-ゲホムの ゆくえ", 『サンサホう』東京, 1990. 9. 116쪽; 조갑제, "노태우의 육성 회고록" 91999. 5), 98-9쪽; 40

한국도 사회주의 종주국으로서 소련과의 수교는 한국에 대한 외교적 승인이며, 남북한의 체제대결에서의 승리와 북한의 긴장조성을 차단할 수 있다는 의미를 가지는 것이었다. 특히 북방정책의 대외정책의 성과를 통해서 평양에 이르는 우회전략이 성공할 수 있는 토대를 마련하는 계기가 되는 것이다. 이러한 양국의 국가이익을 충족시켜 줄 수 있는 정책능력은 한-소수교를 앞당기게 했다.

둘째, 한국과 소련은 한-소수교의 장애인 북한과 소련 공산당 보수파의 반발을 극복하고 있었다는 것이다. 북한은 한-소수교에 대해 "2개의 조선을 날조하고자 하는 미국과 남조선의 음모 책동을 결코 용인하지 않겠다"고 함으로써 소련을 지명하지 않으면서 샌프란시스코 정상회담을 비난했지만,[41] 효과를 거둘 수 없었다. 또한 KGB가 한-소수교를 건의하고 있었지만, 외무성이나 지도부의 친북인사들이 한-소수교를 반대했었다.[42] 따라서 고르바초프는 정상회담을 행정조직이 아닌 크렘린의 개인 참모를 의사통로로 이용하도록 직접 지시하는 추진의지를 보이고 있었다. 한국도 북한 및 소련 보수파의 반발에 대하여 북방정책이 북한을 고립화시키지 않는 포용정책이라는 것을 분명히 하고 있었다.

셋째, 한-소수교는 국내 정치적인 목적으로 인하여 선택과 집행이 촉진시키고 있었다. 노태우 대통령의 사회주의 국가와의 외교 관계 수립을 위한 노력은 밀사파견이나 차관외교를 통해서 적극적인 정책의지

___

여 일간의 한-소 극비접촉에 관해서는 『서울신문』, 1990. 6. 1. 참조; 한-미 간의 협의에 대해서는 안기석, "차세대 전투기 F18 결정했으면 더 큰 말썽 났다: 김종휘 전 청와대 외교안보수석 단독 인터뷰", 『신동아』(1998. 9), 124-5쪽.

41) 『로동신문』, 1990. 6. 6. 사설.

42) 조갑제, "노태우의 육성 회고록"(1999. 5), 98쪽.

가 표출되었다. 특히 한-소정상회담의 외교적 형식의 문제나 대화 통로의 독점화 현상은 한-소수교에 대한 기대를 반영하는 것이다. 또한 1988년 박철언 청와대 정책비서관의 소련 방문, 1989년 6월 김영삼 민주당 총재의 소련 방문, 1990년 3월 박철언 정무장관과 민자당 공동대표의 자격으로 소련을 방문[43] 그리고 청와대를 비롯한 행정부와 재야세력을 비롯한 정치권, 민간기업의 소련 방문은 북방정책의 열기를 높이고 있었으며, 이러한 열기는 국민의 지지와 함께 한-소수교의 필요성에 대한 가치를 높이고 있었다.

이러한 독점적 제한이나 경쟁적 참여는 혼선과 불협화음을 낳기도 하였지만, 국민의 지지와 자신의 정치적 입지를 높이고자 하는 정치적 목적을 내포한 것이며, 이는 한-소 관계개선 및 수교에 이르는 촉진적 역할을 했다.

그리고 한-소수교에 대하여 북한은 충격적으로 받아들였지만, 이는 당연히 추진될 것으로 기대하던 한국의 국민들에게도 전환점이라는 의식을 가지게 하였다. 특히 이는 정책엘리트들에게 부여되어 있는 대북경쟁에서의 승리와 정권의 주요 정책인 북방정책의 성공적 추진이라는 의미를 가지고 있었다. 이러한 관점에서 한-소수교가 가지는 정책적 의미를 살펴보면, 첫째, 한국의 역대 대외정책에서 전기가 마련되었다는 것이다. 한-소수교는 1970년대 이후 추진해 온 북방정책과 비동맹외교라는 외교다변화 전략의 성공적 추진을 의미하는 것이다. 국내정치적 목적을 위한 국제적 비준전략의 성공이지만, 대북한 외교경쟁의 승리를 의미하는 것이다. 또한 정치적 외교다변화와 함께

---

43) 서두원, "김영삼-박철언, 누가 승자인가?", 『신동아』, 1990. 5.; "추적: 김영삼-고르바초프 모스크바 회동의 미스터리", 『월간 조선』(1995년 7월), 434-443쪽 참조; 세종연구소, 『한-러관계와 김영삼 대통령』, 1994년. 참조.

소련의 풍부한 자원과 한국의 상품 판매시장, 첨단 기술교류 등의 경제적 실익을 확보하는 경제적 외교다변화 전략의 성공적 추진을 의미하는 것이다.

이러한 한-소수교의 의미는 새로운 시장개척에 대한 경제계와 국민적 여망을 실현하고,44) 국민적 지지가 구현됨으로써 국가 동원체제를 형성할 수 있는 기초가 되었다. 이에 따라 북방정책의 추진을 위한 무역증진, 자본투자, 기술협력, 차관지원 등의 정책수단이 동원될 수 있었으며, 정책결정자에게는 국내적 지지와 통상외교의 성과, 국내적 경제계의 정책망을 확보하는 다중적인 정치적 동기를 충족시켜 주고 있었다.

둘째, 한-소수교는 한반도의 군사적 안정, 민족통일협상에서 이니시어티브를 확보하는 것이다. 한국의 정책목적은 중, 소의 동의 없이 독자적인 무력행동을 할 수 없는 북한을 제어하며,45) 또한 북한이 경제협력과 고립화를 막기 위해서는 남북대화의 장에 나서야 하며, 대화의 진전되어야 한다는 것을 받아들이도록 하고자 하는 것이다.46) 그리고 북한의 전통적 우방과의 수교로 인한 한국의 국제적 비준전략의 성공으로 외교적 우위가 확보되었다. 나아가 소련이 남북한 유엔동시가입이나 비핵화선언, 남북고위급 회담에 대한 지지와 북한을 설득하는 성과를 거두게 되었다는 것이다.

셋째, 한-소의 수교는 사회주의 동맹의 붕괴와 함께 한-중수교에

---

44) 정주영, 『시련은 있어도 실패는 없다』(서울: 제3기획, 1991), 239-45쪽.
45) 소련에 대한 30억 불 지원은 북한에 대한 군사원조를 하지 않는 조건으로 이루어졌다. 조갑제, "노태우의 육성 회고록"(1999. 5), 105쪽: 김종휘 외교안보 수석도 같은 답을 하고 있다. 안기석, "차세대 전투기 F18 결정했으며 더 큰 말썽 났다: 김종휘 전 청와대 외교안보수석 단독인터뷰"(1989. 9), 126쪽.
46) 조갑제, "노태우의 육성 회고록"(1999. 5), 100-1쪽.

대한 확신을 넓히고 있었다. 1988년 이후 소련의 대북 군사협력의 중
단되고, 소련 경제의 어려움과 정치적 불안은 소련이 먼저 수교일정을
정하는 양태로 나타났다. 한-소수교에 대한 북한의 반발을 무시하고
한-소수교가 이루어짐으로써 중국은 보다 자유로운 입장에서 한-중
관계로 격상시킬 수 있는 계기가 마련되었으며, 북한에 대한 자율성을
확보할 수 있게 되었다.

이러한 한-소 간의 국교수립은 북방정책의 중요한 전기가 되고 있
었지만, 한반도에서 남북한의 분단을 형성했던 당사자로부터 두 개의
국가를 공식적으로 확인하는 분단의 공식화이며, 북한의 핵무기 개발
등의 긴장조성 및 강요된 남북대화로 인한 문제점이 잠재하고 있었
다.47) 특히 소련과의 수교에서의 과다한 정책 비용의 지출이나 러시아
거주 해외동포에 대한 관심 부족,48) 과도한 경제협력의 기대감 조성으
로 비판을 받고 있다.49)

---

47) 임동원, 『남북한 관계의 현황과 전망』 서울대 행정대학원 고위정책과정
    및 총동창회, (1992), 20쪽.
48) 노태우 대통령은 모스크바 정상회담에서 러시아 거주 한인 지원 대책을
    러시아가 민족문제 발생가능성으로 반대했지만, 개별적인 동아시아로의
    이주와 연해주 개발에의 참여에 동의를 받아냈다고 지적하고 있다. 조갑
    제, "노태우의 육성 회고록", 전게자료, 92쪽.
49) 한국의 대소 직접투자가 기대만큼 증대되지 못하는 것은 수교나 투자보장
    등의 제도적 요인, 북한의 방해 등의 정치적 요인, 소련의 경제운영 방식
    의 체제적 요인과 기타 혹독한 기후와 열악한 자연조건, 노동력 부족 등이
    지적되고 있다. 정영록, "동북아 지역 경제협력 현황과 지역경제협력체 구
    성 전망", 서울대 국제문제연구소, 『논문집』 제15집, (1991), 76쪽; 김학수,
    (1991), 55-7쪽.

다. 중국과의 관계개선과 수교

대약진 운동의 실패로 인하여 심각한 경제위기를 겪고 있던 중국은 1978년 실용노선에 입각한 경제발전을 주요한 국가목표로 설정하는 등소평이 등장함으로써 개방과 개혁정책이 추진되게 되었다.[50] 등소평을 중심으로 하는 개혁세력은 이견과 갈등을 조정하면서, 단계적, 점진적으로 개혁과 개방을 실천해 가는 전략적 선택의 변화를 경험하게 되었다.[51]

중국의 사회주의 개혁노선은 사회주의초급단계론에 입각하여 "흰 고양이든 검은 공양이든 간에 고양이는 쥐를 잘 잡아야 한다."(不管是 白猫黑猫能够捉老鼠的是好猫)는 등소평의 정책의지에 의거하고 있었다. 중국은 1978년 2월 제4기 전국인민대표대회에서 1980년대의 주요 임무를 평화유지, 국가통일, 4개 현대화로 규정하고, 그 가운데 현대화 과제를 핵심과제로 설정하였다.[52] 중국의 현대화 과제는 경제적 개방과 함께 중국의 경제를 근대화시키는 것으로 평화적인 국제환경 조성이 필요했다.[53] 이에 따라 중국은 반패권외교정책에서 독립자주외교

---

50) 조한범, 『중국과 러시아의 경제체제 개혁 비교연구』(서울: 민족통일연구원, 1997), 10-11쪽.
51) "제11기 3중전회 이래의 당노선을 논함", 한양대 중소연구소, 『중소연구』 제11권 2호, (1987, 여름), 257쪽: 당내 노선갈등을 조정하는 등소평의 역할에 관해서는 서진영, "고뇌하는 중국적 사회주의", 『신동아』 별책부록 (1991.1), 160-172쪽. 참조.
52) 4개 현대화는 과학기술의 향상, 사회생산력의 증대, 국방의 강화, 인민의 문화생활개선이다. 소치형, 송영우,(공저), 『중국의 외교정책과 외교』(서울: 지영사, 1992), 82-3쪽.
53) 1992년 1월 楊尚昆은 "소련해체 이후 아-태 지역에서는 군사적 충돌 및 대치가 출현하지 않을 것이며, 현재 중국은 정력을 집중하여 현대화 건설을 추진 중에 있어 장기간 평화적 외부환경, 특히 주변의 평화적 환

노선으로의 전환을 신헌법을 통해 명문화하고, 주권과 영토보존의 상호존중, 상호불가침, 상호내정불간섭, 평등주의 평화공존의 5원칙을 견지하게 되었다.[54]

중국의 정치경제 개혁은 모택동 시절의 모순인 고도의 중앙집권적 관리체제의 모순, 비현실적 중공업 위주의 정책의 모순, 전민소유제 및 집단소유제의 비현실성을 극복하기 위한 현대화 노선으로 재정립하는 것이다.[55] 이러한 중국의 변화는 경제적 개방을 근간으로 하면서도, 공산당의 일당지배를 유지하는 점진적 개혁의 성격을 가지고 있었다. 이로써 중국은 1978년에서 1991년까지 연평균 GNP 성장률이 8.6%에 이르고, 1인당 수입 증가율이 7.6%에 이르는 괄목할 만한 성장을 하게 되었다.[56] 그러나 중국의 개방과 개혁조치는 1989년의 천안문 사태처럼 민주화를 요구하는 대중적 저항운동을 야기했으며, 이는 성장가도를 달리고 있는 중국의 부정적인 현상으로 권력 내부의 혼돈을 야기하기도 하였다.[57] 그러나 등소평을 비롯한 중국의 지도부

경이 요구된다"고 하였으며, 李鵬 국무원 총리도 1992년 1월 유엔 안보리 정상회의 연설에서 다시 반복하고 있다. 이영길, 『한중수교에 따른 국방대책』 한국국방연구소 연구보고 정92-706, (1992. 11.), 22쪽.

54) 중국의 독립자주외교노선 등 중국의 대외정책 기저에 관해서는 김병일, "중국의 대외정책과 대외관계", 경희대 사회과학연구소, 『사회주의 국가의 대외관계』(1992), 5-13쪽: 소치형, 송영우(공저), (1992), 11-33쪽.

55) 실용주의 노선에 대해서는 김달중, 『중공과 동북아질서』(서울: 인간사랑, 1988), 7-189쪽.

56) Statistical Year Book of China 1991 (Beijing: State Statistical Bureau, 1992), p.31.

57) 천안문 사태는 체제비판보다 개혁과정의 부정부패, 물가고 등의 경제적 불안과 빈부격차 증가 등 사회적 이완현상을 지적하고, 민주화 등 경제개혁을 촉구하는 것이었다. 그러나 이들 지식인과 학생들에 대한 대중적 지지가 급속히 확산되면서 정치적 사안으로 발전하였다. 중국 지도부는 소련 및 동구의 동요와 붕괴에 견주어 천안문 사태를 심각한 사안으로 받아

는 경제개발우선주의에 대한 정책엘리트의 합의로 인하여 경제적 개
방은 대외정책으로 이견이 없었다.[58]

한-중관계는 한반도의 해방 이후 중국의 공산화와 한국전쟁을 거치
면서, 한국-대만, 북한-중국의 대칭적 관계가 형성되어 진영외교와
적대관계가 설정되어 있었다. 그러나 중국의 유엔가입과 중-미, 중-
일 간의 화해협력 분위기, 한국의 6·23선언으로 상호 간의 적대감은
완화되기 시작하였으며, 국제기구를 통한 우편교류를 비롯한 단순한 접
촉이 이루어지고 있었다. 1978년 등소평의 복권으로 인한 중국의 경제
개발정책에 따라 한-중 간의 간접적인 경제교류가 1979년부터 시작되
었으며, 1981년 초에는 중국 및 제3국 주최의 사교 모임에서 양국 외교
관의 접촉을 허용했다. 그러나 중국은 북한에 대한 배려로 정치적 관계
형성을 거부하고 있었으며, 소련과는 달리 중국에서 개최되는 국제기구
행사에 한국의 참여를 제한하고 있었다.

그러나 등소평을 비롯한 중국의 정책엘리트들은 한국을 중국의 경
제개발 모델로 인식하고 있었으며,[59] 1983년 5월 중국 민항기납치사
건 처리를 위한 공식접촉과 정부관리들의 협상으로 상호 신뢰 구축이
진전되었다.[60] 이를 계기로 국제회의 및 국제체육대회 등 다자 간 행

들였다. 보수파는 개혁을 견제하였으며 등소평은 이를 일정하게 수용하여
완급을 조절했다. 이에 대해서는 Jacob Kovalio, "The 1989 Tinanmen
Squar Incident", *Asian Perspective*, Vol.15. no.1, (1991), p.5-36; 서석
홍, "중소의 대내경제개혁 비교연구", 한양대 중소연구소 『중소연구』 제16
권 1호, (1992. 봄), 100쪽.
58) 서재진 (외), (1993), 380쪽.
59) 1980년 12월 14일 그리스 공산당 기관지 『아브기』 편집장이 胡耀邦 서기장
과 회견 시 중국개방정책은 유고, 루마니아, 한국의 경험을 토대로 한다고
밝히고 있으며, 북경사회과학원 내 조선경제연구소가 발족되어 한국경제발
전 모델을 연구하고 있었다. 한양대 중소문제연구소, 『중소연구』 제5권 3-
4호, 1981. 28쪽.

174

사에 상호 참가 등 비정치 부문에서의 교류가 이루어지고, 정부 차원
의 비공식 상설 교섭 채널이 형성되었다.[61] 특히 1986년 9월 서울에
서 개최된 제10회 아시안게임에 중국이 북한의 불참에도 불구하고
600여 명의 대규모 선수단을 파견함으로써 양국 국민 간 상호 이해의
폭을 확대시켰다.[62]

이러한 양국 간의 관계가 제6공화국이 성립과 88서울올림픽을 계기
로 한-중교역이 직접무역으로 공식화되면서 교역량이 급격히 증대되
기 시작하였다. 또한 경제협력관계도 기존의 300만 불 이하의 투자가
대부분인 규모의 영세성, 동북 3성에 집중된 지리적 편중성, 노동집약
적이고 가격경쟁력을 상실한 사향산업 중심에서 규모 확대, 지리적 확

---

60) 1983년 Hijack Diplomacy와 1985년 Torpedo Diplomacy는 "한국 정부가
   중국의 국익을 고려하여 공정하게 행동하고 있으며, 한국의 이미지도 문
   제해결의 결단력과 외교적 능력을 가진 나라"라는 인식을 심어 주었다.
   Chae Jin Lee, *China and Korea: Dynamic Relations* (Stanford: Hoover
   Institute Press, 1996), p.110; 직접교섭을 위한 미-일의 지원과 알선에
   대해서는 황명수, "한-중경제교류와 전망", 김윤환 (외), 『전환기의 중국
   경제』(서울: 집문당, 1992), 285쪽. 참조; 한-중 간의 국민들의 상호 인
   식의 제고에 대해서는 이기택, "한중공 대화의 길은 열렸는가", 『신동아』
   (1983. 6), 80-88쪽; 진영수, "한중공 서울대좌의 의미", 『경향문화』
   (1983. 6), 98-101쪽. 참조.
61) 1983년 이후 문화학술교류 허용, 직접무역 허용, 제한적 비정부 간 교섭
   으로 발전한 중국의 태도 변화(about-face)가 이루어져, 한국은 정부
   차원의 교류를 본격화하도록 했다. 금희연, "한-중관계의 특성과 한계",
   김달중, 『한국의 외교정책』(서울: 오름, 1998), 424쪽.
62) 외무부, (1990), 208쪽; 중국은 올림픽 직전 한국국적기의 중국 영공통
   과를 허가하고, 1989년에는 중국『인민일보』에 한국 상품 광고를 허가하
   였다. 인천, 부산에서 상해, 전진, 대련 간 정기 해운 항로가 개통되고,
   1990년에는 인천-위해 간 정기여객선과 천진까지의 전세항공기가 취항
   하여 교류와 접촉의 장애가 제거되었다. 금희연, "한-중관계의 특성과
   한계", 김달중, 『한국의 외교정책』(1993), 437-8쪽.

산, 다양한 산업으로 확대 등의 변화가 있었다.[63]

〈도표 V-6: 한국-중국과의 무역: 1979-1993〉

년도	1979	1980	1981	1982	1983	1984	1985	1986
전체	557	4,099	7,462	9,780	7,418	22,210	51,873	74,424
수출	-	1,542	463	632	4,84	1,694	4,033	12,347
수입	557	2,557	6,998	9,147	6,934	20,516	47,840	62,076
년도	1987	1988	1989	1990	1991	1992	1993	
전체	107,699	175,894	214,189	285,299	444,305	637,858	907,973	
수출	21,102	37,225	43,735	58,485	100,251	265,363	515,099	
수입	86,597	138,669	170,454	226,813	344,054	372,494	392,874	

* 단 위: 천 달러
* 자 료: 한국무역협회, 『무역통계』(1994), 9쪽

중국은 제6공화국 성립 이후 한국과 관련되어 대외경제개방정책을 꾸준히 추진하고 있었다. 지방정부를 중심으로 하는 대외개방과 연안에서 내륙으로 개방의 영향을 확대시켜 동북 3성을 발전시키는 중국의 '沿海地域經濟開發戰略'과 '國際大循環戰略'을 채택하고, 이를 위한 한국의 협력을 요청하고 있었다.[64] 그리고 중국은 원재료를 많이 수입하고, 가공제품을 많이 수출한다는 大陳大出 산업전략을 채택하여, 노동집약형 산업을 진흥하여 신흥공업경제군(NIES)과도 상호 보완관계를 구축하며, 환태평양 지역의 플러스 순환을 지속시키는 개발전략

63) 투자양태에 관해서는 Jae Ho Chung, "South Korea-Chain Economic Relations: The Current Situations", Asian Survey, Vol.28, No.10(1988), pp.1031-48; 정영록, "동북아 지역 경제협력 현황과 지역경제협력체 구성 전망", 서울대 국제문제연구소, (1991), 75-6쪽; 한국의 중국 진출은 홍콩, 싱가포르, 대만과의 경쟁을 고려한 선점전략의 필요성에 관한 지적은 김화섭, "중국 산동성- 새로운 신라방의 가능성과 한계", 『공산권 경제』 제1권, 제2호, (서울: 산업연구원, 1988), 7-8쪽. 참조.
64) 『經濟日報』, 1988. 5. 18.

을 제시하고 있었다.[65]

〈도표 V-7: 한국의 대중국 투자 추이〉

구 분	1988년	1989년	1990년	1991년	계
건 수	2	9	38	112	161
금 액	435	650	5,632	7,856	14,573

* 자료: 『중앙일보』, 1992년 2월 5일. 재무부 자료, 한국 정부인가기준

그러나 비정치적인 한-중관계의 발전에도 불구하고 중국은 한-중
관계가 정치적 관계로 발전하는 것을 거부하고 있었다.[66] 노태우 대
통령은 취임 이전에 중국방문 희망 의사를 밝혔으며,[67] 박철언 정책
비서관의 중국 방문을 통해 올림픽 참여 및 관계개선의 의지를 적극
적으로 나타냈으며, 국가관료들의 접촉을 통해서 한-중관계의 발전적
모색을 적극적으로 추진해 왔다.

중국은 한국과의 단계적이고 점진적인 관계발전을 희망하고 있었다.
중국의 지방정부와 한국의 경제계와의 교류가 증대되면서, 한-중관계
는 제도화 단계에 진입하게 되었다.[68] 1990년 10월 21일 한국의 무역

65) 주건, "옳은 장기발전전략을 선택하라 —국제대순환 경제발전전략 구상
   에 관하여", 『經濟日報』 북경, 1988년 1월 5일, 재인용: 이 점에 관해서
   는 野副伸一外, "中國の開放政策と朝鮮半島", 小牧輝夫編 『朝鮮半島—
   開放するアジアと東北 南北對話』(東京: アジア經濟研究所, 1986) 및 渡
   邊利夫, 『新朝流—西太平洋のダイナ=ズムと 社會主義』(東京: 中央公論
   社, 1990), 참조.
66) Pollak, Jonahan D., "China's Perceptions of The East Asia Security
   and Development", ORBIS (Winter, 1986), p.790: 김광용, "중소의 대
   한반도 정책 비교연구", 한양대 중소연구소, 『중소연구』 통권 53호,
   (1992, 봄), 227-9쪽.
67) 김병일, "중국의 대외정책과 대외관계", 경희대 사회과학연구소, 『사회주
   의 국가의 대외관계』(1992), 참조.

진흥공사(KOTRA)와 중국의 중국국제상회(CCOIC) 간의 무역대표부
가 교환설치합의서 및 양해각서에 서명하였다.[69] 이는 형식적으로 민
간 차원의 대표부였지만, 실지로 주재국 정부와의 접촉을 비롯한 사증
발급업무까지 담당하는 준정부기구로서, 1991년 1월에 한국의 주북경
대표부가 설치되었으며, 4월에는 주한중국대표부가 개설되었다.[70] 이
러한 제도화의 추진은 한국의 강력한 요구에 의한 것으로 무역 및 관
광 등의 물적·인적교류가 증대되면서 양국관계의 제도화에 대한 요
구에 대응하는 것이었다.

그리고 중국의 대한반도 정책의 변화는 한국의 유엔 동시가입을 추
진하면서 시작되었다. 중국은 공식적으로 북한의 통일방안이나 대외정
책을 지지하고 있었다. 그러나 중국은 1991년 9월 한국이 제의한 남북
한 유엔동시가입안을 지지하고, 나아가 북한을 설득함으로써 중국의
남북한 균형외교는 한국으로 기울어지고 있었다. 또한 1991년 11월에
한국 주선으로 APEC에 중국과 대만, 홍콩이 가입가게 되었으며, 외
무장관 회담 개최 등 정치적인 제도화의 단계에 진입하고 있었다. 한
-중 양국은 1992년 초에 최혜우국 대우를 보장하는 한-중무역협정
을 체결하였으며, 1992년 8월 24일 이상옥 외무장관의 북경방문으로
한-중수교가 합의되고,[71] 1992년 9월 말 노태우 대통령의 중국방문

---

68) 1988년 8월과 6월에 한국의 경제대표단이 산동성과 요녕성을 방문, 8월
    과 11월에는 산동성과 요녕성의 대표단이 방한하였다. 그 후 양성의 무
    역사무소가 서울에 개설됨으로써 가속화되었다.
69) 외무부, 『외교문제해설』 92-7, (1992. 4. 24), 2쪽.
70) 대외적으로는 공무원의 직명을 사용하지는 않았지만, 무역, 통상, 과학,
    기술협력, 영사업무와 정부 간 연락업무 등을 처리하며, 직원 수를 20명
    이내로 하였다. 『서울신문』, 1990년 10월 21일.
71) 1992년 4월, UN 아-태사회경제위원회(ESCAP), 총회참석을 위해 북경
    을 방문한 이상옥 외무장관이 양국관계의 정상화 필요성을 제기하고, 전
    기침 중국외교부장이 국교수립 교섭을 하자는 일정을 제시하였다. 이에

과 수교협정이 체결되었다.

한-중수교는 북방정책에서 사회주의 국가와의 외교적 관계 수립이 완성되는 것이다.[72] 그리고 양국 간에 비정상적인 관계를 청산하고, 호혜·평등에 입각한 선린협력관계를 발전시킬 수 있는 기반을 구축하는 것이었다. 또한 정책결정자의 강력한 의지에도 불구하고 외교관계 수립 지연으로 인하여, 여타 분야의 제도화는 김영삼 정권이 출범한 이후에 이루어졌다.[73]

이렇게 한-중수교가 가장 늦게 진전된 이유는 북한에 대한 배려와

따라 서울과 북경에서 4회(5월 13일~15일, 6월 2일~3일, 6월 20일~21일, 7월 29일)에 걸쳐 4개월간 교섭이 이루어졌다. 공보처, 『제6공화국실록』 제5권, (서울: 공보처, 1992), 419쪽.

72) 대한민국과 중화인민공화국 간의 외교관계 수립에 관한 공동성명의 전문 내용은 1. 대한민국 정부와 중화인민공화국 정부는 양국 국민의 이익과 염원에 부응하여 1992년 8월 24일자로 상호 승인하고 대사급 외교관계를 수립하기로 결정하였다. 2. 대한민국 정부와 중화인민공화국 정부는 유엔헌장의 원칙들과 주권 및 영토보전의 상호존중, 상호불가침, 상호내정불간섭, 평등과 호혜 그리고 평화공존의 원칙에 입각하여 항구적인 선린우호협력 관계를 발전시켜 나갈 것에 합의한다. 3. 대한민국 정부는 중화인민공화국 정부를 중국의 유일합법정부로 승인하며 오직 하나의 중국만이 있고 대만은 중국의 일부분이라는 중국의 입장을 존중한다. 4. 대한민국 정부와 중화인민공화국 정부는 양국 간의 수교가 한반도 정세의 완화와 안정 그리고 아시아의 평화와 안정에 기여할 것으로 확신한다. 5. 중화인민공화국 정부는 한반도가 조기에 평화적으로 통일되는 것이 한민족의 염원임을 존중하고 한반도가 한민족에 의해 평화적으로 통일되는 것을 지지한다. 6. 대한민국 정부와 중화인민공화국 정부는 1961년의 외교관계에 관한 빈협약에 따라 각자의 수도에 상대방의 대사관개설과 공부수행에 필요한 모든 지원을 제공하고 빠른 시일 내에 대사를 상호 교환하기로 합의한다. 이조원, "최근 한-중수교가 남북한 관계에 미칠 영향 분석" 공안 문제연구소『공안연구』(1992. 10), 100쪽.

73) 외무부, 『외교문제해설』 93-18. (1993. 11. 8), 참조; 김영삼 정권에서의 한-중관계의 제도화는 외무부, 『외교백서』(1994), 109쪽. 참조.

국내의 원로 정치지도자들과의 관계에 기인한다. 초기 북한은 한-중 경제교류에 반발을 보여 왔지만, 중국의 설득을 받아들였다.[74] 그동안 중국은 내정불간섭 및 정경분리원칙에 따라 한국의 외교관계 수립요구를 견제하고, 북한에 대한 식량 및 군사원조, 북한의 고립화 방지를 위한 외교적 지원,[75] 북한에 대한 개방 및 개혁의 설득이라는 긴밀한 우호적 관계를 유지하고 있었다. 한-중수교 이후에도 중국은 북한의 경제상황을 고려하여 에너지 및 식량을 지원할 것임을 사전에 알렸으며, 군사협력도 한국과의 균형외교를 위해 조-중상호원조조약 내용 자체를 개정하지 않을 것은 분명히 하고 있었다.[76]

　북한에 대한 배려에도 불구하고, 중국은 한-중수교사실의 비밀을 요구하고 있었다.[77] 중국의 원로 보수세력들은 한-중수교에 부정적인 인식을 하고 있었으며, 전통적 관계를 중시하는 중국의 외교시각에서 북한의 고립화를 반대하고 있었기 때문이다.

---

74) 1980년대 후반에 들어서면서 중국은 한-중 경제관계에 대해 양해를 표시하였으며, 북한은 이를 받아들였다. 정세균, "북방정책에 대한 북한의 반응" 한국국제정치학회, 북방정책에 관한 특별하계학술대회, (1989. 8. 25), 1쪽.

75) 1991년 5월 이봉은 평양방문에서 중국은 1개 민족, 1개 국가 양개체제에 기초한 김일성의 고려연방제를 지지하고, 북한의 고립화로 인한 모험주의를 우려하여 당시도 한국의 유엔 단독가입에 반대했다. 『인민일보』, 1991. 5. 6. 재인용.

76) 한-중 양국이 상호불가침원칙에 합의함으로써 1961년 체결된 중국-북한 간의 '우호협력및상호원조조약'의 군사협력 성격은 퇴색되었으며, 조약 제2조의 '자동개입조항'은 사문화된 것으로 평가된다. 이조원, "최근 한-중수교가 남북한 관계에 미칠 영향"(1992. 10), 101쪽.

77) 중국은 북한의 반발, 한국의 대만의 반발을 우려하고 있다는 이해의 일치로 중국의 요구가 받아들여졌다. 조갑제, "노태우의 육성 회고록"(1999. 5), 112-113쪽: 북한의 영향으로 인한 장애 사례는 홍권희, "중국 바람에 설레는 재계 풍향", 『신동아』(1993. 3), 374-5쪽.

한-중관계는 이러한 장애에도 불구하고 점진적인 변화과정을 거쳐 수교에 이르게 되었다. 이러한 한-중수교의 촉진 요인들을 살펴보면, 첫째, 한국의 정책엘리트의 정치적 동기에 기인한 적극적인 실천 의지에 기인하고 있었다. 제13대 대통령 선거 기간 동안 집권당의 노태우 후보는 중국 방문의사를 밝히고 있었으며, 선거 기간 동안 서해안 개발 사업을 공약으로 제시하고 있었다. 그리고 '21세기를 열 최우선국가사업'으로서 지역균형개발을 통한 지역감정 해소라는 국내 정치적 목적으로 '서해안개발추진위원회'를 1988년 5월에 발족시켰다.[78] 또한 올림픽을 계기로 박철언 정책담당보좌관이 대통령특사로서 중국을 방문하여 올림픽 안전보장과 무역촉진 등에 관해서 중국 정부당국자와 협의했다.[79] 관련 국가관료들이나 입법부 의원들의 적극적인 노력으로 한-중관계가 심화되었다.

이러한 정책엘리트들의 노력은 국가이익이라는 정책목적에도 기인하지만, 자신의 정치적 입지와 국민적 지지를 획득하고자 하는 노력 그리고 임기 내에 성과를 실현하려는 정책의지 그리고 국민들의 북방

---

78) 1988년 4월 제13대 총선거에서 제1야당으로 발전한 평화민주당의 김대중 총재도 선거 직후 서해안 개발사업에 대한 적극적인 지지와 함께 독자적인 대공산권 야당외교의 추진을 목표로 하면서 동시에 정부와도 협력할 용의가 있다는 것을 밝혔다. 『동아일보』, 1988년 4월 29일: 기타 경부고속철도 사업도 북방정책을 염두에 둔 국책사업으로 일본-한국의 해저터널 연결 및 평양-신의주-시베리아-유럽으로 연결되는 것이며, 이러한 구상에 따라 서방 국가들의 입찰 경쟁이 심화되었으며, 영종도 국제공항 사업도 그 일환이라고 밝히고 있다. 조갑제, "노태우의 육성 회고록"(1999. 5), 87쪽.

79) "1988년 8월에 필자를 비밀리에 소련에 파견, 대소련관계개선의지를 소련지도층에게 직접 전달하는 등 (노태우 대통령은), 다양하고 적극적인 이니셔티브를 취해왔다."고 토로하고 있다. 박철언, "한소정상회담 이후, 북방정책의 과제", 『신동아』(1990. 9), 참조.

열기[80])와 함께 상호 작용을 통해서 추진 동인이 되었다. 특히 한-소 수교를 통해 북방정책의 성공이 가시화되고, 한-중수교가 기정사실로 인정됨으로써 국민적 관심과 정책참여자들이 참여열기가 높아졌다. 선점 경쟁하는 정책참여자들의 북방열기로 북방정책에 대한 정책엘리트의 독점을 강화시켰으며, 그 집행 속도를 높이게 하였다.[81])

둘째, 경제 부문의 대중수교압력 및 실질적인 교류협력의 제도화 요구는 한-중수교를 촉진시키고 있었다. 1980년대 중반의 개별기업들의 진출이 확대되면서 경쟁이 가열되자 1988년 6월에 관민합동의 '한-중경제협력위원회'가 결성되고, 정부는 경제관계를 제도화시키기 위하여 '가능한 한 정부로서도 지원해 나가는 자세'[82])를 표명했다. 그러나 한-중경제교류의 문제점인 간접무역형태[83])나 한국상품에 대한 차별적 고율 관세문제, 비교적 장기간의 상용비자 발급문제, 직항공로 개설문제, 그리고 한국기업의 중국진출을 촉진하기 위한 투자보장협정 및 이중과세방지협정 체결 등의 문제가 해결되지 못하고 있었다.[84])

중국 지도부의 정경분리 원칙과 제도화의 지연으로 인하여 이미 진출했던 기업들은 자구책으로 중국의 지도부와 대화통로를 마련하고

---

80) 『조선일보』, 1989. 2. 11.: 안병준, "한-중관계의 전개", 최종기 (편), (1988), 145-7쪽. 참조.
81) 김광용, " 중소의 대한반도 정책 비교연구"(1992. 봄), 229쪽.
82) 『日本經濟新聞』, 1999. 5. 16.
83) 직교역 비중은 1989년 39.2%에서 1991년에는 59.7%, 1992년 상반기에는 65.7%로 높아졌다. 이조원, "최근 한-중수교가 남북한 관계에 미칠 영향"(1992. 10), 105쪽; 이상준, "한중 교역의 결정요인의 변화와 우리의 대응책"(1989. 8), 북한경제와 남북한 경제교류·협력에 관한 국제회의 발표논문, 14-15쪽.
84) 1990년 11월부터 한국 정부(한국토지개발공사)가 추진하고 있는 중국 내의 한국전용공단추진계획을 수립하여 집단화된 시설로 문제를 해결하는 방안을 마련하기도 했다. 김학수, (1991), 88쪽.

있었으며, 이들의 대화통로는 제6공화국에 들어서 한-중수교를 위한
대화통로로서 우호적인 정책망으로 발전하게 되었다. 경제 부문의 제
도화 요구는 한-중수교를 촉진하는 요인으로 기능하고 있었으며, 한
국에 대한 우호적인 이미지를 형성하는 데 주요한 역할을 수행하고
있었다. 중국의 입장에서도 기존의 경제교역 규모를 고려할 때, 제도
화에 대한 요구가 높았으며, 상대적으로 북한과의 일방적 관계 유지가
중국의 국가이익에 도움이 되지 않았기 때문이다.[85]

셋째, 한-중 국교정상화는 양국의 관계를 규정할 뿐만 아니라, 국
제정책환경에 심각한 영향을 미칠 수 있기 때문에 미국, 일본, 소련을
비롯한 북한의 주목을 받고 있었다. 이러한 동북아에서의 4대 강대국
의 관계는 한-중수교를 촉진하는 요인으로 작용하고 있었으며, 관련
국가들의 적극적인 협력도 가능했다.

제2절 우회전략을 통한 남북한 관계의 변화

가. 남북한의 통일정책과 북방정책

정부수립 이후 한국의 대외정책의 목적은 남북한의 갈등을 전제로
한 체제경쟁에서의 승리와 생존을 위한 대책이었다. 따라서 남북통일
은 대외정책을 하위개념으로 설정하여, 국내적 정치적인 최고의 목적
으로 설정되었다. 그러나 남북통일은 일관되게 정책기조로 유지되었지

---

85) 중국 지도부는 한-소수교와 중-북관계의 긴밀화는 중국의 한반도에
   대한 영향력 축소로 인식했다. 김광용, "중소의 대한반도 정책 비교 연
   구"(1992, 봄), 228-30쪽.

만, 시대조류와 국내 정치적 목적에 의하여 실천적 우선순위가 역전되
거나 무시되기도 하였다. 당위로서의 통일과 현실로서의 통일은 갈등
을 일으키며, 당위로서의 통일만이 일관되게 유지됨으로써 현실적인
국가의 주요 정책은 대외정책으로 발전해 온 북방정책에 비하여 실천
의 하위정책으로 설정되고 있었다.

  그러나 제6공화국의 북방정책은 남북대화를 통하여 평화공존과 자
유왕래가 도래하게 되는 단계를 넘어 평화적 통일을 달성하는 것을
목적으로 하고 있다.[86] 즉 북방정책은 체제경쟁을 넘어 평화공존과
남북대화 그리고 통일협상을 포괄하는 개념으로 설정되고, 통일의 당
위성이 최고의 목적으로 설정되었다. 따라서 대외정책은 통일을 위한
수단적 의미를 가지면, 통일정책은 북방정책의 상위의 개념으로 변화
되고 있다. 특히 사회주의 국가와의 수교는 북한에 이르는 우회전략이
며, 북방정책은 통일을 위한 징검다리로서 인식되었으며, 국민의 통일
에 대한 갈망이 높아짐으로써 북방정책의 이러한 개념적 범주화는 정
책목적이 가지는 공공재로서의 성격을 강화하고 있었다.

  이러한 관점에서 북방정책을 개념적으로 범주화하면, 남북한의 통
일은 북방정책의 최상의 목표이며, 과정으로서의 사회주의 국가들과의
관계개선이나 남북대화는 북방정책의 집행과정이며 성과이다.[87] 그리
고 남북한의 진영외교와 이념적 대결을 완화시키는 국제 환경과 분단
체제를 재구성함으로써 통일에 이르는 것으로, 평화공존의 단계와 화

---

86) 박철언, "한반도 정세와 통일에의 길", 북방정책과 한－소관계세미나,『민
    족지성』, 1991. 4. 125쪽.
87) 한국의 통일정책은 남북관계의 차원과 국제적 협력과 보장이라는 양 차
    원에서 실천적으로 추진되는 것으로 설정하고 있다. 김달중, "동북아 세
    력구조변화와 한반도 평화 제도화", 외무부 특정정책추진특별반, (1989),
    53쪽.

184

해와 협력의 단계, 통일의 단계에 이르는 단계적 전략을 수립하고 있다. 그리고 대상 영역으로서 사회주의 국가와의 적극적인 관계개선을 통해서 남북한 관계를 진전시킨다는 인과적 관계를 설정하고 있는 것이다.88) 이러한 중복된 정책목적과 대상은 전략에 있어서 시차적 대응과 성과의 전이과정을 밟게 됨으로써 사실상 통일은 당위로서의 북방정책이며, 사회주의 국가와의 관계개선은 현실상황으로서의 북방정책이 된다.

따라서 정책엘리트는 남북한 관계가 호전되는지에 무관하게 통일방안이나 남북대화를 제의하며, 국민의 통일 요구는 정책결정자로 하여금 선택적으로 통일정책을 극도의 유화책이나 강경책에 머물도록 했으며, 정책의 의도를 정치적 동기에 의해서 추진되는 경향을 만드는 것이다.

북방정책과 통일정책의 개념적인 인과적 상호 작용을 전제로 하여 제6공화국 통일정책의 선택과 추진과정의 의미를 살펴보고자 한다. 탈이념화와 국가이익을 우선하는 국제관계가 전개되고, 동북아에서 4대 강국의 군사적, 정치적 대치분위기가 완화되고 있었다. 한국은 88서울올림픽을 계기로 외교적 지평을 확대할 수 있는 기회를 맞게 되었지만, 88서울올림픽의 단독 개최로 인하여 남북대화는 진전될 수 없었다. 특히 진영외교에 의존하던 북한은 사회주의 경제블록의 붕괴, 중－소 간의 화해로 인한 등거리외교의 한계, 동유럽 사회주의 국가의 탈이념화 경향, 동북아 국가들의 평화 안정 희구 및 현상유지전략으로 인하여 국제무대에서 고립화되고 있었다. 북한은 국내적으로도 김정일

88) "북한을 양파껍질 벗기듯이 저 둘레서부터 벗겨 나가자, 그래서 완전히 개방이라는 여건만 되면 통일된 것이나 마찬가지다."로 표현하고 있다. 조갑제, "노태우의 육성 회고록"(1999. 5), 82-83쪽.

로의 권력계승이 안정되게 추진되고 있었지만, 경제 개방정책의 실패
와 교차승인을 대비하는 대외정책 추진의 실패로 인하여 난관에 봉착
하고 있었다.

국내정책환경을 보면 제6공화국의 노태우 정권의 정통성 시비가 지
속되고, 민주화 조치가 추진되고 있었지만, 반지배연합은 민주화 및
통일에 대한 요구를 확대시키고 있었다. 특히 제6공화국은 흑자기조와
경제성장을 바탕으로 선진경제로의 발돋움을 기대할 정도로 경제발전
이 이루어짐으로써 북한과 대비되고 있었다.

〈도표 Ⅴ-8: 남북한 경제력 비교: 1980-1993〉

구 분		1980	1981	1982	1983	1984	1985	1986	1987	1988	1989	1990	1991	1992	1993
GNP (억$)	한국	603.0	662.0	693.0	760.0	824.0	834.0	1,027	1,284	1,692	2,112	2,422	2,817	3,057	3,308
	북한	135.0	135.6	136.0	144.2	147.2	151.4	174.0	194.0	206.0	211	231	229	211	205
	비교	4.47	4.88	5.09	5.25	5.59	5.51	5.90	6.62	6.62	10.0	10.5	12.3	14.5	16.1
1인당 GNP ($)	한국	1,589	1,719	1,773	1,914	2,044	2,047	2,296	2,826	4,040	4,994	5,659	6,518	7,007	7,513
	북한	758	746	735	765	762	765	860	936	980	987	1,064	1,038	943	904
	비교	2.09	2.30	2.41	2.50	2.68	2.68	2.76	3.02	4.12	5.1	5.4	6.3	7.4	8.3
경제성장비율 (%)	한국	-4.8	5.9	7.2	12.6	9.3	7.0	12.9	13.0	12.4	6.8	9.3	8.4	5.0	5.8
	북한	1.7	2.5	12.2	12.2	2.7	2.7	2.1	3.3	3.0	2.4	-3.7	-5.2	-7.6	-4.3

*자료: 1. GNP, 1인당 GNP, 88년까지 통일원, 『분단 45년 남북한 경제의 종합적 비교분석』(1990), 51쪽: 89년부터 한국개발연구원, 『북한경제지표집』(1996) 31쪽.
    2. 경제성장률은 88년까지 황의각, 『북한경제론』(서울: 나남, 1992), 142-5쪽: 89년부터 한국개발연구원, 『북한경제지표집』(1996), 32쪽.

또한 한국은 진영외교를 넘어 중국 및 소련과 비정치적인 인적·물
적 접촉과 교류가 강화되고, 동유럽 국가들과의 수교협상이 본격화되
고 있었다. 그러나 교차승인을 공식적으로 거부하고 있는 북한은 미국
에 의하여 1980년대 중반부터 테러국가로 지정되고, 경제교류의 확대
되지 못함으로써 국가적 위상의 추락, 외교적 고립이 심화되고 있었

다. 특히 자체적으로 합영법을 제정하고, 외국인 투자를 유치하기 위한 제도적 변화를 도모하면서 자본주의 요소를 도입하고 있었던 북한은 개혁정책이 성과를 거두지 못함으로써 남북한의 체제경쟁에서 수세적인 입장이 있었다.[89]

〈도표 V-9: 북한의 외국인 투자 현황〉

구 분	1985	1986	1987	1988	1989	1990	1991	1992	1993	합계
투자 기업 수	4	8	22	17	21	4	17	21	2	116

* 자료: 한국개발연구원, 『북한경제지표집』(1996), 169쪽.

나아가 사회주의 진영 내부의 경제교류 및 협력관계가 붕괴됨으로써 북한은 소련을 비롯한 중국의 특혜적 경제지원이 축소되어 식량 및 에너지 위기에 봉착하고 있었다. 특히 대안으로서 서방국가들과의 교류의 비중은 증대하고 있었지만, 국가 이미지의 부정적 인식, 개방에 대한 불확실성으로 인하여 절대적인 교역량의 증가가 이루어지지 못함으로써 성과를 거둘 수 없었다.

〈도표 V-10: 북한의 사회주의 국가와의 교류현황〉

구 분	1970	1975	1980	1985	1986	1987	1988	1989	1990	1991	1992	1993	1994
총 무역액	8.1	19.1	34.2	30.9	35.7	40.6	52.4	48.0	46.4	27.2	26.2	26.4	21.1
무역수지	-0.7	-2.7	-3.0	-4.7	-5.5	-7.2	-11.8	-9.8	-6.0	-7.0	-6.2	-6.0	-4.3
사회주의국가 무역비중	76.1	57.4	53.8	61.4	74.0	69.8	72.0	72.1	72.4	38.2	38.7	47.9	36.6
기타 국가 무역비중	23.9	42.6	46.2	38.3	26.0	30.2	28.0	27.9	28.6	61.8	61.3	52.1	63.4

* 자료: 한국개발연구원, 『북한경제지표집』(1996), 150-153쪽.

89) 총 외국인 투자 가운데 일본이 87.1%인 101개 기업이 북한에 진출하고 있으며, 소련 및 중국, 폴란드의 9개 기업을 제외하면, 사실상 자본주의 국가의 기업은 프랑스, 홍콩, 호주, 미국, 이탈리아가 각각 1개씩의 기업이 진출하고 있다.

북한은 남북한의 경쟁으로 인하여 체제유지를 위한 군사적 긴장의 고조필요성을 인식하고 있었지만, 군사력 유지를 위한 재정 부족과 한국과 대비하여 군사비 지출의 상대적 열세, 군비역량에 있어서도 비교우위가 역전되었다. 경제력과 군사력의 상대적 열세는 북한이 국제적 고립과 정책목적 달성을 더욱 어렵게 하는 원인이 되고 있었다.

〈도표 V-11: 남북한 군사비 지출 비교〉

구 분(연도)		1965	1970	1975	1978	1980	1985	1987	1988	1989	1990	1991	1992	1993
한국	군사비규모(억 불)	1.1	3.2	9.6	25.5	37.0	43.0	59.8	75.9	91.8	96.8	105.9	111.9	119.2
	GNP대비율(%)	3.7	4.0	4.6	5.0	6.1	4.8	4.6	4.4	4.3	4.0	3.8	3.7	3.6
북한	군사비규모(억 불)	6.1	9.9	20.2	24.9	33.9	35.0	42.2	44.2	44.9	49.6	51.3	55.4	56.2
	GNP대비율(%)	32.1	30.9	31.1	23.7	25.1	23.1	21.8	21.5	21.3	21.5	22.4	26.3	27.4
남북 군사비 대비율		0.2	0.3	0.5	1.1	1.1	1.2	1.4	1.7	2.0	2.0	2.1	2.0	2.1

* 자료: 한국개발연구원, 『북한경제지표집』(서울: KDI, 1996), 75-76쪽.

제6공화국은 이러한 정책환경을 바탕으로 통일방안을 제시하게 된다. 제6공화국은 7·7선언, 대통령의 유엔총회연설, 제43주년 광복절 경축사 등을 통해서 구체적이고 체계적인 민족 통일방안을 단계적으로 발표했다. 그러나 국민적 통일 요구의 급증과 학생운동을 비롯한 야당과 재야 민간단체들이 통일방안에 대한 논쟁[90]을 통해 정부의 독점적 통일정책

---

90) 제1야당인 평민당의 공화국연방제는 김대중, "공화국 연방제 통일의 제창", 김대중, 『공화국 연합제』(서울: 학민사, 1991), 197-204쪽; 제2야당인 민주당의 3단계 통일방안은 이인제, "통일민주당의 통일정책 및 방안", 김낙중, 노중선(편), 『현단계 제통일방안』(서울: 한백사, 1989), 89-97쪽; 박관용, "한민족연합체통일방안", 박관용(편), 『통일문제의 이해』(서울: 한얼, 1988), 참조; 제3야당인 공화당의 통일방안은 "평화통일정책의 기본 방향", 박관용(편), 『통일문제의 이해』(서울: 한얼, 1988), 188-99쪽 참조; 재의 경우에는 대표적인 한국기독교교회협의회와 백기완, 문익환 등의 통일방안은 강문규, "민족통일에 관한 한국기독교교회협의

188

결정을 비판하고 있었다. 특히 1988년 8·15경축에 대비하여 재야 및 학생운동 세력의 반합법성 운동에 대응하여 정부도 서둘러 7·7선언을 발표하고, 자유로운 대북 접촉의 불허와 정부 중심의 통일논의와 통일정책을 굽히지 않았다.[91]

이러한 과정에서 제6공화국은 정부 차원의 통일방안 마련을 위하여 공청회 개최 등의 다양한 의견수렴 절차를 거쳐서 1989년 9월 11일 한민족공동체통일방안을 발표하였다.[92] 한민족공동체통일방안은 제5공화국의 통일방안을 수정하고, 7·7선언의 정신을 구체화시킨 것으로 국민의 통일 요구에 대응, 국민적 합의를 통한 통일정책 추진의 필요성, 북방정책에 따른 남북대화의 필요성과 통일방안의 모색을 통한 정치적 상징화 및 시대변화에 따른 실천전략을 마련하고자 하는 정책의도를 가지고 있었다. 이러한 통일방안의 구체화는 현실상황을 반영하는 노태우 정권의 전략적 선택이며, 북방정책의 구체화라는 의미를 가

　　　회의 입장", 김낙중, 노중선(편), 『현단계 제통일방안』(서울: 한백사, 1989), 57-160쪽; 문익환 "연방제 통일의 3단계 과정", 『사회와 사상』 (1988. 9.), 70-71쪽; 백기완, 『통일이냐 반통일이냐』(서울: 형성사, 1987), 참조.

91) 박상변, "북방정책의 평가: 사회적·문화적 측면", 서울대 국제문제연구소, (1991), 27쪽.

92) 한민족공동체통일방안은 첫째, 남북대화의 추진으로 신뢰회복을 해가며, 남북정상회담을 통해 민족공동체 헌장을 채택하고, 둘째, 남북의 공존공영과 민족 사회의 동질화, 민족공동 생활권의 형성 등을 추구하는 과도적 통일체제인 남북연합을 거쳐, 셋째, 통일헌법이 정하는 바에 따라 총선거를 실시하고, 통일국회와 통일정부를 구성함으로써 완전한 통일국가인 통일민주공화국을 수립하는 것이다. 특히 남북연합 속에는 민족공동체 헌장에서 합의될 남북한 정상회의와 남북이 동등한 자격으로 참여하는 각료회의, 평의회, 공동사무처 등의 기구를 두고 비무장지대 내에 평화구역과 통일평화시를 설치한다. 홍성후, "한국 통일정책 연구" 김계수 (외), 『한국정치연구의 대상과 방법』(서울: 한울, 1993), 363-5쪽.

지고 있었다.

통일방안의 구체적 실천전략에 따라 통일업무를 담당하는 통일원은 제도화를 추진하게 되었다. 통일원은 1989년 6월 12일부터 남북 간의 교류협력 추진을 위해 '남북교류협력에 관한 기본지침'을 시행하여 북한과의 인적·물적 교류에 대한 지침을 만들었지만, 지침보다 입법부를 통한 법적 장치의 마련이 필요하다는 비판에 따라 18개월 동안 입법부에서의 논의를 거쳐 1990년 8월 1일부터 '남북교류협력에관한법률'과 통일비용의 마련을 위한 '남북협력기금법'을 시행하게 되었다.[93]

88서울올림픽의 성공적 개최로 인해 한국의 국제적 지위가 향상되고, 북방정책이 성공적으로 추진되자, 북한도 이를 견제하기 위해 1988년 11월 중앙인민회의, 최고인민회의 상설회의, 정무원의 연합회의에서 포괄적인 평화통일 방안과 평화보장 4원칙을 발표하였다.[94] 그리고 1990년 5월 최고인민회의 9기 회의에서 한국의 유엔 단독가입을 저지하려는 목적에서 조국통일 5개 방침을 제의하여 한국의 통일제안 및 국제기류의 변화에 대응하고 있었다.[95]

---

93) 서경원 의원(1988년 9월), 문익환 목사(1989년 4월), 임수경 학생(1989년 6월)으로 이어지는 일련의 불법 밀입국 사건이 발생하면서, 정치권의 공안정국이 전개되었으며, 정주영 현대그룹 회장의 방북이나 박철언 정무장관의 대북 비밀외교 논쟁의 형평성과 정부의 통일정책 독점에 대한 논쟁을 불러왔다. 그리고 노태우 정권은 대북사업이 전개되면서 발생하는 이러한 불협화음과 논쟁을 차단하기 위하여 제도화를 추진하게 되었다.
94) 첫째, 한반도의 평화는 통일을 지향해야 하며, 둘째 외국 무력의 철수에 의해 담보되어야 하며, 셋째, 남북군축에 의해 보장되고, 넷째, 긴장해소를 책임당사자 대화로 실현하는 것으로 되어 있다. 또한 북한은 포괄적인 평화방안으로 미군의 단계적 철수, 남북군대의 단계적 감축, 미군철수와 감군의 통보 및 검증, 3자회담 개최, 정치적 대결 상태 완화, 군사적 대결 상태 완화, 남북고위급 정치군사회담 개최 등을 주장하고 있다. 통일원, 『통일백서 1990』(1991), 261쪽.
95) 첫째, 긴장상태완화 및 통일의 평화적 환경 마련, 둘째, 남북 간 자유왕래

190

〈도표 Ⅴ-12: 80년대 이후 남북한 통일정책 비교〉

구분	한 국		북 한
	민족화합민주통일방안	한민족공동체통일방안	고려민주연방제통일방안
원칙	·평화통일 3대 원칙		·조국통일 5대 원칙
이념	·민족, 민주, 자유, 복지	·자유, 평화, 민주	·자주, 민주, 평화
국가성격	·통일민주공화국	·자유민주통일국가	·연방제통일국가
국가형태	·평화공존=〉통일국가	·국가연합=〉통일국가	·연방구성=통일국가
선행조건		·대남혁명노선 포기 ·이산가족 재결합 조치 ·경제교류와 협력실시	·한국의 민주화 ·반공법, 국가보안법 폐지 ·미군철수 ·불가침협정체결
통일과정	·남북관계에 관한 잠정 협정체결 -평화공존, 분쟁의 평화적 해결, 상주연락대표부 설치, 군축 및 긴장완화 협의, 민족이익에 관한문제 협의 ·민족통일협의회 구성 ·국민투표로 통일헌법 결정 ·총선거로 국회, 정부 구성	·국가연합 단계 -사회, 문화, 경제공동체 구성 -남북정상회담, 각료회의, 평의회, 공동사무처 구성, -평의회가 헌법기초, 통일 방법 결정 ·총선거로 통일정부와 국회 등 구성	·최고민족연방회의, 연방상설 위원회 구성 ·통일정부가 지역정부지도 (지역정부가 많은 권한 보유)
정책제안	·20개 시범사업 ·남북한 정상회담	·7·7선언 ·북방정책 ·비핵화 선언	·10대 시정 방침
기 타	·남북 평화공존 기간 설정	·선의의 동반자로 인정	·제도통일은 후대에 일임 ·민족연합군 설치

한국의 통일방안은 사실상의 교차승인으로 1970년대부터 유지되어 오던 2개의 정부, 2개의 국가, 1개의 민족을 의미하는 것이다. 그리고 변화와 수정을 거듭해 오고 있는 북한의 고려연방제는 2개의 정부, 1

와 전면개방 실시, 셋째, 통일에 유리한 국제환경 마련 원칙에서 대외관계 발전, 넷째, 전 민족 대화, 다섯째, 전 민족적 통일전선 형성으로, 이는 북한의 기본적 대남혁명노선의 변화가 없음을 의미한다. 홍성후, "한국 통일정책 연구", 김계수(외), 『한국정치연구의 대상과 방법』(1993), 354-7쪽.

개의 국가, 1개의 민족을 의미하는 것이다. 이러한 차이는 7·4남북공동성명으로 인한 통일원칙의 합의 이후 공식적이고 포괄적인 통일전략에 대한 합의가 이루어지는 남북기본합의서를 통해서 남북관계의 제도화의 단계로 진입하게 된다. 그러나 남북기본합의서가 선택되기까지 한국은 기능주의적 통합에서 필수단계인 화해협력의 단계로 진입한 것으로 평가하고 있지만, 북한은 남북기본합의서의 채택을 통해서 상호체제의 존중, 국제적 고립 탈피, 경제난 타개를 위한 미국과 일본에 대한 접근 강화 등 북한의 체제유지에 목적을 두고 있다.[96]

이러한 목적과 방안의 차이로 인하여 남북대화는 원칙적인 합의에도 불구하고 사안의 해결을 중심으로 전개될 수밖에 없었다. 그리고 한국은 이러한 사안의 해결과정을 통일과정으로 이해함으로써 기능주의적 접근 방식으로 다양한 실천전략을 제시하고 있었으며,[97] 북한은 사안 중심의 해결보다 일괄타결의 방식으로 정치, 군사적 방식으로 연방제를 형성하는 급진적 전략을 제시하였던 것이다.[98]

나. 한국의 대북 개입정책과 남북관계의 변화

남북한의 통일방안은 이념형으로서 남북한의 합의로 추진되지 못하고 있었지만, 이산가족의 고향방문이나 체육회담, 국회회담, 경제회담

---

96) 정세현, "기본합의서의 법적 성격과 정치적 의의", 민족통일연구원, 『남북 화해·협력 시대, 우리의 좌표와 과제』(1992), 16 - 19쪽.

97) 임동원, (1992), 6쪽.

98) 1989년 이미 당시 이홍구 통일원장관은 이제는 정치·군사문제를 교류협력문제와 병행해서 논의할 수 있고, 논의해야 되는 시점에 왔다고 밝혔다. 이는 북한의 급진적 제안에도 대응할 수 있는 한국의 역량 확보를 의미하고 있었다. 『외무통일위원회 회의록』제145회 국회, 제4호, 4쪽.

을 비롯하여 접촉과 교류가 진행됨으로써 이러한 실천전략들은 남북한의 전략적 선택에 의해 협상이 진행되었다.

노태우 정권은 북방정책과 통일정책을 인과적으로 연계하기 위하여, 북방정책의 성과를 바탕으로 북한에 대한 개입정책을 적극적으로 추진하게 된다. 이러한 개입정책은 남북한 유엔 동시가입과 비핵화 선언, 남북기본합의서의 서명 사례를 통해서 확인할 수 있다.

첫 번째로 남북한 유엔 동시가입을 살펴보고자 한다. 한국의 대유엔 정책은 정부의 정통성 확보를 위한 유엔 단독가입으로 1949년 1월 최초로 유엔에 단독가입을 신청했다. 북한 역시 1949년 2월 9일 유엔 단독가입을 신청했으나 유엔총회는 1948년 12월 12일 대한민국의 합법성을 인정한 결의에 의해 심의조차 되지 못했다. 이후 한국은 모두 7차례에 걸쳐서 단독가입을 신청했으나 소련과, 중국, 비동맹 국가들의 북한 지지로 인하여 유엔 회원국으로의 단독 정식 가입이 무산되었다.99) 그러나 유엔에서 열세를 인식하던 북한은 남북한의 유엔동시가입안을 제창하고 있었지만, 1970년대 들어 미국이 '현상유지정책'에 따라 유엔동시가입을 주장하게 되자 북한과 소련은 이를 '분단고착화'로 거부하고, '단일국호에 의한 유엔가입'을 주장하였다.100) 북한은 1974년부터 미·북한 평화협정체결 및 이를 위한 미·북한 직접협상을 주장하면서,101) 한국과 미국이 주장하는 교차승인, 유엔동시가입

---

99) 김명기, 『남북기본합의서 개요』(서울: 국제문제연구소, 1994), 91~93쪽.
100) 정대화, "남북한 교차승인의 가능성과 평가", 『사회와 사상』(한길사, 1990. 8), 804쪽.
101) 북한은 인민외교의 일환으로 1972년부터 추진되었으며, 1977년 9월 28일 허담 외상이 미국과의 관계를 개선할 용의가 있음을 시사하고, 그해 10월 7일에는 김일성이 티토를 통해 미국에 서한을 전달하는 등 미국과의 협상을 추구했다. 그 다음 해 북한정권수립 기념일에는 김일성이 "우리는 이미 미국과의 협상을 제의했으며 그 실현을 위해 노력하고 있다"고 밝히고 있

및 4자, 3자회담을 거부하고 있었다.[102]

한국에서 유엔동시가입에 대한 논의는 1971년 11월 김대중에 의해서 처음 제기되었지만, 박정희 대통령은 유엔동시가입안이 남북대화에 악영향을 미친다고 경고하고 있었다. 그러나 1973년 7월 한 - 미 수뇌회동 후 로저스 미 국무장관이 동시가입을 지지하는 발언이 있은 후에 한국은 북한이 유엔동시가입을 수락하고 평화통일을 위한 3대 원칙에 동의해야 한다는 조건을 전제로 공식 동의하게 되었다. 따라서 남북한 유엔가입의 문제는 장기과제로 전환되고, 제5공화국에 들어서 남북한 외교경쟁의 방향은 국제기구에의 가입을 통한 환경조성이 중심이 되었으며, 국제기구를 통한 남북한의 협력을 증진시키고 국제사회에서의 민족의 공동의 이익을 구현한다는 정책방향을 설정하고, 북방정책을 통해서 남북한 평화공존체제를 구축한다는 실천전략을 수립한 것이다.[103]

남북한의 유엔동시가입은 그동안 남북한이 쌍무적인 혹은 동서패권과 외교경쟁을 위한 대결을 끝내고, 유엔 등의 국제기구를 통해서 국제사회에서 책임 있는 실체로서 북한의 지위를 인정하고, 나아가 통일실현을 위해서 반드시 거쳐야 할 남북한의 평화공존의 단계로서 새로운 토대를 마련한다는 대의명분을 제시하고 있었다.[104] 이에 따라 1988년 10월 18일 노태우 대통령은 제43차 유엔총회 연설에서 교차접촉, 교차승인, 유엔동시가입에 대한 의지를 구체화시켜 나갔다.[105] 1989년 제44

다. 김일성, "일본 『세카이』 편집국장과 한 대화", 이한 (편), 『북한의 통일정책 변천사: 1945 - 85년 주요 문건』(충주: 온누리, 1989), 531쪽.

102) 정대화, "남북한 교차승인의 가능성과 평가"(1990. 8), 805 - 6쪽.

103) 1986년 통일원은 평화공존 단계로 제도화를 국가 정책으로 제시하였다. 국토통일원, 『남북한 교차승인 문제 검토』(1986. 3), 2쪽.

104) 최호중, "유엔동시가입 이후의 남북한 관계", 『통일문제연구』 제3권 제3호, (1991. 봄), 11쪽.

차 유엔총회에서도 한국의 유엔가입에 관하여 총 48개국이 지지발언을 하고, 북한의 입장을 공개적으로 지지한 국가는 쿠바, 라오스, 말리 등 3개국에 불과하였다. 결국 1991년 1월 8일 노태우 대통령의 연구기자회견 및 1991년 1월 24일 외무부 업무보고, 1991년 4월 ESCAP총회에서 한국은 연내 유엔가입 의지를 분명히 하고, 정부의 특별교섭단 9개 반을 편성하여 37개국에 지지를 요청하였으며, 미국이나 일본과의 의견 조율을 통해 지지를 확보하고 있었다.106)

북한은 단일국호에 의한 유엔가입과 '하나의 조선'을 명분으로 동맹국가들의 지지를 호소했지만, 중국과 소련을 비롯한 동구 사회주의 국가는 수교를 통한 한반도에서의 국가이익의 확보를 위하여 남북한 유엔 동시가입을 기정사실로 받아들이고 있었다. 결국 북한은 '하나의 조선'원칙을 수정하지 않으면 안 될 위기상황으로 인식하고,107) 5월 27일 유엔가입안을 한국보다 먼저 제출하였으며, 한국은 유엔가입신청을 한 이후 42년 8개월 만에 남북한 동시유엔가입을 통해서 유엔 회원국이 되었다.108)

북한의 유엔가입은 첫째, 한-소수교 이후 소련은 한국의 유엔가입에 대한 적극적 지지를 분명히 했으며, 중국은 한국의 유엔가입신청에 거부

---

105) 정대화, "남북한 교차승인의 가능성과 평가"(1990. 8.), 811쪽.
106) 공보처, 『제6공화국: 노태우 대통령 정부 5년』 제5권, (1992), 180-183쪽.
107) 정종욱, "북방정책의 평가: 외교적 측면", 서울대 국제문제연구소, (1991), 4-5쪽.
108) 북한의 외교부는 유엔가입 성명서에서 "한국의 유엔가입 시 북한가입은 유엔무대에서 전 조선민족의 이익과 관련되는 중대한 문제들이 편견적으로 논의될 수 있고, 그로부터 엄중한 효과를 초래할 수 있다는 전제하에서 남조선 당국자들의 분열주의적 행동으로 인하여 조성된 정세에 대처하여 불가피하게 된 조치임"을 분명히 하면서, "남북한의 유엔동시가입이 일시적 조치일 뿐 장차 단일국호에 의한 하나의 조선으로서 유엔가입의 길을 폐쇄한 것이 아니다"라는 명분으로 대응했다.

권행사를 할 수 없다는 의사를 북한에 전달함으로써 북한은 한국의 유엔
가입을 막을 대안이 없었다.[109] 둘째, 한국이 유엔가입의사를 확고히 한
상황에서 한국의 유엔 단독가입으로 북한만 고립될 수 있다는 것이다.
셋째, 유엔가입으로 인하여 미국이나 일본 등과 같은 서구국가들과의 관
계개선의 기회를 만들 수 있을 것이라는 기대에 따른 선택이었다.

북한은 한국의 북방정책에 대응하여 '새로운 판짜기' 외교를 전개하
고 있었다. '새로운 판짜기'의 핵심은 주변 4강과의 관계 재정립으로
한국 배제의 기조 위에 중국과 전통적인 우방관계를 유지하고, 러시아
와 친선을 유지하며, 미국과도 친선을 도모하며 일본과 경제적 유대를
증진하는 것이다.[110] 제6공화국도 북방정책의 원활한 추진을 위하여
북-미, 북-일 간의 관계를 조성하는 데 적극적인 지원을 하고 있었
다.[111] 그 결과 1988년 12월 북경에서 북한과 미국의 참사관급 접촉,
1990년 5월 28일의 미군유해 송환 협상 및 추진, 미국 상무부의 대북
소맥수출을 승인(1990년 12월) 등의 다양한 교류와 접촉이 이루어졌
다.[112] 그러나 1989년 중반 이후 미국 국무부 동아시아·태평양 담당

---

109) 소련은 1991년 4월 한-소 제주도 정상회담에서, 중국은 1991년 5월 이
   붕의 북한 방문에서 의사를 확인했다. 안병준, "탈냉전기에 있어서 한국
   외교의 과제와 전망", 연세대 사회과학연구소, 『사화과학논총』(1992),
   제23권, 3쪽; 공보처, 『제6공화국실록: 노태우 대통령 5년』 제2권,
   (1992), 313쪽; 중국의 전기침 외교부장은 "UN안보리에서 (북)조선의
   UN가입에 찬성한 나라 중에는 (북)조선과 국교가 없는 나라도 있다. 국
   교와 국제기관은 별개의 문제이다"라고 말함으로써 한-중국교수립에는
   거리를 두는 발언을 하였다. 『讀賣新聞』, 1991. 12. 26.
110) 이종석, "북한 현황과 전망", 민족통일연구원, 『남북한관계 현황 및 '96
   년 정세전망』 민족통일원 주최 제19회 국내학술회의 발표논문집,
   (1995. 12. 15.), 47쪽.
111) 조갑제, "노태우의 육성 회고록"(1999. 5), 135-6쪽.
112) 한국의 7·7선언에 따라 1988년 10월 20일 개최된 노태우-레이건의
   한미정상회담에서 대북한 제재조치 완화를 요구했으며, 1988년 10월 31

솔로몬 차관보의 이른바 '5개항의 선결조건'으로 북한의 테러 포기, 핵
안전협정 가입, 비무장지대의 평화지대화 등 신뢰구축 조치, 남북관계
의 진전, 미국에 대한 비방 중지, 미군유해 송환 등을 요구하였다.[113]
그리고 한-소 정상회담 등 한국과 소련의 관계진전은 미·북한관계
의 진전과 무관하다는 입장을 밝힘으로써,[114] 그동안 진영 간의 상호
교차 승인의 연계나 필요에 따라서 북한을 승인을 먼저 한다는 가능
성을 차단하였다.[115]

　일본도 한-미의 요청과 동북아의 군사안정과 일본의 주도권 확보
를 위하여 대북한 제재조치를 완화하였다. 1990년 9월에 북한을 방문
한 가네마루신 전 일본부수상을 단장으로 하는 자민당과 사회당 대표
단과 일련의 회담을 통해서 실현가능성이 높은 북-일수교와 대일청
구권 지불 등을 합의하였다.[116] 그러나 1991년 1월 일본 정부는 국내
여론을 비롯하여 미국과 한국의 요청으로[117] 인하여 교착상태에서 진

　　　일 미 국무성은 '대북한 제재개항 완화조치'를 발표하게 된다. 구체적
　　　으로 비자규정의 테두리 내에서 북한 체육인, 학자, 문화인들의 비공식
　　　적인 민간 차원의 미방문 장려, 미국인들의 북한 방문 제한 완화, 인도
　　　적 차원에서의 미국의 대북한 교역 허용, 미국외교관의 북한외교관 접
　　　촉 완화 등이다. 제6공화국에서 미국-북한의 참사관급 접촉은 27회,
　　　미군병사 유해인도는 4회(46체), 실시되었다. 통일원, 『통일백서1992』
　　　93쪽.: 미국은 인도적인 상품의 대북 수출 허용, 북한 학자 2명의 미국
　　　스텐포드대학 전략문제연구소에 초청했다. 그러나 일련의 접촉과정에서
　　　북한이 공식적인 입장과 차이가 없다는 것을 미국 정부관리들은 확인
　　　하고 있었다. *Far Eastern Economic Review*, 1989, 9. February, p.18.
113) 『한겨레신문』(1990. 2. 23).
114) 『동아일보』(1990. 6. 3).
115) 정대화, "남북한 교차승인의 가능성과 평가"(1990. 8), 815쪽.
116) 이종석, "통일정책", 세종연구소, (1998), 100쪽.: 가네마르신은 한국을
　　　배제하고 북한과 접촉한 것을 후에 사과했다. 조갑제, "노태우의 육성
　　　회고록"(1999. 5), 124-5쪽.
117) 미국은 일본 정부에게 1)북한이 핵사찰을 수락하며, 2)전후 45년의 보상

전되지 못했다. 북한과 서방진영의 수교협상이 교착상태에 빠지면서 남북한의 교차승인은 진척되지 못하고, 현안 해결 중심으로 미-일과 북한의 접촉이 이루어졌다.[118]

한국의 남북한 유엔동시가입 전략은 교차승인에 근거하고 있지만, 북한에 대한 교차승인은 지연되고, 남북한 유엔동시가입과 한-동구, 한-소수교만이 진척됨으로써 북한은 자신의 위상이 한국에 의해 결정되게 하는 외교적 낭패를 당하게 되었으며 남북관계에서 주도권을 상실하게 되었다.

이러한 남북한의 외교경쟁은 아래의 도표에서 볼 수 있듯이 수교국가를 확보함으로써 한반도 문제에 대한 논의가 전개되는 비동맹외교, 제3세계 외교, 유엔외교에서 승리하고자 하는 정책목적을 가지고 있다. 남북한의 외교경쟁은 1960년대나 1980년대 초기에 한국이 정책환경의 변화에 대응하는 데 실패함으로써 유엔이나 비동맹회의에서 국제적으로 고립화되어 나타났다. 당시 북한은 정책환경 변화에 대한 적극적인 대응으로 한국을 고립화시켰으며, 진영침투전략으로 서방진영 국가들과의 수교가 이루어지기도 하였다. 그러나 1980년대 중반 이

은 불가하며, 3)식민지 기간의 보상도 북한군사력 강화에 이용하지 않음을 보증하며, 4)남북대화가 후퇴하지 않도록 배려해 달라고 요구하였다. 『續賣新聞』, 1990. 10. 5. 석간; 1990년 10월 노태우 대통령도 일본 정부에게, 한-일 정부 간 사전협의, 남북한 간의 대화 및 교류의 의미 있는 진전, 북한의 IAEA 핵안전협정 체결 촉구, 수교 이전에 대북한 보상 및 경제협력 논의하지 않으며, 북한의 개방화 및 국제사회에서의 협력을 유도하는 것을 유념해 주도록 요청했다. 공보처, 『제6공화국: 노태우 대통령 정부 5년』 제5권,(1992), 170쪽.

118) 북한은 워싱턴을 경유하지 않고는 주요 서방국가와 그들이 필요로 하는 어떠한 대외관계의 개선도 불가능하다는 인식을 하게 되었으며, 미국과의 관계개선을 대외생존전략의 주축으로 삼게 되었다. 이종석, "북에서 본 한일협정과 '조일회담'", 『역사비평』(1995. 봄), 68쪽.

후 한국의 적극적인 북방정책으로 유엔동시가입과 사회주의 국가에
대한 진영침투전략이 성공함으로써 북한이 고립화되었던 것이다.

〈도표 Ⅴ-13: 남북한 수교 국가 변화 현황〉

구분	한 국			북 한
	수교국가명	숫	자	수교국가명
1948	미국(1)	1	8	몽고, 불가리아, 체코, 폴란드, 루마니아, 유고, 러시아, 헝가리(8)
1949	필리핀, 프랑스, 영국(3)	4	10	중국, 알바니아(2)
1950	스페인(1)	5	11	베트남(1)
1951		5	11	
1952		5	11	
1953		5	11	
1954		5	11	
1955	독일(1)	6	11	
1956	월남, 이탈리아(2)	8	11	
1957	터키(1)	9	11	
1958	타이(1)	10	13	알제리, 기니(2)
1959	브라질, 덴마크, 노르웨이, 스웨덴(4)	14	13	
1960	말레이시아(1)	15	15	쿠바, 말리(2)
1961	오스트레일리아, 그리스, 룩셈부르크, 네덜란드, 포르투갈, 카메룬, 차드, 코드리브아르, 니제르, 콩고, 베냉(11)	26	15	
1962	뉴질랜드, 아르헨티나, 칠레, 콜롬비아, 코스타리카, 도미니카(공), 에콰도르, 과테말라, 아이티, 온두라스, 파나마, 파라과이, 자메이카, 멕시코, 니카라과, 아이슬란드, 스위스, 이란, 이스라엘, 요르단, 모로코, 사우디아라비아, 부르키나파소, 가봉, 마다가스카르, 세네갈, 시에라리온, 엘살바도르(28)	54	15	

구분	한 국		숫 자	북 한
	수교 국가명			수교 국가명
1963	케나다, 페루, 오스트리아, 바티칸, 중앙아프리카공화국, 에티오피아, 르완다, 콩고민주공화국, 토고, 우간다(10)	64	18	이집트, 예맨, 우간다(3)
1964	우루과이, 케냐, 라이베리아(3)	67	22	인도네시아, 캄보디아, 마우레타니아, 가나, 콩고(5), {단교: 우간다}
1965	일본, 볼리비아, 베네수엘라, 벨기에, 잠비아, 말라위, 몰타(7), {단교: 콩고}	73	23	탄자니아(1)
1966	몰타, 레소토(2),	75	23	시리아(1), {단교: 가나}
1967	몰디브(1)	76	25	부룬디, 소말리아(2)
1968	가이아나, 보츠와나, 스와질란드(3)	79	27	이라크, 쿠웨이트(통상대표부설치)(2)
1969	튀니지(1)	80	32	수단, 차드, 적도기니, 잠비아, 중앙아프리카공화국(5)
1970	통가(1)	81	34	몰디브, 스리랑카(2)
1971	피지, 모리셔스(2)	83	35	몰타, 시에라리온(2), {단교: 중앙아프리카공화국} {재수교 합의: 유고}
1972	서사모아(1)	84	44	파키스탄, 칠레, 부르키나파소, 카메룬, 마다가스카르, 콩고민주공화국, 세네갈, 르완다(8), {재수교: 우간다}
1973	방글라데시, 인도, 인도네시아, 아프가니스탄, 핀란드(5)	89	59	방글라데시, 인도, 말레이시아, 아프가니스탄, 아르헨티나, 덴마크, 핀란드, 아이슬란드, 노르웨이, 스웨덴, 이란, 베냉, 잠비아, 라이베리아, 모리셔스, 토고(16), {단교: 칠레}
1974	라오스, 네팔, 그라나다, 오만, 카타르(5), {단교: 토고}	93	74	오스트레일리아, 라오스, 네팔, 코스타리카, 가나, 자메이카, 베네수엘라, 오스트리아, 스위스, 요르단, 리비아, 보츠와나, 가봉, 기니비사우, 니제르(15)

구분	한 국		숫 자	북 한
	수교 국가명			수교 국가명
1975	미얀마, 싱가포르, 수리남(3), {단교: 월남, 베냉, 라오스, 캄보디아}	92	87	피지, 미얀마, 싱가포르, 타이, 포르투갈, 튀니지, 앙골라, 카보베르데, 코모로, 에티오피아, 케냐, 상투메프린시페, 모잠비크(13) {외교동결: 오스트레일리아}
1977	스리랑카, 바르바도스, 수단, 지브롤터, 가나(5)	95	92	바르바도스(1) {단교: 아르헨티나} (재수교: 중앙아프리카공화국, 가나}
1978	솔로몬제도, 투발루, 도미니카(연), 모리타니, 기니(5), {단교: 아프가니스탄} {외교동결: 마다가스카르}	104	93	서사모아(1)
1979	나우루, 세인트 러시아, 세인트 빈센트, 쿠웨이트, 코모로, 적도기니(6)	110	97	도미니카(연), 그라나다, 니카라과, 세인트 러시아(4)
1980	키리바시, 바누아투, 리비아, 아랍에미리트, 나이지리아,(5), {단교: 세이셸} {외교동결: 기니}	114	99	멕시코, 레소토, 짐바브웨(3} {단교: 이라크}
1981	앤티가바부다, 레바논(2)	116	102	바누아투, 세인트 빈센트 그레나딘, 레바논(3)
1982		116	105	나우루, 수리남, 말라위(3)
1983	파키스탄, 세인트키츠네비스 아일랜드, 기니비사우(4)	120	102	{단교: 미얀마, 서사모아, 코스타리카, 코모로}
1984	브루나이(1)	121	102	코트디부아르(1), 프랑스(일반대표부),
1985	바하마, 트리니다드토바고, 예맨(3)	124	101	{단교: 그라나다}
1986		124	101	트리니다드토바고(1), {단교: 레소토}
1987	부탄, 벨리즈, 소말리아(3)	127	101	
1988	카보베르데, 상투메프린시페(2)	129	100	콜롬비아(1), {단교: 세인트 빈센트 그레나딘, 피지}
1989	헝가리, 폴란드, 유고슬라비아, 이라크(4)	133	103	페루, 모로코(2), (재수교: 코모로}
1990	몽고, 불가리아, 체코, 루마니아, 러시아, 알제리, 말리, 나미비아, 잠비아(9){재수교: 베냉, 콩고}	144	106	아티마바브다, 나미비아(2), {재수교: 세인트 빈센트}

구분	한 국			북 한
	수교 국가명	숫 자		수교 국가명
1991	미크로네시아, 마샬군도, 알바니아, 에스토니아, 라트비아, 리투아니아, 부룬디(7), {재수교: 토고}	152	113	바하마, 벨리즈, 세인트키츠네비스, 키프로스, 리투아니아, 라트비아 (6), (재수교: 그라나다) {수교합의: 필리핀}
1992	중국, 베트남, 크로아티아, 그루지야, 슬로베니아, 벨로루시, 우크라이나, 몰도바, 아르메니아, 아제르바이잔, 우즈베키스탄, 카자흐스탄, 타지키스탄, 키르기스스탄, 투르크메니스탄, 앙골라, 남아프리카공화국, 탄자니아, 남아프리카공화국(19)	171	127	크로아티아, 슬로베니아, 벨로루시, 우크라이나, 몰로바, 아르메니아, 아제르바이잔, 우즈베키스탄, 카자흐스탄, 타지키스탄, 키르기스스탄, 투르크메니스탄, 오만(13)(재수교: 칠레}
1993	리히텐슈타인, 에리트레아, 모잠비크, 슬로바키아(4), {외교정상화: 마다가스카르}	175	132	마케도니아, 슬로바키아, 카타르, 지부티, 에리트레아(5)
1994	짐바브웨(1)	176	133	그루지야(1)
1995	벨라우, 키프로스, 안도라, 보스니아-헤르체고비나, 이집트(5), {재수교: 세이셸, 라오스}	183	133	
1996		183	134	보스니아-헤르체고비나(1)
1997	{재수교: 캄보디아)	184	134	

* 자료: 통계청, 『통계로 본 한국 발자취』(1995. 8), 외무부 제공자료 참조.
* 97년 말 현재 북한 단독수교: 아프가니스탄, 쿠바, 마케도니아, 시리아(4개국)
* 단교(-), 재수교(+), 외교동결·수교합의·대표부·통상부 등은 수교국 제외

　　남북한 유엔 동시가입의 의미는 첫째, 한국의 정책엘리트들에게 국
가의 생존전략으로 인식되었던 남북한 외교경쟁에서 승리하고 있다는
자신감을 확대시키고 있었다. 북방정책을 추진하는 데 북한이라는 장
애를 제거한 것이며, 북한을 한국의 통일정책에 맞추어 이끌 수 있는
개입정책의 영역을 설정했다는 의미를 가질 수 있을 것이다. 둘째, 유
엔동시가입이라는 수단을 통해서 북한을 국제사회의 책임 있는 주체
로 설정하고, 국제기구를 통한 남북한 민족이익의 추구하며, 국제사회

에서 북한의 고립화를 방지하고 교류협력을 강화시켜 통일에 이르는
단계를 밟아 간다는 북방정책의 단계화된 전략의 의미를 가진다. 북한
으로 하여금 유엔의 규범에 따라[119] 한국을 실체로 인정하고, 분쟁을
평화적 해결 및 무력행사 금지, 군비의 제한 등과 같은 한반도의 평화
정착에 대한 국제법적 근거를 통해 북한의 국제사회의 책임 있는 일
원으로 만드는 효과가 있을 수 있다는 것이다.[120] 셋째, 한국이 남북
관계를 유엔동시가입으로 풀어 가려는 의도는 정책결정자의 민족자존
의 의지와 한반도 문제의 한국화, 자주화라는 정책목표를 구현한다는
전략적 의미를 가진다.[121] 특히 북방정책의 결실을 통해서 북한에게
우호적인 국제 정책망이 북한을 설득하고, 서방진영도 한국의 의사에
따라 우회적으로 개입함으로써 사실상 한반도 문제는 한국이 주도권

---

119) 유엔헌장은 제2조 1항의 회원국의 주권평등의 원칙, 제2조 3항의 국제
    분쟁의 평화적 수단 사용, 제2조 4항의 무력에 의한 위협 또는 무력행
    사 금지, 제26조의 군비규제 등에 대해 규정하고 있다. 오기평, 『현대
    국제기구정치론』(서울: 법문사, 1990), 389-415쪽.

120) 교차승인의 목적으로 군사전략적 측면에서 군사도발 방지에 초점을 맞
    추는 논의는 R. A. Scalapino, "The United States and Asia", P.
    Scabury and A. Wildavsky(eds.), U.S. Foreign Policy for the 1970's
    (New York: McGraw Hill, 1969, pp.126-145.; 정대화, "남북한 교차
    승인의 가능성과 평가"(1990), 801-2쪽.

121) 남북한 유엔동시가입 이후 노태우 대통령은 다자 통일실리외교를 추진하
    기로 하고, 남북한 간의 화해와 협력의 새로운 관계조성을 위한 구상을 밝
    혔다. 첫째, 남북한 불안한 냉전체제를 평화체제로 전환하여야 한다. 둘째,
    한반도에서 전쟁의 위협을 제거하기 위해 남북한은 군사적 신뢰의 구축을
    바탕으로 실질적인 군비감축을 추진해 나가야 한다. 셋째, 남북한은 사람
    과 물자정보의 자유로운 교류의 길을 열어 단절의 시대를 종식시켜야 한
    다. 넷째, 남북한이 국제무대에서 소모적 대결외교를 청산하고 7,000만 한
    민족의 공동번영과 이익을 위해 서로 협력할 수 있는 계기가 마련될 것으
    로 기대한다는 것이다. 공보처, 『제6공화국: 노태우 대통령 정부 5년』 제5
    권, (1992), 182-3쪽.

을 장악하게 된 것이다. 또한 한국은 국제사회에서 회원국으로서 자신의 입지와 위상을 설정하게 되었다.

그러나 유엔동시가입은 북한의 주장처럼 사실상의 분단을 고착화하는 것이며, 법률상 분단으로 인정함으로써 현상의 합법화(legitimation of status quo)를 의미한다는 비판을 받고 있었다.[122] 그리고 1948년 12월 12일 유엔총회에서 한국을 한반도의 유일합법정부라고 결의한 근거를 상실하게 되는 것으로 주한유엔군 사령부의 위상이나 휴전협정체제의 변화가 불가피하게 되었다.[123] 그러나 북한이 냉전적 사고를 버리고 분단의 현실을 인정한 바탕 위에서 주변국가와의 관계를 정상화하고 남북한 간에 공존의 불가피성을 수용하는 방향으로 정책변화를 시도하였다는 것은 북방정책의 인과적인 영향이라 평가할 수 있다.[124]

두 번째로 남북한 비핵화 선언을 살펴보고자 한다. 북한의 핵무기 개발 의혹이 남북한의 주요한 의제로 부상한 것은 1985년부터 미국의 첩보위성이 북한의 영변 핵시설을 포착하여 왔다는 사실을 1989년 공개하고, 1990년 2월 프랑스의 상업위성이 사진을 공개함으로써 북한의 핵무기 개발의혹이 국제화되었다. 한국은 북한의 핵개발 의혹에 대해서 미국이나 일본과의 긴밀한 관계를 유지하고 있었으며,[125] 북한의

---

122) M. Abramowitz, "Moving the Glacier: The Two Koreas and The Powers", *Adephi Papers*, No.80. pp.20-21.

123) 한국의 유엔가입으로 인한 법적 지위 변경과 관련하여서는 김명기, "유엔가입에 의한 북한 승인과 통일논의", 『통일문제연구』 제4권 제1호 (1992년 봄), 212-230쪽: 유병화, "남북한 유엔가입과 한국통일의 법적 문제", 『통일문제연구』 제3권 제3호, (1991년 가을), 24-51쪽.

124) 정종욱, "북방정책의 평가: 외교적 측면", 서울대 국제문제연구소, (1991), 6쪽.

125) 미국은 사전 인지에도 불구하고, 브리핑 제공을 않음으로써 신뢰 상실을 우려하여 1989년 5월 한국에 브리핑을 하게 된다. 미국은 한국의 대책이

핵개발 의혹을 한반도 문제화로 제한할 것인지 혹은 국제문제로 할 것인가의 선택의 문제로 많은 고민을 해 왔다.[126]

이미 북한은 소련으로부터 기술협력을 받아 개발해 온 핵시설을 독자적인 개발로 방향을 수정하여 핵무기를 개발해 왔다. 1980년대 후반 북한의 고립이 심화되면서 손쉬운 무기수출 전략과 함께 핵무기 개발은 갱생의 수단이며 또한 한국의 공세적 대북정책과 국제적 고립화에 대항하는 자구수단의 의미로 인식되고 있었다.

그러나 한국은 북한의 핵무기 개발 의혹을 남북한이 스스로 풀어야 할 의제로 선정하였다. 노태우 대통령은 1991년 10월 유엔연설을 통해서 공식적으로 핵무기 개발 의혹을 제기하여 국제문제화하였으며, 1991년 말에 남북기본합의서에 대한 서명을 통해서 남북한의 문제로 한국화한 것이다. 결국 남북기본합의서의 3개항의 공동발표문에 따라 91년 12월 26일 한반도의 비핵화에 관한 공동선언을 채택하였으며, 1992년 말에는 남북기본합의서의 부속합의서를 통해서 북한의 핵무기 개발 의혹을 해소시킬 것을 합의하게 되었다.

핵무기 개발 의혹은 한반도의 당사자들의 문제의 범위를 넘어 국제적인 현안으로서 주변 4대 강국을 비롯한 국제원자력기구 등 세계적인 관심거리이다.[127] 따라서 북한의 핵무기 개발 의혹은 동북아에서

독자적인 핵무기 개발이나 혹은 북한의 핵개발 의혹의 공개로 보았으며, 결국 후자를 선택했고, 장기적으로 한국은 비핵화 선언으로 미국의 우려를 해소했다. Oberdorfer, *The Two Koreas* (Reading: Addison-Wesley, 1997), p.255.

126) 노태우 대통령은 "한반도에서 일어나는 일에 대해서는 모두 다 내가 한국이 주도한다. 그리고 미국은 이를 지원한다는 원칙"을 확인하면서 북한이 미국과 직접 대화하려는 의도로 거부했다. 조갑제, "노태우의 육성 회고록"(1999. 5), 135-6쪽.

127) 전봉근, "탈냉전 시대의 핵확산 가능성과 대응방안 연구", 한국정치학

일본 및 한국의 핵무기 개발 등 군비경쟁과 동북아의 군사적 긴장의 고조로 인한 평화구조의 파괴가능성 그리고 기존의 동맹관계나 쌍무적인 관계의 급격한 붕괴가능성 등을 비롯하여, 중동 지역의 분쟁에까지 영향을 미쳐 이들 분쟁 지역에 대한 핵무기 확산가능성이 제기될 수 있다는 것이다. 이로써 한국이 그동안 추진해 오던 한반도 문제의 자주적인 해결뿐만 아니라, 북방정책에도 심각한 영향을 줄 수 있다는 제6공화국의 정책엘리트들의 인식은 북한에 대한 압박과 설득이 중요한 해결 방안으로 평가하고 있었다.

이에 따라 한국은 미국과 함께 북한의 핵무기 개발을 막기 위하여 북한이 주장하는 주한미군 핵무기의 대북 위협 명분을 해소시키기 위하여, 주한미군의 핵무기 철수 및 군산의 주한미군기지를 사찰을 허용하기로 결정했다.[128] 그리고 한국의 국가관료들이 가능성이 없는 것으로 판단한 북한의 재처리시설의 사찰도 한국이 상응하게 포기하지 않으면, 북한도 포기하지 않을 것이라는 우려로 광범위한 비핵화선언을 하게 되었다.

한국의 비핵화공동선언을 위한 북한과의 협상은 사실상 남북한이 중심이 되어 추진되었다. 북한의 핵무기 개발 의혹이 가지는 국제적 성격에도 불구하고, 북한의 핵무기 개발 의혹 해소를 위한 적극적인 비핵화선언 및 남북대화를 통한 설득 그리고 4대 강국의 위협과 설득으로[129] 북한을 대화에 이끌어 내었으며, 북한을 한반도 비핵화공동

회 발표 (996년); 춘 군, 『북한핵의 문제, 협상과정, 진상』(성남: 세종 연구소, 1995); Oberdorfer, (1997), 참조.

128) 동북아 지역의 공산주의 팽창을 봉쇄하고, 북한의 대남 도발위협 억제수단으로 1958년 전술핵무기가 배치되었다. Peter Hayes, *Pacific Powderkeg: American Nuclear Dilemmas in Korea*, (Lexington: Lexington Books, 1991), pp.34-5.

129) 북한의 핵무기개발 의혹으로 인하여 미국은 이미 북-미수교의 가능성

선언의 합의에 동참시킬 수 있게 되었다.

남북한 한반도 비핵화공동선언은 남북기본합의서를 통해서 북한에 대한 개입정책을 확인하는 것이다. 북한의 생존전략으로 선택된 핵무기 개발 사업은 한국의 적극적인 포용정책으로 인하여 북한이 비핵화선언에 동의하도록 만들었다. 특히 한-소수교 및 중국과의 우호적 정책망을 유지하고, 미-일과의 긴밀한 협력 관계를 유지함으로써 국제적 포위전략을 마련하고, 북한의 핵무기 개발 의혹 해소의 주체를 남북한 당사자로 하였던 것이다.

그러나 북한의 핵무기 개발 의혹 해소는 많은 비판을 받았다. 먼저 한국의 비핵화선언은 청와대의 외교안보수석이 미국과의 직접 접촉을 통해서 실무부서가 배제된 고도의 비밀주의로 결정되었다.[130] 특히 한국의 핵정책을 포기하는 선언을 국민적 동의나 국가관료 및 학계, 관련 전문가들의 충분한 검토를 하지 않고, 일부의 정책엘리트의 검토를 거쳐서 선언으로 이루어지고, 관련 당사국들이나 북한과의 파행적 합의가 이루어진 것에 대해서 한국의 핵정책의 포기라는 비판이 급속히 확산되었다.[131] 특히 핵연료 사용을 위한 과학적 연구 및 핵에너

을 차단하고, 남북한의 비핵화선언이 효력을 발휘하지 못하자, 북한을 미국의 세계전략에 따라 NPT체제에 편입시키게 된다. 백악관, "미국의 국가안보전략: 개입과 확장"(National Security Strategy of Engagement and Enlargement), (1974년 7월), 『국가전략』 제1권 1호, (1995년 2월), 242쪽: 이종석, "통일정책", 세종연구소, (1998), 99쪽.

130) 김종휘 수석은 비핵화 선언 과정에는 청와대뿐만 아니라, 안기부장, 국방부 장관, 외무부장관 등 관계 장관이 참여했음을 밝히고 있다. 조갑제, "노태우의 육성 회고록"(1999. 5), 133쪽.

131) 노태우 대통령이 남북정상회담을 위해서는 대북 유화정책의 선택이 불가피했으며, 미국 일본이 북핵문제를 관계정상화의 조건과 연계시킨 것과 같이 남북경제협력을 핵문제 해결과 연계시키지 못한 것을 비판하고 있다. 이장춘, 『북한의 핵무기와 동북아세아의 안보』, 별쇄본, 1993

지 활용방안 자체를 원초적으로 봉쇄시킴으로써 핵정책의 장기적인 실패로 비판을 받았다.

그러나 북한이 주장해 온 비핵지대안을 한국의 비핵화안으로 합의한 것은 성과로 평가되고 있다.[132] 이는 미국의 핵우산은 그대로 유지되고 있어 한국의 평화 보장책이 마련되어 있으며, 핵통제공동위원회의 가동과 남북한 상호사찰이 규정되어 핵문제에 관한 남북한 접촉유지 장치가 마련되어 있으며, 북한의 재처리 시설 포기를 받아냄에서 한국의 대북 개입정책이 달성되고 있으며, 북한은 외교경쟁에서 한국의 우위를 인정한 것으로 평가되었다.[133]

세 번째로 남북고위급 회담과 남북기본합의서를 살펴보고자 한다. 남북한의 유엔 동시가입으로 북한에 대한 한국의 외교적 승리가 확연해지면서, 지지부진하던 남북고위급회담은 활기를 띠기 시작하였다. 일련의 지루한 회담을 통해서 상대방 체제의 존중, 무력불사용과 무력

년, 23쪽.

132) 북한은 1977년 1월 한반도 비핵지대화안을 처음 제시한 이래 91년 7월 30일 한반도 비핵지대화 공동선언을 제안하였다. 북한의 비핵지대화안은 (1)핵무기의 시험, 생산, 반입, 소유, 사용, 배비를 금지하고, (2)핵무기 적재 비행기, 함선의 영해, 영공 통과, 착륙 및 기항을 금지하고, (3)타국과 핵우산 제공협약 체결을 금지하고, (4)핵무기와 핵장비가 동원되거나 핵전쟁을 가상한 군사연습을 금지하고, (5)주한미군의 핵무기 철수 및 핵기지 처리를 공동으로 확인하고, (6)미국 등 핵보유국이 핵위협을 금지하는 것 등이다. 전봉근, 『통일안보정책 결정체제 연구: 북핵문제 대응을 중심으로』(서울: 세종연구소, 1998), 23쪽.

133) 전봉근, (1998), 31-2쪽: 북핵문제를 북한의 정책 예측이 어렵게 되면서 북한은 직접 관리 대상이 되어 정책의 목표달성은 결국 실패하게 되었다. 미국의 클린턴 행정부는 안보정책의 방향은 구적국의 포용을 의미하는 '개입과 확장'(engagement and enlargement)으로 정리하고, 1994년 7월 『미국의 국가안보전략: 개입과 확장』이라는 보고서에서 구적성국가들에 대한 포용정책을 분명히 했다. 백악관, "미국의 국가안보전략: 개입과 확장", 『국가전략』 제1권 1호, (1995년 봄·여름).

침략 포기, 각 분야에서의 교류협력과 자유로운 인적 왕래 및 접촉 등
으로 구성된 남북기본합의서가 채택된 것이다. 7·4남북공동성명 그리
고 이산가족 문제해결과 같은 원칙이나 실천전략, 현안의 해소 등의
일과적, 부분적인 남북관계의 진전에서 벗어나 제6공화국의 정권 말기
에 합의된 남북기본합의서는 남북한의 통일원칙과 구체적인 분야별
실천전략을 포괄하는 종합적인 통일방안의 의미를 가지는 것이다.[134]

남북기본합의서를 이끌어 낸 남북고위급회담은 1988년 12월 18일
한국의 강영훈 국무총리의 제의에 대하여 연형묵 북한 정무원총리의
남북고위급정치, 군사회담 제의로 수정 제의하고 이루어진 것이다. 남
북고위급회담은 1990년 9월 4일부터 시작하여 1992년 2월 19일 제6차
회담에서 남북고위급 회담 분과위원회 구성 및 운영에 관한 합의서가
발효됨으로써, 정치, 군사, 교류협력의 3개 분과위원회가 구성되었다.
1992년 5월 6일 제7차 남북고위급 회담에서 실천기구인 '남북군사공동
위원회', '남북경제교류·협력공동위원회', '남북사회문화교류·협력공
동위원회' 그리고 연락업무와 실무협의를 담당할 남북연락사무소를 같
은 날짜로 구성하여 운영할 것을 합의·발효시켰다. 그리고 1992년 9
월 16일 제8차 남북고위급회담에서는 분야별 부속 실천합의서인 '남북
화해의 이행과 준수를 위한 부속합의서', '남북불가침의 이행과 준수를
위한 이행합의서', '남북교류·협력의 이행과 준수를 위한 부속합의서'
를 채택하여 발효시킴으로써 남북한기본합의서에 따른 문건이 완성된
것이다.[135]

---

134) 통일과정에서 남북기본합의서가 가지는 의미를 통일설계도의 직전으로
묘사하고 있다. 임동원, (1992), 27−28쪽.
135) 자세한 내용은 정용길, "부속합의서 발효와 남북한 관계변화 전망",『통
일문제연구』제4권 4호,(1992년 겨울호), 9−32쪽: 이서항, "남북한 협의,
이행기구의 과제와 전망",『통일문제연구』제4권 제4호, (1992년 겨울),

이러한 남북기본합의서는 한국의 통일방안을 반영하고 있었다. 1991년 9월 24일 제46차 유엔총회에서 노태우 대통령이 제시한 '한반도 문제의 세계화'에서 밝힌 3대 실천원칙인 (1)남북한의 정전체제를 평화체제로 전환, (2)남북한의 군사적 신뢰구축과 군비감축 그리고 한반도 비핵화 문제의 협의, (3)남북한의 자유로운 통해, 통신, 통상의 보장을 남북한이 합의하여 실천적으로 추진한다[136]는 내용을 중심으로 하고 있으며, 한민족공동체통일방안에서 제시하는 구체적인 실천전략들을 담고 있다. 특히 기능주의적 접근과 북한의 고려연방제적 요소를 포함하여[137] 정치, 군사적인 남북한의 정책망을 형성하고, 실질적으로 3통에 입각한 북한의 변화를 유도하는 북방정책의 목적을 그대로 담고 있다는 것이다.

이러한 남북기본합의서는 한반도에서 2개의 국가를 인정하고, 상호주의에 의한 점진적인 문호개방 및 경제협력을 담고 있으며, 정치군사적 협상의 마무리의 의미를 가짐으로써 북한의 인센티브를 제한하는 결과가 되었다.

33-53쪽: 통일원, 『남북기본합의서 해설』(서울: 통일원 통일정책실, 1992), 126-4쪽.

136) 공보처, 『제6공화국 실록: 노태우 대통령 정부 5년』 제2권, (1992), 495-502쪽.

137) 북한은 한민족공동체통일방안이 북한의 연방제안과 같은 점이 많다고 하여 남북기본합의서의 타결의사를 가지고 있었다고 증언하고 있다. 임동원, (1992), 22쪽.

〈도표 Ⅴ-14: 남북 화해·불가침 및 교류협력 합의서〉

분야	산하 기구	실행 기구	기 능
화해	정치 분과위원회	연락사무소 (先판문점설치)	· 상호 긴밀한 협의와 연락, 정전상태를 평화상태로 전환 · 국제무대에서의 협력
불가 침	군사 분과위원회	군사공동위원회 (先직통전화설치)	· 주요 군사훈련 및 부대 이동 사전 통고 · 비무장지대 평화적 애용 및 군사인 교류 · 군비 축소 및 상호검증
교류 및 협력	교류협력 분과위원회	경제교류협력 공동위원회	(경제)·물자교역·자원공동개발·합작투자·공동대외진출 (통행)·언론출판물 교류협력 ·이산가족서신왕래, 상봉, 방문, 재결합·주민왕래·육해공로 개설·교육, 문화, 예술, 종교, 보건, 환경, 체육, 과학·기술교류 (통신)·우편, 정기, 통신교류시설 설치 개통

*자료: 공보처, 『제6공화국: 노태우 대통령 정부 5년』(서울: 정음사, 1992), 314쪽.

　　이러한 남북기본합의서가 채택된 것은 임기 내에 통일정책의 전기를 마련함으로써, 노태우 정권에서 선택한 북방정책을 임기 내에 가시화하기 위한 정책결정자의 적극적인 의지에 기인한 것이다. 88서울올림픽 참여 유도를 위한 정책엘리트의 방북이나, 정상회담 개최를 위한 정책엘리트의 평양 방문, 중국이나 소련을 통한 북한에 대한 설득 등의 다각적인 전략을 통해서 북한과의 직·간접적인 대화를 모색하고 있었다. 특히 3당 통합으로 인한 정권의 안정과 북방정책의 성공적 추진으로 통일논쟁이 약화되고, 국민적 통일 염원이 확산되고 있는 상황에서 정책결정자의 정치적 동기는 대외정책과 통일정책을 통한 국내적인 정치적 평가를 받는 우회전략인 것이다. 이러한 정책결정자의 의도는 남북기본합의서를 국내정치적 비준절차 없이 국민에 대한 직접 설득과 동의절

차를 수행하도록 했던 것이다.[138]

둘째, 남북기본합의서는 북한이 정책 능력의 상대적 열세를 인식하고 있었기 때문이다. 북한은 (1)국제적으로 70년대 이래로 주변 4강의 한반도 전략이 남북한의 상호교차승인을 유도하는 방향으로 전개되어 왔으며, 북한도 이를 거부함으로써 국제사회에서 고립화되는 것을 막고, (2)체제유지 차원에서 체제인정, 존중을 약속함으로써 김일성-김정일 체제를 보호 유지하며, (3)남북관계개선을 통해 국제적 고립을 탈피하고 핵사찰의 압력을 회피하는 동시에 경제난 타개를 위한 미국과 일본에 대한 접근을 시도하고자 정책목적을 가지고 있었기 때문에 남북기본합의서와 남북대화에 동의한 것이다.[139] 특히 북한은 남북대화와 남북관계의 진전이 서방진영과의 대화 전제조건이라는 현실정치를 거부할 능력이 없었기 때문이다.

한국은 남북기본합의서를 통해서 북한을 고립화시키려는 의도가 없다는 것을 분명히 하고 통일을 위한 단계로서 교류협력을 남북한이 스스로 진전시키는 중요한 성과를 제시했다. 이러한 성과는 국민의 통일열기를 관리할 수 있도록 하는 데 주요한 계기가 되었다. 그러나 남북기본합의서의 채택과 이후에도 국제사회는 북한의 핵무기 개발 논

---

138) 남북기본합의서는 1991년 12월 16일 헌법 제88조 제1항, 제89조에 의거한 국무회의 심의, 1991년 12월 16일 국무총리 의회보고, 같은 날 부총리의 외무통일위원회 및 통일정책특위 합동회의 보고로 국내 비준절차를 마무리했다. 그러나 헌법 제60조의 규정에 의한 조약체결에 관한 국회 동의 절차를 생략하였다는 비판을 받았다. 위헌론, 합헌론의 논쟁에 관해서는 이장희, "남북기본합의서의 국제법적 성격", 『민족통일』 통권 제50호, (1992), 9-10쪽.

139) 정세현, "남북기본합의서의 법적 성격과 정치적 의의", 『통일문제연구』 제4권 1호, (1992. 봄), 21쪽; 정용길, "부속합의서 발효와 남북한 관계 변화 전망"(1992. 겨울), 11쪽.

쟁에 빠져들고, 의혹 해소 방안으로서의 남북기본합의서에 따른 부속합의서 실천이 전혀 이루어지지 못했다는 비판을 받고 있다.[140) 이는 북한의 이러한 전략적 대응으로 인한 것으로, 김영삼 정권에서 핵무기 개발 의혹이 해소되지 못함으로써 남북대화가 중단되게 되고, 핵문제가 미국이 주도하는 국제문제로 비화됨으로써 교착상태에 빠지게 되었다.

다. 남북관계의 전략적 선택과 관계진전

제6공화국에서 통일정책과 북방정책은 상호 작용을 할 뿐만 아니라, 인과적으로 연계되어 추진되도록 설계되어 있었다. 북방정책에서는 북한에 이르는 길목으로서 사회주의 국가를 상정하고, 간접·우회전략을 표현하지만, 사실상 이들 정책은 상호 시계열로 연계되어 있었다.

정책대상으로서도 북방정책은 북한을 포함한 여러 공산권 또는 미수교국가와의 관계개선을 목표로 한 포괄적인 것이지만, 통일정책은 북한만을 대상으로 하는 쌍무정책으로서 정책의 국내적 성격과 국제적 성격을 다중적으로 포함하고 있다.[141) 따라서 통일정책의 상대인 북한은 혈맹의 동맹관계를 유지하고 있었던 사회주의 국가들과의 관계개선이라는 정책목표 자체가 북한에게는 중대한 도발의 의미를 가지지만, 현실적 능력의 한계를 직시하고 있던 북한은 정책환경의 변화에 대응하는 도전이면서도 기회의 의미를 가지고 있었다.[142)

---

140) 임동원, "통일외교", 『외교』 제24호, (1992. 12), 44쪽.
141) 김명기, "북방정책과 통일정책", 안보문제연구원, 통일로』(1990. 1), 107 - 115쪽.
142) 정세균, 『북방정책에 대한 북한의 반응』 한국국제정치학회, 북방정책에 관한 특별하계학술대회, (1989. 8. 25), 2쪽.

제6공화국에서 북방정책의 정책 산출로서 사회주의 국가와의 교류 협력 및 수교는 남북한 관계와 밀접히 인과적으로 연계되어 있었다. 첫째, 한국 정부가 북방정책의 성과를 통해 북한의 국제환경을 변화시키고, 북한에 대하여 개방과 변화를 유도하는 우회전략을 선택한 것이다.[143] 한국이 대외적으로 사회주의인 헝가리 및 폴란드와 수교협상이 급진전되고 있었으며, 나아가 소련 및 중국에 국가관료를 파견하여 수교의사와 함께 올림픽 참여를 요청하고 있었다. 이 시기에 한국은 7·7선언과 함께 통일방안에 대한 논의가 진전되고 있었으며, 북한을 고립화시키지 않겠다는 의사를 분명히 하고 있었다.

둘째, 한민족공동체통일방안은 기능주의적인 접근으로 접촉과 교류협력을 강조하고, 평화공존의 단계와 화해협력의 단계를 구체화할 필요가 있었다. 사회주의 국가들의 경제우선주의와 마찬가지로 한국의 대북경제협력을 강화시켜 사회주의 국가들의 우려를 불식시키고 있었다. 중국과 소련은 북방정책을 통해 한국의 경제협력을 강화시키면서, 북한이 한국과의 교류협력을 강화시키는 것이 북한의 생존전략이라는 것을 설득하도록 한 것이다.

셋째, 사회주의 국가와의 수교에 맞추어 통일전략에 대한 의지를 분명히 하고 있었다. 사회주의 국가와의 수교가 이루어져 남북대화를 위한 국제환경으로서 우호적 정책망이 구축되자, 사회주의 국가들이 북한에게 성의 있게 남북대화에 응하도록 북한을 설득해 주도록 요구하고 있었다. 북한의 동맹국이던 중국과 소련은 한국의 입장을 전달하는 것은 물론 한국의 제안을 받아들이도록 북한에 압박을 가했다.[144]

---

143) 노태우 대통령은 통일의 방법론으로 우회전략을 통한 (북한 개방=통일)로 설정하고 있다. 조갑제, "노태우의 육성 회고록"(1999. 5), 82쪽.
144) 일부 정책엘리트들은 소련과 중국이 북한을 설득하는가 하는 것을 북방정책의 성공 여부로 판단했다. 정종욱, "북방정책의 평가: 외교적 측

214

기존의 우호적인 국제적 정책망의 붕괴는 북한으로서는 남북한이 경쟁하고 있는 상황에서 외교적 위기로 나타났다.

넷째, 한국은 사회주의 국가들과의 수교협상이 진행되면서 한국의 동맹국가인 미－일에 대해서 대북 수교협상을 진행시켜 줄 것을 요구하고 있었다.145) 이에 따라 북한은 미국 및 일본과 대화를 가졌으며, 제도적인 접근으로 대북 규제완화가 추진되었던 것이다. 그리고 사회주의 국가들이 한국과의 수교는 북한을 고립화시킬 것이라는 사회주의 국가의 국내 반대세력에 대응하여, 한국은 자본주의 국가인 미국과 일본에 사회주의 국가들보다 일찍 문호를 개방하도록 요청했다. 이는 북한이 하나의 조선 원칙을 공개적으로 고수하여 비판했지만, 북한은 전략적으로 이미 자본주의 국가들과의 협의를 진행시키고 다음 단계로 교차승인의 조건으로 성실한 남북대화, 남북대화의 성과를 요구하고 있었다.

다섯째, 북한의 국제적 정책망의 붕괴는 북한의 국제환경의 변화에 적극적으로 대응하도록 했다. 탈냉전 및 사회주의 동맹 체제의 붕괴라는 국제환경의 변화와 함께 한국이 진영침투전략이 성공함으로써 북한은 고립화되었다.146) 이러한 정책환경의 변화에 따라 북한은 대응전략으로 핵무기 개발과 한국과의 남북대화를 선택하여 유엔동시가입과 한반도 비핵화공동선언, 남북기본합의서의 합의가 이루어진 것이다.

그러나 한국과 중－소 등 사회주의 국가들과의 국교 정상화가 완료

면", 서울대 국제문제연구소, (1991), 5쪽.
145) "민족자존과 통일번영을 위한 특별선언"(7·7선언), 제4항 및 제6항 참조.
146) 북방정책으로 북한이 고립화되고 이는 통일에 장애가 되기 때문에 북방정책과 대북정책을 구분해야 한다고 주장도 전개되었다. 배찬복, "오늘의 북방정책과 남북통일", 통일로 창간 3주년 특별세미나, 안보문제연구원, 『통일로』(1991), 16쪽.

된 이후 한국의 통일정책이 성과를 거두었지만, 남북한 교차승인이 현실화되지 못하자, 북한은 해결 조짐을 보이던 핵개발 의혹을 국제화하였던 것이다.

마지막으로 북방정책이 성과를 발휘함으로써 한국의 대외정책과 북방정책은 새롭게 변화되었다. 한국－동구, 소련, 중국으로 이어지는 국교수립은 한국의 대외정책에 있어서 북한요인의 비중을 상대적으로 낮추게 되었다. 1991년 9월 17일 남북한 유엔 동시가입 이후 한국의 유엔외교와 비동맹외교는 전면 재검토되고 있었다.

또 북방정책의 성공적 추진과 남북대화의 장이 마련되면서, 정책결정자는 자신의 정책의지를 반영시키는 가능성과 집행과정에 대한 관심을 더욱 높이게 되었으며, 남북기본합의서의 채택으로 북한을 경쟁상대나 위협요인으로 보던 시각으로부터 벗어나 평화공존의 상대, 동반자로 보면서도 한국이 주도적으로 북한을 관리해야 할 필요성에 대한 인식이 확대되었다.

통일정책과 북방정책의 시계열적 분석을 통해서 인과성을 확인할 수 있었다. 이러한 논의를 통해서 북방정책의 상위개념으로서의 통일정책의 내용적인 의미를 살펴보고자 한다. 첫째, 제6공화국의 7·7선언과 한민족공동체통일방안에 따른 통일정책의 추진은 정책환경의 변화를 반영하고 있다. 환경의 변화로서 북방정책의 추진 성과는 한국으로 하여금 대북정책에 있어서 제5공화국의 기능주의적 접근을 그대로 답습하며, 사회주의 국가들과의 수교를 이용하여 적극적인 대북 정책제안을 할 수 있는 여건을 조성하고 있었다. 특히 정책엘리트들의 자신감은 발전적인 통일정책으로서 민족이익이 우선되는 정책 방향을 설정하고, 남북한의 화해 및 협력 등의 합의를 위한 노력의 필요성을 인식하게 하였다.

〈도표 Ⅴ-15: 남북한 통일정책 기저 변화의 비교〉

구 분	한 국	북 한
분단확정기 (50년대)	북진통일론	민주기지론
통일논의 태동기 (60-70년대)	승공통일론, 선건설 후통일	민주기지론 (선건설 후통일, 연방제, 패권적 혁명전략)
통일논의 해빙기 (제5공화국)	초보적·소극적 기능주의 (평화공존)	이중전략의 적극적 혁명전략 (고려연방공화제안) 소극적 혁명전략(고려민주연방공화제안),
통일논의 개화기 (제6공화국),	적극적 기능주의 통합전략 (화해 및 협력, 개입정책)	생존적 체제수호전략

둘째, 통일정책은 대외정책인 북방정책과 연계되어 구성될 수밖에 없었다. 상위개념으로서의 통일정책은 지속적으로 한국의 국가정책을 규제하고 있지만, 북방정책은 대외정책으로서 자율성을 가지고 있었다. 북방정책이 성공적으로 추진됨으로써 통일정책은 더욱 적극적으로 추진될 수 있었다. 북한은 대내외적 환경의 변화와 한국의 북방정책의 성과, 그리고 한국의 개입정책으로 인하여 북한은 자율성이 대폭 축소되고 있었다.

셋째, 통일정책의 변화는 남북한의 정책 능력의 변화를 반영하고 있었다. 남북한의 국력 격차는 1970년대 초반의 각축단계에서 1980년대 중반에 이르러 한국의 우월한 위치를 차지하게 되었으며, 1988년 이후에는 남북경제력 격차는 더욱 현격해졌다. 특히 88서울올림픽을 계기로 남북한의 국력의 격차에 대한 국제적 인식이 확대되고, 북한의 지속적인 경제성장 침체로 인하여 북한은 더 이상 한국의 경쟁이 될 수 없었다. 이러한 남북한의 국가의 일반적 능력이나 외교 위상의 격

차로 한국은 이를 활용하는 기능주의적 통일방안의 접근이 가능해졌
다. 그리고 북한은 대외환경의 변화에 적응하지 못하고 국제적 고립화
가 촉진됨으로써, 북한의 경제적 지원을 위한 한국의 역할기대가 증대
되었다.[147] 이러한 정책환경의 변화는 통일정책의 선택에 있어서 정
책결정자의 정책 대안을 확대시킬 뿐만 아니라, 포용정책을 빌미로 수
동적 적응전략으로 대응하는 북한에 대한 압박과 개입정책을 강화시
킬 수 있는 계기가 된 것이다.[148]

　제6공화국 노태우 정권은 통일정책을 추진하는 데 있어서 역대 어
떤 정권보다 적극적으로 추진되었으며, 그 정책의 성과에 대해서 긍정
적으로 평가되었다. 이러한 제6공화국의 통일정책은 정책환경의 변화
를 반영하여 왜 정책결정자가 통일정책을 상징화하려고 노력했는가를
살펴볼 필요가 있다.

　첫째, 한국의 정책결정자들은 통일을 국가과제로 설정해야 하는 구
조에 포위되어 있었다. 민족공동체로서의 통일의 당위성, 남북한의 대
결상태를 해소해야 하는 정책결정자의 정치적 부담, 국민의 보편화된
요구로서의 통일정책의 필요성은 이미 정책결정자에게 통일정책을 국
가과제로 수립하도록 강요하고 있었다.[149] 따라서 한국의 정책결정자

---

147) 북한의 반대에도 불구하고 경제력 차이가 통일정책의 정책수단으로 기
　　 능하고 있었다. Lee, Hong Young, "South Korea in 1991:
　　 Unprecedented Opportunity, Increasing Challenge", *Asian Survey*,
　　 Vol.32, No.1, (January, 1992), p.73.
148) 박영호, "북한의 대외관계의 정치경제: 본질적 변화인가, 전술적 순응인
　　 가?", 민족통일연구원, 『북한체제의 변화: 현황과 전망』(1991), 465-495
　　 쪽; Ahn, Byung-joo, "North Korea's Foreign Relations After the Cold
　　 War", Lee, Manwoo and Mansbach, Richard W., *The Changing Order
　　 in Northeast Asia and the Korean Peninsula* (Seoul: The Institute For
　　 Far Eastern Studies, Kyungnam University, 1993), pp.263-7.
149) 88서울올림픽 동안 행해진 여론조사에서는 사회주의 국가에 대한 인식

들은 북한의 과거의 행태에 대한 학습이나, 협상과정에서의 난관을 통해서 북한에 대한 불신으로 가득 차 있었지만, 정책목표로서의 남북대화는 정치적 동기를 구현하는 훌륭한 수단으로서의 의미를 가지고 있었다.

둘째, 통일정책의 선택과 강력한 추진은 정책결정자의 자신감의 발로였다. 노태우 대통령은 북한 경제가 내부자원의 고갈로 인한 자원 부족과 심각한 경제 침체에 빠져 있기 때문에 독자적인 긴장조성이나 외교경쟁이 불가능할 것으로 인식하고 있었다.[150] 그리고 북한은 한국의 포용정책에 대해서 흡수통일에 대한 두려움을 나타내고 있었다.[151] 따라서 한국의 정책엘리트들은 민족자존의 정책기조를 유지하고, 통일문제를 한국화하여 국제정책환경 조성에 필요한 정책 비용을 최소화시키면서 정책결정자의 정치적 동기를 구체화할 수 있다는 것이다. 7·7선언에서도 이러한 대통령의 의지는 분명히 하여 흡수통일에 대한 가능성이나 북한을 고립화시키는 경쟁전략을 부인하고, 남북한 문제의 한국화를 통해 자율성을 확보함으로써 정치적 동기를 획득

뿐만 아니라, 북한에 대한 인식이 크게 우호적으로 변화했다. 학생층에서는 북한을 미국보다 더 우호적으로 평가했다. 박상변, "북방정책의 평가: 사회적·문화적 측면", 서울대 국제문제연구소, (1992), 20쪽.

150) 1990년 이후 계속되는 마이너스경제성장률, 사회주의 동맹의 경제 지원 체제 붕괴, 에너지 및 원자재 부족, 국가 배급 체제의 만성적인 공급 부족, 공장 가동률 저하 등의 상품 공급체제의 무용화 등이 북한의 어려운 상황을 나타내는 현상이다. 한국은행, 『1996년 북한 GDP 추정결과』(1997. 7.), 2쪽.

151) 김일성은 88년 신년사를 비롯한 조선민주주의인민공화국 창건 40돌 기념 경축보고대회에서 "조국통일문제는 누가 누구를 먹거나 누구에게 먹히는 문제가 아니다"라는 것을 강조하는 현상유지 전략을 말하고 있었다. 조선중앙통신사, 『조선중앙연감 1989』 평양, (1989), 1-7쪽, 29쪽; '조국통일 3대원칙을 구현하여 90년대 통일의 결정적 국면을 열어나가자', 『로동신문』, 1992년 7월 4일, 참조.

할 수 있는 계기가 되었다.

셋째, 정책결정자의 통일정책에 대한 성과주의에 대한 기대가 통일 정책과 북방정책을 연계하여 선택하고 집행하는 주요한 촉진제 역할 을 했다. 국민 여망이 폭발적으로 증대됨으로써 정책결정자의 관심과 의지는 국민적 지지를 얻기 위한 중요한 조건이 되었다. 문제제기나 정책의제형성에서 정치권, 경제인, 실향민 등의 대부분의 민간 부문 모두가 정책참여자로서 나서고 있었으며, 7·7선언을 비롯한 8·15범 민족대회에 대한 논쟁, 밀입국사건에 대한 논쟁, 정부 밀사 파견에 대 한 논쟁, 비핵화선언 효과에 대한 논쟁, 북방정책에 대한 논쟁 등의 영역을 확대시켰으며, 논쟁은 통일정책의 절차나 방법을 중심으로 선 점경쟁, 독점경쟁, 주체논쟁 등을 중심으로 전개되었다.[152]

그러나 노태우 대통령은 청와대를 중심으로 통일정책을 추진하고, 통일부 장관을 통일원 부총리로 승격시키는 정부조직법을 개정했으며, 초기의 시행착오 및 정책조율을 위하여 통일부총리 중심의 조정기능 을 부여하여, 정책참여의 경쟁의 제도화를 추진하면서 초기부터 정책 결정자 중심으로 정책독점을 강화시키고 있었다.

이러한 통일정책에 대한 논쟁은 정치화라는 비판을 받았다. 제13대 총선거와 제14대 총선거, 지방의회선거, 대통령선거에 이르기까지 영 향을 미쳤으며, 중간평가의 연기에도 중요한 정치적 동기로 작용하고 있었다.[153] 정치적 동기에 의한 정책선택과 집행은 제6공화국의 우호

---

152) 이종석, "통일정책", 서울대 국제문제연구소, (1991), 124쪽.

153) "현 정권이 지니는 한계를 민족문제에 대한 접근을 통해 주도권을 장 악하여 모순 구조를 상쇄시키고자 하는 정치적 의도에서 비롯된 것"이 며, 남북문제, 통일문제를 '정치적 수단화'하고 있으며, "7·7선언에서는 한반도 문제의 핵심이 되고 있는 군사대결 상황의 종식을 위한 대책제 안이나 실질적인 한반도의 평화구조정착을 위한 아무런 제안도 내포하 고 있지 않다"고 비판을 받았다. 『외무통일위원회 회의록』제145회 국

적 정책망인 경제계 및 보수계층, 국가관료들에게 국내에서의 이념논쟁과 남북한의 이념대결에서 우월성을 확보할 수 있도록 했으며, 이념적 갈등의 확산을 막는 역할을 했다.[154]

넷째, 통일정책의 정치화는 통일정책에 있어서 정책변화를 가속화시키고 있었다. 성과주의에 입각한 통일제안은 보수적인 정책엘리트를 비롯한 참여자들을 전향적으로 만들고 있었다. 그러나 남북협상에서 북한에 대한 정책 개입과 강압적 국제환경을 조성함으로써 호혜평등이나 교차승인의 실천이 초기 정책목표와 달리 전략적으로 선택되었으며, 실천합의가 실천으로 연속해서 발전되지는 못했다.

제3절 북방정책의 추진전략과 성과

가. 북방정책의 추진전략의 변화와 성과

제6공화국의 북방정책이 본격화되면서 88서울올림픽의 성공적 개최, 동유럽 국가와의 국교수립 등 사회주의 국가들과의 정치적 관계형성을 위한 많은 진전이 이루어짐으로써 북방정책은 초기의 구상과는 달리 전략적인 변화가 발생하게 되었다. 이러한 전략적 변화는 정책의 추진 성과로 인한 정책환경의 변화와 이에 따른 정책목표 달성을 위한 전략의 변화를 수반하게 되었다. 이러한 관점에서 먼저 정책환경의 변화를 살펴보면, 먼저 국제환경의 변화로서 사회주의 국가들이 기존

　　　회, 제4호, 통일민주당 권헌성 의원의 발언, 1-2쪽.
154) 김성주, "남북한 통일외교 비교", 백학순 (편), 『남북한 통일외교의 구조와 전략』(서울: 세종연구소, 1997), 112쪽.

의 정치제도를 포기하고 시장경제체제를 도입하는 등 자본주의적 요소들을 도입하였으며, 공산당의 정치지도자들이 물러나고 새로운 중도 혹은 우파의 정치지도자들이 집권세력으로 등장하였다. 헝가리나 폴란드와는 달리 베를린 장벽이 붕괴된 이후 동구의 사회주의 국가들은 이미 정치체제가 변화한 이후에 한국과의 외교관계를 수립하였다. 소련이나 중국도 정치제도의 변화가 이루어지지는 않았지만, 다시 전통적 사회주의 체제로의 회귀가능성이 사라지고 있었다.155) 이념은 국가의 대외정책에서 주요한 변수가 아니며, 경제적 관계는 국가이익과 정권의 유지에 주요한 요소가 되었다. 이러한 변화는 사회주의 국가의 정책엘리트의 변화뿐만 아니라, 정치체제, 국가이데올로기, 정책적 성향을 비롯하여 북한과의 관계 변화를 의미하고 있었다.

  동북아에서도 주변 4대 강국은 현상유지전략과 자국의 기득권을 침해당하지 않기 위하여 역내 평화와 안정에 대한 희망은 지속되었다.156) 주변 4대 강국은 소외와 기득권의 보호를 위하여 한국의 북방정책에 적극적인 동조자가 되고 있었다. 양자체제에 있어서도 이념적 대립이나 군사적 긴장이 없이 한반도의 긴장완화를 위한 협력체제에 적극적으로 지지하고 있었다. 그러나 사회주의 국가의 정책목적인 경제적 협력의 강화는 이들 국가의 국제적인 통상관계 강화 및 경제발전을 위한 제반 요건이 성숙되지 못함으로써 한국의 기술투자나 상품교역이 확대되지 못하고 정체되기 시작하였다.157)

---

155) 중국과 달리 소련은 1988년부터 정치개혁을 본격화함으로써 한국의 대소접근에 유리한 환경을 제공하고 있었다. 중국과 소련의 개혁 개방정책의 비교는 서석홍, "중-소의 대내 경제개혁 비교연구", 한양대 중소연구소, (1992, 봄), 121-125쪽: 유세희, "중소의 경제체제개혁 이론 비교연구", 한양대 중소연구소, 『중소연구』 통권 53호, (1992, 여름), 58-59쪽.
156) 박두복, "중국의 대한반도 정책과 중소관계", 『국제정치논총』 제29집 제2호, (1989), 77-78쪽.

〈도표 Ⅴ-16: 한국의 대사회주의권 교역 실태〉

구분	(구)소련		동유럽		중국		총계		총교역량비교	
	수출	수입	수출	수입	수출	수입	수출	수입	수출	수입
1981	21	10	47	8	205	75	273	93	1.3	0.4
1984	26	41	43	28	229	205	298	274	1.0	0.9
1987	67	133	102	46	813	866	982	1,045	2.1	2.5
1990	519	370	541	213	585	2,268	1,645	2,851	2.5	4.1
1993	601	975	513	106	5,151	3,929	6,265	5,010	7.6	6.0

* 단위: 백만 달러, %.
* 자료: 한국 무역협회, 『주요경제지표』, 1992. 2.
　　　통계청, 『통계로 본 한국의 발자취』, 1995. 8.

　국내적으로도 사회주의 국가와의 관계가 진척되고, 88서울올림픽이 성공적으로 치러짐으로써 북방정책에 대한 한국 국민의 지지가 확산되고 있었으며, 그리고 초기의 민주화 추진이나 무역흑자 기조 등의 정책능력을 높일 수 있는 국내적 여건이었다. 그러나 1989년에 접어들면서 총체적 위기로 대변되는 노사관계의 악화, 국제수지의 악화와 민주화 추진의 부작용으로 사회적인 치안부재 논란까지 일으키고 있어 정책능력의 변화가 일어났다.[158]

---

157) 경제교류의 문제점에 대해서는 심성섭, 이윤,『한국의 구소련, 동구 투자 실태 분석』(서울: 산업연구원, 1994); 김학수, (1991), 참조.
158) 예로 1986년-1988년의 경제성장률은 12%, 1989년에는 6.8%로 하락하고, 경상수지도 1989년 52억 불 흑자에서 1990년부터 적자로 전환되었다. 김흥기,『경제기획원 33년, 영욕의 한국경제』(서울: 매일경제신문사, 1999), 353-356쪽; 민주화로 인한 사회적 갈등과 정치적 불안정에 관해서는 민준기,『정치발전의 이해』(서울: 법문사, 1993), 645-8쪽, 665-669쪽. 참조.

〈도표 V-17: 한국의 대외무역 및 무역수지〉

구분	1980	1981	1982	1983	1984	1985	1986	1987	1988	1989	1990	1991	1992	1993	1994
총무역액	338	449	443	481	537	529	636	848	1,078	1,182	1,282	1,441	1,584	1,660	1,904
무역수지	-43	-36	-25	-17	-10	0.0	42	76	114	46	-20	-89	-51	-15	-30

* 단위: 억 불 *자료: KOTIS

제6공화국은 초기 민주화 조치로 인하여 대외적 이미지가 개선되고, 정부의 정책결정 과정의 개방이 확대됨으로써[159] 통일방안 논쟁이나 야당의 북방정책 참여 등이 제한적으로 이루어졌다. 그러나 제6공화국의 보수적인 집권세력은 정치적 민주화와 경제적 민주화를 추구하는 데 있어서 공안정국과 3당 합당 이후, 오히려 권위주의로 회귀하고 있었다.[160] 또한 북방정책을 추진하면서 정책엘리트 사이의 불협화음이나 갈등, 수교협상과정에서의 보상수단, 정부의 북방정책 창구단일화, 비밀외교, 국가정책의 정치화 등으로 인한 비판으로 인하여 북방정책에 대한 국민의 지지는 점차 약화되고 있었다.

북한은 경제력 약화와 동맹체제의 붕괴로 인하여 사회주의 국가들의 경제적 지원을 확보할 수도 없었으며, 국제 정책망을 상실하여 초기와 같은 강도로 한국의 북방정책에 반발할 수도 없었다.[161] 교차승

---

159) 경제장관회의에서 안건의 무수정 통과 사례의 축소 및 심의시간 확대로 나타났다. 정정길, "대통령의 정책결정: 경제정책을 중심으로", 서울대 『행정논총』 제29권 제2호, (1991. 12), 52-77쪽.

160) 노태우 정권의 정치민주화, 경제민주화, 인권은 집권 초기의 약속과는 달리 다음 정권으로 많은 부분들이 넘겨지고, 오히려 후퇴한 측면이 있음을 지적하고 있다. 대한변호사협회, 『인권보고서』 제7집 (1992), 12-14쪽; 김석준, "국가위기관리의 적실성과 제6공화국 국가위기의 경험적 분석", 『한국정치학회보』 제25집 1호, (1991), 225쪽.

161) 초기의 북방정책에 관한 북한의 비판에 관해서는 정세현, 『북방정책에 관한 북한의 반응』 한국국제정치학회 북방정책에 관한 특별하계 학술

인을 통한 서방의 자본 및 기술도입, 투자유치 노력이 북한의 개방정책에도 불구하고 성과를 거두지 못함으로써 체제유지를 위한 내부 단속을 강화하였다. 특히 한국의 남북대화 요구가 국제적 압력으로 확대됨으로써 북한은 체제유지를 위한 개방과 체제단속 필요성이 상호 모순되어 남북대화와 긴장조성의 선택적 대응을 하고 있었다. 특히 서방 국가들은 북한으로부터 얻을 것이 없는 경제상황에서 우월한 위치에 있는 한국의 이니시어티브를 인정하고 있었다.

이러한 정책환경의 변화는 북방정책의 전략적 변화를 모색하게 되며, 이는 추진성과를 검토하는 과정에서 파악할 수 있다. 첫째, 한국의 사회주의 국가에 대한 정치적 관계형성의 우선순위가 변화되었다. 정치적 관계형성을 위한 수교협상이 헝가리를 필두로 폴란드, 유고 등으로 급격히 빨라지기 시작하였다. 이는 소련의 대동구 영향력이 약화되고 개별국가별로 대외정책이 추진됨으로써 한국-동구 수교협상 속도가 빨라졌던 것이다. 따라서 여타 동구 국가들은 장기간의 여건 조성이 없이 그리고 한국의 노력과 무관하게 동유럽 국가들의 요구로 이루어지게 되었다. 또 중국=>소련으로 이어지는 수교 단계를 수정하여, 사회주의 종주국인 소련과의 수교를 먼저 추진하였다.[162]

대회 발표논문, (1989. 8.25), 참조.

162) 김종휘 수석은 중국보다 소련과의 수교를 먼저 추진하게 된 이유를 첫째, 소련의 고르바초프 지도부는 북한 지도부와 거리가 있었다. 둘째, 소련은 기본적으로 유럽 국가여서 중국보다 한반도에 대한 이해가 적었다. 셋째, 소련은 일본의 북방도서 문제와 관련하여 한국카드를 쓰면 일본을 자극할 수 있다고 판단하고 있었다. 넷째, 소련은 한국과의 경제협력에 매력을 느끼고 있었다. 다섯째, 변화 속도가 빠른 소련이 외교관계 수립에 유연성을 가질 수 있다. 여섯째, 신중한 중국이 한-소 수교가 이루어지는 것을 보면, 따라올 것으로 평가했었다고 밝히고 있다. 안기석, "차세대 전투기 F18 결정했으면 더 큰 말썽 났다: 김종휘 전 청와대 외교안보수석 단독 인터뷰", 『신동아』(1989. 9), 123쪽.

둘째, 정책수단의 변화이다. 정책수단으로 가장 효율적인 경제적 협력은 경제협력 자금의 지원과 투자 확대, 상품 제공 등이었다.163) 초기의 경제협력 자금의 지원이 헝가리와 폴란드에 제공되었지만, 여타의 국가들에게는 제공되지 않고, 당장 급하게 경제적 보상수단을 요구하는 소련에게만 추가로 제공되었다. 그리고 경제협력 자금지원에 대한 국내의 비판으로 인한 비밀주의가 확대되고,164) 북한의 비난에 대응하여 민간 부문의 진출과, 상품 제공을 확대시키는 전략의 변화가 있었다.165)

셋째, 북방정책의 자연스런 산출인 수교를 양국의 정치적 합의에 의한 산출로 전환하고 있었다. 북방정책은 접촉과 교류의 증대를 통한 자연스런 정치적 관계의 형성이라는 단계적인 전략을 가지고 있었다. 그러나 비정치적 교류와 접촉의 확대에도 불구하고, 중국과 소련은 경제적 관계에 따른 국가이익 확보와 북한과의 동맹관계 유지를 선택하여 한국과 정치적인 관계형성을 지연시킴으로써, 한국은 상대적으로

---

163) 북방국가에 대한 경제적 보상전략은 북한에 대한 경제적 제재 조치로 귀결되었다. 즉 소련에 대한 30억 불 지원은 소련으로부터의 석유 수입량의 75%를 격감시켰으며, 사회주의 국가들 간의 우호적 가격체제를 붕괴시켰다. 외교정책수단으로서 경제적 보상전략에 대해서는 김기정, "국제체제하에서의 외교정책의 목표와 수단", 구본학(외), 『세계외교정책론』(서울: 을유문화사, 1995), 114−5쪽.

164) 경제협력 자금의 조정은 청와대의 김종인 경제수석을 중심으로 추진되었으며, 경제기획원 장관은 정책결정에 참여했지만, 주도적인 위치에서는 완전히 배제되어 있었다. "이승윤 당시 부총리 인터뷰 자료", 김흥기, (1999), 411쪽. 참조.

165) 대외경제협력기금(EDCF), 지원을 통해 불가리아의 칼라TV 공장 건설, 폴란드의 Opole주 통신망 현대화 사업, 몽고의 주사기 공장 건설 사업, 루마니아의 통신망 현대화 사업을 추진하고, 중국과 베트남에는 사업 조사단을 파견했다. 또 상협력사업으로 연수생을 초청하였다. 외무부, 『외교백서』(1994), 171−6쪽.

성과를 거두지 못하고 있었다. 이로써 한국의 정책엘리트들은 초기의 확산(spill over)효과를 통한 정치적 관계의 형성 전략을 수정하고, 경제적 관계의 제도화 및 쌍무적인 외교 관계의 수립을 적극적으로 요구하게 되었다.[166)]

넷째, 우호적인 국제적 정책망이 확충됨으로써 한국의 대외정책의 자율성이 강화되고 있었다. 서방 동맹국가들과의 우호적 정책망은 사회주의 국가들의 정책엘리트와의 정책망 형성을 지원하고 있었으며, 88서울올림픽의 성공적 개최로 인하여 한국과 사회주의 국가와의 우호적인 정책망이 더욱 확대되었다. 이는 북방정책을 조기에 통일정책으로 연계 발전시키는 전략적 변화를 가져왔다. 그리고 미국의 6자회담 및 3자회담 주장에 대해서 한국의 의사에 따른 당사자 주의로의 정책 전환을 요구할 수 있게 하였다. 그리고 한반도의 비핵화 선언 및 남북한 유엔동시가입에서의 자주적으로 남북한 관계를 형성할 수 있도록 한 원인이 되었다. 이러한 정책환경의 변화는 정책엘리트의 정책환경의 재구성에 의한 것이며, 정책목표를 달성하는 데 유리한 정책환경을 구성하는 것이다.

다섯째, 동구권 국가들과의 외교관계가 수립되면서 국민들은 중국과 소련과의 수교를 당연한 것으로 인식되었으며, 이로 인하여 정책참여자들의 과당경쟁이 발생하였다. 이러한 변화는 북방정책의 문제점에 대한 논쟁을 확대시키고 있었지만, 정책기구를 청와대를 중심으로 정책과정이 집중화되도록 하여 정책참여를 더욱 제한하게 되었으며,

---

166) 제6공화국의 북방 경협을 정치적 고려의 산물로 보면서, 1986년부터 1993년 2월까지 (1)권력기반 자체가 현격히 흔들리고, (2)경제정책 결정 주체가 급격히 확대되었으며, (3)행정의 개방화 현상이 급속히 확산되었으며, (4)경제개발 초기에 비해 경제여건이 호전되었다는 점에서 큰 차이가 있다고 지적하고 있다. 김홍기, (1999), 410-5쪽.

북방정책의 담당을 김종휘 외교안보수석으로 일원화하기도 했다.167)

　여섯째, 한국의 정책결정자는 북방정책의 의미를 냉전적 사고에 의해서 '북한과의 경쟁'이라는 인식에 기초하고 있었지만, 북한과의 대결에서의 승리는 북한의 개방과 개혁을 촉진하고 남북한 관계를 분단의 긍정적 수용이라는 현실적 바탕 위에서 북한의 변화를 유도하는 공세적 전략으로 전환하게 하였다.168)

　그러나 통일에 대한 강력한 국민적 욕구에 대응하여 정책엘리트들은 통일방안의 제의경쟁이 발생하였으며, 북한에 대해서 민족 자주화의 정책 이념에 따른 강압적인 요구로 전환하게 되었으며, 북한의 적응전략의 실패로 인하여 정책환경을 통제하려는 한국의 개입정책은 더욱 강화되어 갔다.169)

　북방정책을 추진하면서 왜 정책엘리트들은 이러한 전략적 변화를 모색하고, 정책환경을 북방정책의 추진에 유리하도록 조성했는가? 이는 정책결정자의 정책의 선택의 동인과 추진과정에서의 변화의 동인을 알 수 있게 한다. 이를 살펴보면, 첫째, 북방정책의 추진 성과가 나

---

167) 안기석, "차세대전투기 F18 결정했으면 더 큰 말썽 났다: 김종휘 전 청와대 외교안보수석 단독 인터뷰"(1989. 9), 124쪽.
168) 정종욱, "북방정책의 평가: 외교적 측면", 서울대 국제문제연구소, (1991), 2쪽.
169) 북방정책 초기에 위기의 북한은 미군철수와 일본의 경제협력 외에는 관계개선에 소극적이었다. 미국과 일본도 소련이나 중국과 달리 북한과의 관계개선에서 얻을 것이 많지 않아 소극적이었다. 탈냉전을 맞아 초기 북한은 대폭적인 군비증강과 독자적인 핵무기의 개발로 체제의 생존을 도모하였다. 북한의 핵개발 의혹은 그렇지 않아도 지지부진하던 북일수교 교섭을 중단시켰다. 북방외교의 성과에 자족하던 정부는 그 전략적 의의를 망각한 채 북한의 대미, 대일 수교에 소극적인 태도로 돌아섰다고 문제점을 지적하고 있다. 김태현, "외교안보정책", 세종연구소, (1998), 52쪽.

228

타남으로써, 이를 자신의 동기와 연계시키면서 전략적 변화가 발생한 것이다. 북방정책이 추진되면서 외교 관계 수립을 비롯한 우호적 정책 지지, 교류와 접촉의 심화, 수교의 기정사실화 등의 성과는 정책결정 자에게 정치적 업적과 지지로 평가되었다. 특히 관련 국가관료들도 정 치적 이미지 고양과 정책 추진력, 최고정치지도자로의 발전가능성이라 는 정치적 이해를 얻기 위하여 자신의 국가관료로서의 적극적으로 역 할을 수행하고 있었다.

이로 인하여 집권세력은 정권의 업적으로 정치적 상징화를 추구하 게 되고, 선거를 통해서 국민의 신임을 얻는 계기로 활용하고 있었 다.170) 반지배연합도 북방정책 추진과정에서 나타나는 절차나 과정의 문제, 이념적 경직성의 문제, 법적용의 평등성의 문제, 정책 효율성의 문제 등을 통해서 정권이나 정책결정자, 지배연합을 비판하고 있었지 만, 정책엘리트들과 동일한 정치적 동기에 따라 자신의 정책 개입을 확대하고 있었다.171) 이러한 북방열풍과 비우호적 정책망의 비판은 북방정책의 법적, 제도적 장치를 마련하도록 하고, 사회주의 국가에 외교관계 수립 요구의 강도를 높였으며, 정책기조로서의 민족적 이익 의 추구, 남북대화의 적극적 요구 등으로 북방정책의 전략적 변화를

---

170) 1991년 봄에 실시된 지방자치광역선거에서 민자당이 대승하고, 유엔 동시 가입이란 북방정책의 결실로 집권당 내에서 한때 잠잠하던 내각제 개헌 합의가 문제가 제기되었다. 정책망의 중심에 있는 청와대와 민자당 내의 민정계가 정국운영에 자신감을 갖고 차기 대권을 자신들이 바라는 내각제 로 이끌려고 했다는 의혹을 받았다. Lee, Hong Young, "South Korea in 1991: Unprecedented Opportunity, Increasing Challenge", (January, 1992), p.73.

171) 반지배연합의 정책 참여와 그 평가에 대해서는 한완상, "한국에서 시민사회, 국가 그리고 계급", 한국사회학회, 한국정치학회(편), (1992), 11-3쪽. 참 조; 이창휘, "한국사회의 민주변혁과 통일문제", 『경제와 사회』(1989. 겨울), 참조.

야기한 동인이 되었다.

둘째, 세부적인 전략적 변화는 정책성과에 따른 정책결정자의 자신감에 기인하였다. 북방정책의 선택이 정책결정자의 자신감에 기인하는 것처럼, 추진과정에서 전략적 변화도 정책능력을 바탕으로 하는 정책결정자의 적극적인 정책의지에 기인한다. 북방정책의 성과로서 사회주의 국가와의 수교가 이루어지고, 88서울올림픽의 성공적 개최, 사회주의 국가와의 수교를 통해 남북대화를 진척시킬 수 있는 정책환경이 조성되고 있는 것으로 평가하는[172] 한국의 정책엘리트들은 수교의 우선순위와 경제적 보상수단, 대북한 정책개입을 강화시킬 수 있었다.

나. 북방정책의 성과와 정책적 의미

제6공화국의 북방정책이 사회주의 국가들과 수교가 이루어지고, 또 남북대화가 전개되면서 정책의 목적이나 전략, 수단 등의 변화가 발생함으로써 북방정책의 성격도 변화하게 되었다. 먼저 북방정책은 사회주의 국가들과의 실질적인 관계개선이라는 정책목적이 점진적으로 중국이나 소련 등과의 관계정상화를 통하여, 평양의 문을 두드리는 '간접·우회적 전략'으로 대북전략의 성격을 더욱 강화시키고 있었다.[173] 북방정책이 진영외교를 변화시키는 대북경쟁전략과 한반도의 안전보장을 위한 국가안보전략에서 벗어나, 주변 국가들의 협력을 기반으로 한반도의 긴장을 관리하고 지원하는 국제안보전략으로 그 성격으로 변화시키고 있었다.

---

172) 박철언, "통일정책, 인기에 영합할 수 없다", 『신동아』 제31권 제9호, (1988년 9월), 207쪽.
173) 공보처, 『제6공화국실록: 외교·통일·국방편』 제2권, (1992), 97쪽.

둘째, 이념형으로 설정된 민족자존의 국정이념이 북방정책이 추진되면서 대외정책 기조로서 더욱 강화되었다.[174] 제6공화국의 민족자존의 정책기조에도 불구하고, 집권 초기에는 자주화 정책에 대한 국민 신뢰도는 높지 않았다. 그러나 북방정책의 추진 결과는 주변의 4대 강국을 비롯한 동맹국가의 국제 정책망의 역할은 제한적이었다.[175] 집권 초기에 올림픽의 성공적 개최와 사회주의 국가들의 민주화는 쌍무적인 사회주의 국가에 대한 우호적 이해를 넓히고 있었으며, 국내의 민주화는 대외적 자주주권의 국민의식을 더욱 넓히고 있었다.[176]

특히 북방정책은 미8군 골프장 반환, 광주 미문화원 이전 및 임대료 지불, 채널2 반환, 평시작전권 반환 등을 비롯하여,[177] 이에 걸맞도록 미국의 평화분담금 증액 요구 수렴, 주한미군의 부분철수에 대한 이해, 소련 및 중국과의 군사협력 방안 모색 등 다양한 자주화 프로그램을 개발하고 이를 추진하고 있었다.[178]

---

174) 노태우 대통령은 87년 선거과정에서 "민족자존심의 바탕 위에 서서 중심 국가로서의 발언권을 행사하는 외교는 곧 능동적 외교입니다. 강대국의 정치에 이끌려 가는 피동적 외교에서 점차 벗어나 우리의 국력과 국제적 위치에 걸맞은 외교를 우리 보폭에 맞게 추진해 나갈 것입니다."라고 말했다. 노태우, (1987), 195쪽.

175) 안기석, "차세대 전투기 F18 결정했으면 더 큰 말썽 났다: 김종휘 전 청와대 외교안보수석 단독 인터뷰"(1989. 9), 127-128쪽.

176) 로즈노우의 정책결정 요인 분석을 통해 한국의 대미외교정책결정이 일방적-수직적 관계에서 쌍방적-상호 의존적인 관계로 변화하고 있다고 평가하고 있다. 이경숙, "한국의 대미외교정책: 결정요인 분석을 중심으로", 최종기 (편), (1988), 34-35쪽; 유승익, "한국외교정책의 분석틀", 이범준, 김의곤 (공편), 『한국외교정책론』(서울: 법문사, 1995), 131쪽, 참조.

177) 안기석, "차세대 전투기 F18 결정했으면 더 큰 말썽 났다: 김종휘 전 청와대 외교안보수석 단독 인터뷰"(1989. 9), 120쪽.

178) 한-미 양국은 주한미군 감축, 방위비 분담, 한미연합사령부 개편 등 일련의 조정작업을 벌였다. 이는 한미군사관계를 대등한 관계로 변화시

그러나 국민의 자주화 요구를 비롯한 정책결정자의 민족자존 외교는
동맹국과의 관계를 이완시키는 요인으로 발전하고 있었다. 미국에 의한
시장개방 요구와 반덤핑 관세 등 경제마찰을 비롯하여[179] 주한미군 주
둔비용인 '평화배당금'(peace dividend)에 대한 요구로 국가 부담이 증
대되고 있었으며, 광주사태 당시 미국의 역할에 대한 논란과 함께 반미
감정이 고조됨으로써 88서울올림픽 이후 전개되던 한-미 간의 마찰은
심화되었다.[180] 특히 북한의 핵무기 비확산(Non-Proliferation Treaty,
NPT)체제에 대한 도전으로 말미암아 미국-북한 간의 직접대화가 김
영삼 정부에 이르러 시작되었으며, 북한의 IAEA핵안전협정 가입을 설
득하는 회유책이 시행되면서[181] 한국이 한반도 문제를 자주적으로 해
결하려는 자주화 의지가 점차 한반도 문제의 국제화로 회귀되었다.[182]

킨다는 의미하며 앞으로의 변화 방향을 가늠케 하는 중요한 일이었다.
현인택·이석중, "주한미군의 역할평가와 한-미 동맹관계", 신정현
(편), 『선진국방의 비전과 과제』(서울: 나남, 1996); 김태현, "외교안보
정책", 세종연구소, (1998), 49-50쪽.

179) 미국의 무역적자에도 기인하지만, 1988년 미국의 종합무역법과 1989년
슈퍼 301조에 의거한 한미통상협상이 개최되었으며, 한-미 간의 종합
적인 타결을 위하여 한미영업환경개선회의가 구성되었다. 김홍기,
(1999), 404쪽.

180) 김태현, "외교안보정책", 세종연구소, (1998), 49-50쪽.

181) 종전 이후 최초로 미국 고위급회담은 1993년 1월 22일 미국 국무차관
아놀드 캔터(Arnold Kanter)와 김용순 유엔주재 북한대사 사이에 열렸
으나, 미 국무부 내의 분위기는 남한을 배제한 채 북한과 만나는 것이
남북대화에 도움이 되지 않으며, 북한 정권에 너무나 큰 양보와 이론이
있었다. 따라서 이 회담은 후속 회담에 대한 약속이나 공동성명의 발표
없이 끝났다. Susan Rosegrant and Michael D. Watkins, "Carrots,
Sticks, and Question Marks: Negotiating the North Korean Nuclear
Crisis", *CASE Program Report*, John F. Kennedy School of
Government, Harvard University, 1995, p.8.

182) 박영호, 『미북관계의 변화와 한국의 대북정책 방향』 민족통일연구원,
(1997), 68-72쪽.

셋째, 북방정책은 남북관계의 획기적 전환을 위한 개입정책으로 그 성격의 변화가 있었다. 한국은 우호적인 국제 정책망의 구축과 북한의 고립화가 촉진되는 과정에서 북한에게 남북대화를 적극적으로 요구했다. 북한은 생존전략으로서 남북대화에 대응하여 남북한 유엔동시가입, 비핵화선언, 남북기본합의서에 합의하게 되었다. 특히 북한은 사회주의 국가의 체제전환과 블록경제의 붕괴, 사회주의 이념의 붕괴로 인하여 한국 내의 이념적 분열이 완화되고 국가 이데올로기가 강화됨으로써 대남전략의 변화를 보이게 되었다.

따라서 북한은 서방국가들과의 교차접촉을 확대하고, 남북대화에 적극적으로 임해야 한다는 소극적 적응전략을 추진하게 되었다. 북한의 대남전략의 변화는 체육회담, 국회회담, 경제회담을 비롯한 남북고위급 회담을 활성화시켰으며, 남북대화나 합의 도출은 당장 통일이 이루어질 수 있을 것이라는 국민적 기대를 높이고 있었다.[183] 이러한 북한 정책에 대한 개입의 강화는 호혜평등에 의한 북방정책을 현실적인 권력정치에 의한 대북 패권정책으로 그리고 교차승인 전략은 대북 포위전략으로 인식하고 있었지만 북한은 대안이 없었다.

〈도표 V-18: 남북회담 및 접촉 수: 1971-1993〉

년 도	71	72	73	74	75	76	77	78	79	80	81	82	83	84	85	86	87	88	89	90	91	92	93
회담/접촉 수	18	36	11	18	10	6	5	0	7	10	0	0	0	6	13	2	1	7	25	24	19	88	1

*자료: Young-ho Park, "North-South Dialogue in Korea: Ways Toward?" *Korea and World Affairs*, Vol.27, No.3, p.461.

---

183) 제6공화국의 노태우 정권에서 남북한 대화와 접촉은 활발히 진행되었다. 1988년~1993년까지 남북회담 및 접촉은 남북고위급 회담 관련 70회, 남북핵회담 관련 25회, 남북체육회담 관련 23회, 남북적십자 회담 관련하여 18회 등 총 160여 회에 이르고 있으며, 1971년 이후 총 307회의 남북대화의 52.4%에 이르고 있다. 통일원, 『통일백서 1992』(1992), 133쪽.

넷째, 북방정책은 한국의 정치체제를 강화시키는 전략으로 성격이 변화되었다. 북방정책은 탈냉전의 시기에 추진되었던 남북한이 체제대결이며, 상대진영에 대한 침투전략이었다. 소련이나 동구의 사회주의 경제운영방식의 문제로 인한 국가 경제의 침체는 북한에게도 개혁과 개방을 추진하게 했다. 이러한 변화는 한국 내 사회주의 운동 세력의 약화를 가져왔으며, 우호적 정책망의 안정을 가져왔다. 특히 북방정책의 추진으로 사회주의 국가와의 수교와 남북대화가 전개되면서 북방열풍은 총체적인 위기로 통칭되는 정부의 위기관리에도 영향을 주어 지배연합의 동요가능성을 약화시키고 반지배연합의 확산을 막고 있었다.

제6공화국의 정책엘리트들은 북방정책을 선택하면서 북방정책이 가져올 수 있는 부정적 결과에 대하여 인식하고 있었다. 특히 비우호적 정책망의 비판은 이러한 정책목적과 정책 산출의 모순적 현상을 예견하여 비판하고 있었던 것이다. 따라서 이를 극복하기 위하여 정책엘리트들은 북방정책의 선택 당시에 이미 이러한 모순을 극복하기 위한 북방정책의 원칙을 설정하고 있었다. 이를 통해서 북방정책의 성과를 평가하고자 한다. 첫째, 북방정책은 북한을 고립화시키지 않는다는 원칙을 가지고 있었다. 북방정책은 북한의 개혁과 개방을 유도하고 평화공존을 통해서 남북한이 민족자존과 민족이익에 충실하여 통일에 이른다는 원래의 목적과는 반대로 북한을 고립화시키고 있었다.

이러한 정책 산출은 남북한의 대결에서 우위를 차지하려는 종래의 경쟁전략의 또 다른 표현이며,[184] 소련과 북한의 군사적 밀착을 저지하는 우회전략이었다.[185] 특히 북한은 '낡은 문서의 변종'으로 비판하

---

184) 박철언, "통일정책, 인기에 영합할 수 없다"(1988. 9), 213쪽.
185) 외교안보연구원, 『북방외교의 추진방향』, 정책연구자료 88-2, (1988. 4. 18), 2쪽.

234

던186) 유엔동시가입에 동의하고 남북대화에 적극적으로 임하였지만, 북한은 서방진영과의 관계진전에 실패함으로써 더욱 고립화되었다. 북한은 고립화의 대응책으로 마련한 핵무기 개발 의혹은 비핵화 선언 및 남북기본합의서를 사문서로 만들었으며, 남북한 관계는 원점으로 회귀하게 됨으로써 북방정책은 통일정책과 연계 발전되지 못했던 것이다.187)

둘째, 북방국가들과의 관계개선을 대북정책 및 통일정책과 연계시킨다는 것이다. 사회주의 국가와의 관계개선이라는 대외정책과 남북한 관계를 개선하는 통일정책의 연계는 평화와 공존을 통한 민족이익의 구현과 통일이라는 하나의 목적으로 귀결된다. 이는 7·7선언이나 한민족공동체통일방안, 남북기본합의서로 이어지는 기본전략이었다. 또한 통일 이전의 남북관계를 잠정적 특수관계로서 하고 남북기본합의서를 잠정협정의 성격으로 규정함으로써188) 공동의 민족이익을 구체화시킬 수 있는 여지를 확보하고 있었다.189)

그러나 한국의 대외정책으로서 북방정책의 가시화는 공세적, 우월적 전략으로 발전하였다. 사회주의 국가들의 몰락과 독일통일의 경험에 근거하여 '북한붕괴'라는 전망성 화두가 나타나기 시작하였으며,190)

186) 리왈수, "'교차승인론'은 민족의 분열을 영구화하기 위한 교활한 술책", 『근로자』, 1988. 11. 95쪽: 조국평화통일위원회 허담 위원장 역시 7월 11일의 기자회견에서 위와 동일한 인식하에 '7·7선언'을 "검토할 가치도 없다"고 격렬하게 비난했다.
187) 박영호, (1997), 38-39쪽.
188) 정세현, "남북기본합의서의 법적 성격과 정치적 의미",『통일문제연구』제4권 제1호, (1992. 봄), 12쪽.
189) 서독이 동방정책으로 인한 정상회담, 기본협정 체결, 민족 화해와 협력 등 교류협력으로 분단 극복의 성과에 비하면, 한국의 북방정책의 성과는 미흡하다고 평가하고 있다. 김계동, "외교사적 측면에서 본 한국의 외교정책", 김달중, (1998), 142-2쪽.

사회주의 국가를 우회하는 전략으로서의 남북한 교류와 협력사업은 긴장완화를 위한 견제와 국제사회로의 유인(restrain and tame)이라는 이중적 전략[191]으로 정부의 통제 아래에서만 가능했다.[192] 그리고 사회주의 국가와의 우호적 정책망의 형성이 대북 압력으로 작용하여, 한국의 대북 정책개입을 강화하고 있었지만, 이것이 민족이익에 충실했는지는 의문이다. 오히려 남북한의 이념대결이 완화되고, 국민들의 민족의식의 점진적인 회복에도 불구하고 북방정책은 우회적인 대북 포위전략으로서의 정치, 외교적인 국가이익에 충실하였다.[193]

셋째, 정치적 교류와 비정치적 교류를 과감하게 병행하여 추진한다는 원칙이 있다. 북방정책은 기능주의적 접근에 따라 정책대상 국가와의 관계를 설정하여 상호발전과 공동이익을 구현한다는 접근론을 제시하고 있었다. 이는 경제계의 사회주의 국가 진출 여망과 정부의 대외정책의 정책수단이 일치하였기 때문에 1986년 15억 불에서 1992년에는 83억 불로 5.5배로 급증하고 인적교류도 장애가 없이 추진되고 있었으며, 쌍무적 경제관계의 제도화나 수교 등의 정치적 관계로 병행 발전하고 있었다.

그러나 북방정책은 북한에 대한 포위전략으로서 북한의 경제적 고립을 촉진시키고, 남북한의 경제적 상호 의존을 통해 북한의 정치경제적 종속을 심화시킴으로써 흡수통일까지 발전할 수 있다는 상반된 논

---

190) 이종석, "통일정책", 세종연구소, (1998), 92쪽.
191) 최호중, "북방외교의 현황과 추진 방향", 『국방대학원 강의안』 외교안보연구원 참고자료 89-4, 12쪽.
192) 경제논리와 정치논리의 분리가 필요하다는 비판이 제기되었다. 변재진, "남북 간 경제협력의 추진 현황과 과제", 『나라경제』 제11호, (1991. 10), 38-39쪽.
193) 노태우, "북방정책", 고려대 언론대학원 특강, (1995. 6. 14), 『월간조선』 (1995. 7), 참조.

리구조를 가지고 있었다.[194] 따라서 북한은 제한된 남북경제교류만을 추진하게 되었으며, 체제유지와 생존전략이라는 정치적 논리에 철저히 종속시켰다. 이러한 관점에서 사회주의 국가와 관계는 기능주의적 접근의 성과를 거두었지만, 남북한 관계는 정치적 관계가 우선이 되었으며, 한국의 대북 개입정책은 이를 더욱 확대시키고 있었다.

넷째, 국민적 합의에 기초하여 추진한다는 원칙에도 불구하고, 북방정책은 정권의 독점적인 정치적 선택과 집행이 이루어졌다. 노태우 정권은 민주화라는 제6공화국의 정책기조와 맞추어 7·7선언이나 한민족공동체 통일방안 등을 선택하고 공산권 자료 공개 등의 구체적인 실천프로그램을 추진하였으며, 이에 따른 법적, 제도적 장치를 마련하고 초당적 참여를 위한 노력이 이루어지기도 하였다.

그러나 북방정책은 국가보안법의 적용의 논란, 비밀외교와 방북인사의 처리를 통치행위로 보는 자의적, 선별적 법적용과 독점적인 정책추진,[195] 제도적 장치 마련 이전의 정책 집행으로 인한 혼선,[196] 남

---

194) Sanford, Dan C., *South Korea and the Socialist Countries: The Politics of Trade* (New York: St. Martin's Press, 1990), pp.68-9.

195) 정주영 회장은 1989년 초 평양에서의 기자회견에서 북한의 "경제건설이 빠른 속도로 진행되고 있다", "농촌까지 문화주택의 주거 지역을 마련해서 잘살고 있다", "이 정부에서 이 나라 의료사업, 사회보장이 굉장히 잘 되어 있다는 것을 느꼈다"고 발언했다. 이홍구 국토통일원 장관은 '다소 문제가 있는 발언'이지만, "한편으로는 개방하면서 다른 한편으로는 계속 상당한 정도의 선별적인 단속을 하려고 하니까 일관성이 결여된 결과가 나오는" 하나의 딜레마로서 표현하고 있다. 『외무통일위원회 회의록』 제145회 국회, 제5호, 11쪽.

196) 이홍구 통일원 장관도 7·7선언 이전에 관계법의 선행준비가 없었음을 시인했다. 『외무통일위원회 회의록』 제146회 국회, 제1호, 34쪽; 대북관계에 대한 파격적인 많은 선언들이 실질적이고 구체적인 대안 없이 흔히 국내 정치적 목적에 의하여 발표되어 왔다. 문수언, "탈정치적 제도화의 역설과 북방정책", 서울대 국제문제연구소, (1991), 38-9쪽.

북기본합의서의 채택으로 인한 헌법 제3조의 영토조항이나 국가보안법, 평화통일자문회의법, 남북교류협력에관한법, 남북협력기금법 등의 새로운 제도 정비의 지연[197] 등의 민주적 절차와 국민적 합의에 의한 정책추진에 있어서 논쟁과 비판이 따랐다. 이러한 민주화의 부진은 제6공화국이 6·29선언과 제5공화국의 청산 등 민주화를 추진해야 하는 과제를 안고 있는 상황에서 외연적 민주화를 추구하자는 선택적 민주화의 추진으로 평가된다.[198]

이렇게 선택적으로 국민합의를 추진하는 것은 북방정책의 성과를 국내정치적 목적으로 활용하고, 또한 청와대를 중심으로 선택과 집행이 이루어지는 독점적 정책 경험을 유지하여 정책의 성과를 정책결정자로 집중시키는 집권세력의 정책 통제방식이 그대로 유지되고 있기 때문이다.[199] 따라서 국민의 성숙되어 가는 정치의식[200]과는 달리 제

---

197) 김명기, 『북방정책과 국제법』(서울: 국제문제연구소, 1989), 157-159쪽; 장명봉, "통일문제와 관계법의 괴리", 『사상과 정책』(1990년 가을); 유선호, "남북기본합의서와 국내법의 관계: 남북기본합의서의 성격과 그 실현 정도", 제1회 평화통일대토론회; 오준근, "남북교류협력에 관한 현행 법제와 그 개선 내용", 『통일문제연구』 제4권 제1호, (1992년 봄), 26-49쪽. 참조

198) 민주화실천가족운동협의회는 1990년 7월 말 현재 국가보안법 위반으로 435명이 수감 중이며, 반수 이상이 이적표현물과 관련되어 있다고 밝혔다. 이적표현물의 경우 법적용의 문제가 있으며, 당시의 규제는 신분차별적 적용으로 비판했다. 강영진, "소위 이적 표현물", 『신동아』, 1990년 9월호, 512-523쪽.

199) 박상섭, "북방정책의 평가: 사회적, 문화적 측면—한국인의 국제정치인식의 변화를 중심으로", 서울대 국제문제연구소, 『논문집』 제15집(1991), 16쪽; 법적 형평성에 대한 안정성이 확보되지 않음으로써 통제 일변도의 통일정책이라는 비판을 받았다. 『외무통일위원회 회의록』 제146회 국회, 제2호, 12쪽.

200) 국민의 정치의식의 변화와 민주적 절차에 의한 국민적 합의에 대한 필요성에 관해서는 박홍규, "남북한관계의 변화와 국민의식", 『통일문제

6공화국의 국민적 합의는 제한적이며, 선별적이고, 변형주의적 성격을 가지고 있는 것이다.

다섯째, 미국을 비롯한 기존 우방국들과의 유대관계를 더욱 다지는 바탕 위에서 추진해 나간다는 것이다. 제6공화국은 민족자존의 정책기조를 천명하고 있지만, 취임사를 비롯한 외무부의 정책기조는 우방국가와의 유대관계의 강화를 기저로 하고 있었다.[201] 북방정책은 미국을 비롯한 일본, 서방국가들의 우호적 정책망을 통해서 사회주의 국가들과의 관계를 설정하고, 또한 우방국들이 북한과의 교류 협력을 위한 여건 조성 등의 한반도 정책에 있어서 한국과의 협력을 강화하고 있었다. 특히 정책결정자의 정상외교를 비롯하여 국가관료들의 파견외교를 통해서 우방국가들과의 협력 채널은 더욱 강화되었다.

이러한 노력에도 불구하고 한국의 경제발전에 따른 무역 분쟁, 한국에서의 반미주의, 대외정책의 홀로서기, 서방의 세계전략 및 한국의 전략적 가치 변화에 대한 인식 등으로 인하여 한국에 대한 서방의 시각은 변화되기 시작하였으며, 한국의 민족주의의 만연과 등거리외교 가능성으로 인한 우려가 확산되었다.[202] 북방정책은 한국과 소련·중국, 한국과 미국·일본, 한국과 북한의 3개 축을 상호 간 연계망으로

연구』제4권 4호, (1992년 겨울), 108-28쪽: 김태일, "통일문제에 대한 국민의식의 변화", 『통일연구논총』제4권 1호, (1995), 125-53쪽. 참조.

201) 공보처, 『제6공화국 실록』제2권, (1992), 제2장 3절 통일정책 및 북방정책에 대한 미국 측 지지 확보, 제4절 북한의 핵개발 저지를 위한 공동노력, 참조: 외무부, (1990. 6), 141-3쪽.

202) 한국은 안보 면에서 대미 의존적이었으나, 국가재정 면에서 독립적 대응 능력을 갖추어지면서 이미 1987년 최광수 외무장관은 한-미관계를 '동반자적 관계'로 규정하였다. 최광수, "한반도 주변 정세와 우리 외교정책이 방향", 『신문연구』최광수 외무장관 초청 관훈 토론회, (1987년 여름), 273-301쪽.

구축하는 국제화된 협력관계를 유지하고, 남북한 관계를 당사자관계로 하는 북방정책의 국제 정책망을 유지하고자 하는 것이다. 따라서 한국은 우방들과의 의존적, 종속적 관계에서 보다 자주적이면서도 우호적인 입장으로의 변화를 적절히 관리하고 있었다.

이러한 북방정책의 목적과 산출과의 차이는 어떠한 요인에 의한 것인가? 북방정책 목적과 산출의 괴리현상은 정책결정자의 정치적 동기인 국내 정치적 목적에 의해서 변화된 것이다. 정책엘리트는 정책의 목적을 달성을 위해 국내 자원 추출 전략을 구사하였다. 국내 자원의 추출은 반대급부로서 권위적 배분에 의한 사업 진출 및 상품구매 등의 조정을 통해서 경제적 이익뿐만 아니라, 국민의 지지나 우호적 정책망의 구성 등의 정치적 이해를 낳게 된다.

그러나 한국의 북방정책은 가치배분의 비민주성과 독점적 배분, 국민적 합의의 부재 등으로 인해 원래의 목적과 괴리현상을 발생시키고 있었다. 국제적 비준전략을 통해서 정권의 정통성을 확보하고, 소련이나 중국 등의 우호적인 국제적 정책망 확보로 인하여 북한은 고립화된 것이다.

또 다른 측면은 북방정책이 새로운 정책환경 아래에서 기존의 정책목적을 추구함으로써 괴리현상이 발생하게 되었다. 북방정책의 추진으로 북한의 우호적 정책망이 파괴되고, 이에 따라 한국문제의 한국화는 달성되었다. 그러나 남북관계가 호혜평등 및 대등한 잠정적 관계, 신뢰회복 등의 조치가 없이 강압에 의하여 관계개선이 전략적으로 추진됨으로써 남북한의 합의서는 사문서로 되었다. 그리고 사회주의 국가들의 붕괴가 가속화되는 국제정책환경의 변화나 정권의 보수대연합으로 인한 국내정책환경의 변화는 북방정책을 냉전적 사고의 확산과 국민적 합의의 왜곡, 북방정책이 정치적으로 상징화되어 명분을 중시함으로써

통일정책을 포용정책, 민족이익 우선주의로 연계되어 발전하는 데 한계
를 나타나게 한 것이다.

제 6 장

결 론

한국의 대외정책에서 안전보장, 국민의 경제복지, 국위선양, 통일로 열거된 정책기조는 표현은 상이하더라도 국가의 생존과 번영을 위하여 시기별로 상이한 비중에 의해 추진되어 왔다.[1] 한국은 사회주의 국가에 대한 정책도 이러한 목적에 충실한 것으로, 6·23평화통일외교 선언을 통해서 호혜평등에 입각한 문호개방원칙을 국내외에 천명함으로써 시작되었다.

사회주의 국가를 적대시하는 할슈타인 독트린과 반공정책은 한반도의 분단과 한국전쟁 그리고 냉전체제의 확산 등의 외생적 요인에 의하여 국가정책으로 형성된 적응전략이며 생존전략으로서 폐쇄적 대외정책이었다. 그러나 1973년 6·23선언을 통해 개방적 대외정책인 문호개방원칙을 선택하고, 호혜평등과 평화공존의 문호개방원칙으로 사회주의 국가들과의 교류와 협력을 추진했지만 소기의 성과를 거두지 못했다. 제5공화국은 제4공화국의 문호개방원칙을 계승하고 있다. 86아시안게임과 88서울올림픽의 개최, 신데탕트 등의 정책환경 변화에 따라 사회주의 국가와의 교류와 협력은 한층 강화되어 괄목할 만한 성과를 거두었다. 그러나 비정치적 관계의 증진에도 불구하고, 국교정상화 등 정치적 관계로 승화되지 못했다. 이때까지의 사회주의 국가와의 관계를 형성하는 것은 국가안보적인 관점에서 생존전략, 냉전의식에 기초한 대북 경쟁외교에 기초한 진영외교 그리고 남북한의 비동맹 및 제3세계 경쟁외교에 이르는 외교다변화전략의 연장선상에서 추진된 것이다. 그러나 제6공화국 이전에는 북방정책은 상징화되거나 구체화된 실천전략으로 성과가 산출되지 못했으며, 이념적 진영외교의 한계를 넘지 못하고 있었다.

---

1) 허만호, "한국의 외교정책", 구분학(외), 『세계외교정책론』(서울: 을유문화사, 1995), 157쪽.

그러나 1987년 12월의 제13대 대통령 선거로 집권한 제6공화국의 노태우 대통령은 전방위 외교(omnidirectional diplomacy)로 북방정책을 선택하고, 구체적인 실천전략을 추진함으로써 북방정책의 획기적인 진전이 이루어지게 되었다. 비정치적 관계가 급속히 팽창되면서 동구권 국가를 비롯하여 소련 및 중국과 정치적 관계가 형성되기 시작하였으며, 이들 사회주의 국가와의 관계 진전과 맞추어 남북한 관계도 평화공존의 단계를 넘어 남북대화와 통일에 이르는 실천전략들에 대한 합의와 비정치적 교류협력도 급격히 증대되어 제6공화국의 업적으로 평가를 받았다.

제6공화국은 북방정책의 정책환경 변화에 대응하여 공세적이며 적극적으로 정책목표를 추구해 나갔다. 국가관료들은 사회주의 국가들과의 정치적 관계형성을 타진하고 있었으며, 국민의 민족통일과 자주화에 대한 요구를 일치됨으로써 문제제기와 정책엘리트의 적극적인 정책의제형성과정을 거쳐서 국가의 주요 정책으로 선택한 것이다. 제6공화국의 정책환경을 보면, 탈냉전과 경제우선의 국제조류, 동북아의 지역적 안정과 평화에 대한 희구, 사회주의 국가의 경제협력의 요구, 남북한의 분단체제 등의 국제정책환경과 자유민주주의의 국가 이데올로기, 국민의 민주화 및 통일 욕구, 경제발전으로 인한 국가 이미지 호전, 88서울올림픽의 성공적 개최 등의 국내정책환경이 있다. 이러한 맥락적 요인들은 정책엘리트에게 북방정책을 선택하도록 하는 기초가 되었다.

제6공화국의 정책결정자는 사회주의 국가와의 관계개선을 통일정책과 인과적으로 연계하여 단계적이고 점진적으로 성취해 나가는 우회전략을 채택하였다. 북방정책의 선택에 따른 정책기구의 제도화와 국가관료들의 배치, 정책 능력의 동원, 전략적으로 차관외교, 밀사외교를 통해서 구체적으로 실천되었으며, 북방정책이 설정했던 목적을 현실화시켜 나갔다. 북방정책의 최종 목적으로서 통일에 이르지는 못했지만, 중장기 정책으로서 예상보다 빨리 사회주의 국가와의 교류협력 및 국교수립이 이루어지고, 남북대화가 전개됨으로써 북방정책의 정책수단이나 전략의 변화가 발생하였다.

그러나 제6공화국의 북방정책이 정책 산출로서의 사회주의 국가들과의 수교나 북한과의 관계진전이 이루어졌다는 평가에도 불구하고, 북방정책의 추진 결과로 인하여 북한의 고립화가 촉진되고, 북한의 긴장 조성가능성에 대한 우려가 확대되었으며, 교차승인으로 인한 분단 고착화 가능성 그리고 차관외교로 인한 과다한 경제적 정책 비용의 지불, 해외동포의 지원 부족이라는 정책 효과의 다양성 부족 그리고 북방정책 성과의 정치화에 대한 논쟁으로 상이한 평가가 이루어지고 있다.

제6공화국 북방정책의 선택과 추진과정에 대한 분석을 통해서 다음과 같은 결론을 도출할 수 있다. 첫째, 제6공화국의 북방정책 선택은 남북한의 대립이 첨예화되어 있고, 국민의식이나 지배연합의 보수적인 속성으로 인하여 사상적 자율성이 제한을 받고 있는 상황에서, 사회주의 국가와 관계를 적극적으로 개선하겠다는 정책의 전환은 정책결정자의 결단으로만 가능했다.

공공의 이익을 구현한다는 상징화된 목적을 제시하였던 북방정책은 이미 북방정책을 천명하는 순간에도 그 목적이 이루어지고 있었다. 정책결정자는 북방정책을 선택하는 데 있어서 자신감과 성과주의에 대한 확신을 가질 수 있었다. 정책결정자의 6·23선언에 대한 인식과 88 올림픽 유치과정 및 조직위원장 시절의 인식은 정치지도자로서의 공공의 이익에 기여할 것이라는 확신을 하게 하였으며, 노태우 정권의 성과주의와 국민의 지지를 얻고자 하는 정치적 이해에 의하여 정책의지는 더욱 강화되었다.

북방정책의 정책과정에서 정책결정자의 적극적 의지와 역할은 정책성과를 극대화시키는 계기가 되었으며, 정책엘리트의 비롯한 정권에 비우호적인 정책망을 구성하는 정책 참여자들의 과열된 북방열풍도 정책결정자의 정치적 동기인 성과주의를 달성하고, 북방정책의 합목적성을 확보하는 데 중요한 요인이 되었다.

제6공화국의 북방정책이 제4공화국의 문호개방원칙과는 달리 적극적으로 선택되고, 공세적으로 추진되었던 원인은 정책의지를 구현할 수 있는 정책능력이 있었기 때문이다. 사회주의 국가와의 관계개선을 위한 정책결정자나 국가관료들의 조직적 능력이 확충되어 있었으며, 국내외의 우호적인 정책망 등의 전략적 능력이 확대되고 있었으며, 지속되는 경제성장과 국가 이미지 제고 등이 정책능력이 극대화되고 있었다. 상대적으로 북한에 비해 정책능력이 우월했으며, 사회주의 국가들의 대외 정책 목표에 부합되는 정책능력을 보유함으로써 관계개선을 적극적으로 추진할 수 있게 된 것이다. 높아진 정책능력은 사회주의 국가들에 대한 차관외교 등의 외교적 보상수단으로 기능했으며, 동맹국가들에게는 북방외교가 가지는 민족자존의 실천 프로그램의 정책비용부담 능력을 확보하게 함으로써 정책의 선택과 추진에 있어서 동인이 된 것이다.

또한 정책능력이 차이가 없었던 제5공화국의 스포츠 외교와는 달리 제6공화국에서 적극적으로 추진되었던 것은 북방정책을 추진하고자 하는 정책결정자의 문제의식과 적극적으로 추진하고자 하는 정책의지에 기인한 것이다. 제6공화국의 정책결정자의 문제의식과 추진의지는 집행의 성과가 조기에 가시화되고, 이를 제6공화국 노태우 정권의 치적으로 상징화가 가능해짐으로써 국내 정치적 목적으로 활용되었다. 따라서 정책결정자의 문제의식과 추진의지는 정치적 이해와 일치함으로써 정책추진의 동인이 되는 것이다.

둘째, 북방정책의 선택은 정책환경의 영향을 받았지만, 정책엘리트는 정책환경을 재구성함으로써 북방정책의 목적을 구현하였다. 북방정책의 국내외 환경은 정책엘리트로 하여금 북방정책의 선택과 집행에서 문제의식을 비롯한, 시간과 비용, 실천전략을 결정하는 데 주요한 영향을 미치고 있지만, 정책결정자의 행위를 규정하기보다는 제한적 요소로서 기회와 제약을 가하는 것이다.

제5공화국의 정책환경은 제6공화국의 정책환경과 연속성을 가지고 있었지만, 제6공화국의 정책엘리트는 밀사외교, 차관외교를 통해서 정책환경에 대한 상이한 대응전략을 추진했다. 또한 제6공화국의 정책엘리트는 정책환경은 재구성하려는 실천전략을 추진했다. 진영외교가 미 −소의 세계체제에 의해 외연적으로 규정되어 남북한의 적대적 의존이 심화되어 왔었지만, 제6공화국의 북방정책은 한국과 사회주의 국가와의 관계를 변화시키는 비정치적 관계증진을 통한 양자체제의 재구성, 한국의 동맹관계를 유지하면서 사회주의 국가에 대한 진영침투 외교만을 추진하여 우호적 정책망을 확대시키는 선별적 변화를 도모했던 것이다. 특히 우회전략을 통해 남북한 관계의 정책환경은 재구성하려는 노력이 성과를 거두면서 제6공화국은 대북한 개입정책을 통해서 양자체제의 근원적 변화를 도모했다.

이는 한국의 북방정책의 선택과 변화에 정책환경이 주요한 영향을 미치고 있지만, 정책엘리트의 의지와 정책능력이 정책환경보다 정책의 선택과 추진과정을 설명하는 데 보다 주요한 요인이었다.

셋째, 북방정책은 정책결정자를 중심으로 정책과정이 형성되었으며,

이는 정책의 집행과정에서 점차 심화되었다. 북방정책은 정책결정자에 의해서 선택되어 국가정책으로 상징화되었다. 그리고 청와대를 정점으로 하는 정책기구는 실천전략들의 주요한 결정과 집행업무까지 관장함으로써 정책 독점을 야기했다. 역할과 과정의 집중화는 북방정책이 주요한 국가정책으로서 정책성과에 대한 자신감이 있었으며, 정책성과를 독점하려는 정치적 이해에 의하여 심화되었다. 특히 북방정책의 성공가능성과 성과주의에 대한 국민적 지지는 국가관료들이나 정치인들 사이의 갈등을 확대시키고, 비우호적 정책망의 비판과 배제를 강화시켰다.

이로 인하여 정책 집행에서의 청와대 중심의 비밀주의는 더욱 강화되었으며, 정책기구 내의 갈등은 청와대 중심의 북방정책을 더욱 강화시키게 되었다. 이러한 북방정책과정의 집중화 경향은 정책결정자를 중심으로 정책과정을 축소시켰으며, 정책결정자의 직접적인 주관과 관리하에 정책과정이 이루어져 효율성을 가져오지만, 오히려 정책의 민주화 및 제도화에 장애를 일으켰다.

넷째, 북방정책은 선택의 단계보다 일련의 집행과정을 통해서 구체적으로 개념화되었으며, 실천전략이 마련되었다. 초기 대통령의 구상은 자신의 정치적 인식과 정책엘리트를 비롯한 학계의 정책 아이디어를 구체화한 것으로, 대통령 취임 이후 상당 기간 동안 구체화되지 못했다. 오히려 국민의 요구에 대응하면서 북방정책의 개념화와 실천전략, 수단과 방법에 대한 구체화가 이루어졌다. 따라서 새로운 국가정책의 선택은 미완의 정책 내용을 구체화시키는 과정이며, 정책을 선택하고자 하는 정책결정자의 의지 그리고 환경과의 상호 작용을 통해서 구체화의 정도와 속도가 결정된다.

이러한 제6공화국의 북방정책에 대한 분석을 통해서 북방정책이 가지고 있는 성격을 살펴볼 수 있다. 북방정책은 제6공화국에서 국가정책으로 공세적으로 추진된 현상타파전략이었다. 진영외교에서 탈피하여 탈냉전이 가지는 국가이익 추구, 경제우선주의 경향을 통해 사회주의 국가들과의 관계를 형성함으로써 기존의 남북한의 대외경쟁정책의 상태를 파괴하는 전략이었다. 둘째, 북방정책은 진영외교의 범주를 넘어서는 자주적인 민족이익 확보 전략이었다. 한반도 문제의 한국화와 국제적 지원체제의 구축은 추진전략의 국제적 성격과 한국의 민족자존과의 모순과 갈등에도 불구하고, 한국은 민족의 이익을 구현하고 국가정책으로의 변모 과정을 밟고 있었다. 셋째, 북방정책은 국제 정치적 목적을 위한 자원추출 전략과 이익배분전략, 그리고 국제적 비준을 통해서 국내의 정통성 및 국민의 지지를 확보하는 국내 정치적 목적의 전략이었다. 이러한 전략에 따라 국내외적 정치적 목적을 달성하기 위하여 모든 자원을 동원하여 총력적으로 대응체제를 구축했으며, 한국의 우월적 정책능력을 우회적으로 활용하여 남북관계의 진전과 통일 여건의 조성이라는 성과를 이룩했던 것이다.

이러한 북방정책의 성격적 특성은 논란의 가능성에도 불구하고 대외정책과 통일정책을 연계시키는 개념적 발전을 통해서 집행의 성과를 극대화시켰던 상징화된 국가정책이었다. 1970년대 이래로 정책변화의 요인을 인식하고 외교관계나 남북관계의 변화를 촉발시켰던 북방정책은 특히 제6공화국에 들어서 정책 산출을 통해 한국의 대외적 위상과 남북관계의 진전에 큰 계기를 만들었다. 아직도 북방정책은 통일이나 동북아에서의 생활권의 확대 등의 목적은 구현되지 못하고 있지만, 지금까지의 발전은 시대상황의 변화를 느껴오던 정책결정자의 인식을 바탕으로 설정된 정책목적을 추진할 수 있는 한국의 정책능력을 통해 민족적 가치를 추구함으로써 한국의 위상을 한 단계 높였던 국가정책이었다.

참고문헌

1. 국문 단행본 서적

강성철, 『주한미군』(서울: 일송정, 1988)

경남대 극동문제연구소(편), 『한반도의 통일정책: 그 가능성과 한계』 (1986)

경희대 사회과학연구소, 『북한 공산체제의 대내외적 현황』(1986)

공보처, 『제6공화국 실록 ─ 노태우 대통령 정부 5년』 제1·2·3·4·5권 (1992)

곽태환, 김왕헌(역), 『국제정치학』 K. J. Holsti, *International Politics*, 4th ed.(서울: 박영사, 1990)

구본학(외), 『세계외교정책론』(서울: 을유문화사, 1995)

국가안전기획부, 『아국의 북방정책 발전 방향』(1988. 3)

국방부, 『국방백서』(1988)

국제민간경제협의회, 『북방국가편람』(1991)

국토통일원, 『남북대화백서』(서울: 남북대화사무국, 1985)

_____, 『남북한 교차승인 문제 검토』(1986. 3)

_____, 『북한 최고인민회의 자료집 제Ⅳ집』(1988)

_____, 『고르바초프의 대외정책자료집』(북방정책연구 시리즈 Ⅲ), (1988)

김계수(외), 『한국정치연구의 대상과 방법』(서울: 한울, 1993)

김공열(외), 『사회주의국가의 해체와 변혁』(서울: 아주대 사회과학연구소, 1992)

김국진, 『아국의 북방외교정책 전개방향』, 외교안보연구원 정책연구시리즈 88-20, (1988)

김기정(역), 『외교정책의 이해』 Lloyd Jensen, *Explaining Foreign Policy*,

250

　　　　(서울: 평민사, 1994)

김낙중, 노중선(편), 『현단계 제통일방안』(서울: 한백사, 1989)

김달중(편), 『외교정책의 이론과 이해』(서울: 오름, 1999)

_____, 『중공과 동북아질서』(서울: 인간사랑, 1988)

_____, 『한국의 외교정책』(서울: 오름, 1998)

김대중, 『공화국 연합제』(서울: 학민사, 1991)

김명기, 『남북기본합의서 개요』(서울: 국제문제연구소, 1994)

_____, 『북방정책과 국제법』(서울: 국제문제연구소, 1989)

김석준, 『한국산업화 국가론』(서울: 나남, 1992)

김용식, 『희망과 도전』(서울: 동아일보사, 1987)

김용학, 『사회구조와 행위』(서울: 나남, 1992)

김유남, 김성태, 『한국의 대동구권교류 현황과 문제점(1973-1977)』 한국외
　　　　교안보연구원, 79-23

김윤환(외), 『한국의 대사회주의제국 경제진출과 통일 여건 전망』(서울:
　　　　국토통일원, 1990)

_____, 『전환기의 중국 경제』(서울: 집문당, 1992)

김학성, "독일의 외교정책", 『세계외교정책론』(서울: 을유문화사, 1995)

김학수, 『한국의 대외경제협력에 관한 정책과제와 방향』(서울: 대외경제정
　　　　책연구원, 1991)

김학준, 『강대국 관계와 한반도』(서울: 을유문화사, 1983)

_____, 『전환기 한국 외교의 시련과 극복』(서울: 조선일보사 출판국,
　　　　1993)

_____, 『한국전쟁: 원인, 과정, 휴전, 영향』(서울: 박영사, 1989)

김홍기, 『경제기획원 33년, 영욕의 한국경제』(서울: 매일경제신문사, 1999)

남북대화사무국, 『남북대화 연표 1970-1980』

_____, 『남북대화백서』(1985)

南泉 김명회 박사 회갑기념논문 간행위원회(편), 『국제정치와 외교정책』
　　　　(서울: 대왕사, 1983)

내외통신사, 『주간 내외통신』(1994. 10. 13)

노태우, 『위대한 보통사람의 시대: 90년대를 위한 설계와 실천』(서울: 을

유문화사, 1987)

대통령 공보비서실,『민주・번영・통일의 큰 길을 열며』(서울: 동화출판사, 1993)

대통령 비서실,『박정희 대통령 연설문집』제2권, 제3권, (1973)

＿＿＿＿＿＿＿＿＿,『전두환 대통령 연설문집 제2집』(1988)

대한변호사협회,『인권보고서』제7집, (1992)

민정기,『영광의 새역사를 국민과 함께』(서울: 동화출판공사, 1987)

민족통일연구원,『남북 화해・협력시대, 우리의 좌표와 과제』(1992)

＿＿＿＿＿＿＿＿＿,『남북한관계 현황 및 '96년 정세전망』(1995. 12)

＿＿＿＿＿＿＿＿＿,『사회주의체제 개혁・개방 사례 비교연구』(1993)

＿＿＿＿＿＿＿＿＿,『북한체제의 변화: 현황과 전망』(1991)

민준기,『정치발전의 이해』(서울: 법문사, 1993)

＿＿＿＿＿, 배성동,『정치발전론』(서울: 을유문화사, 1987)

박경서,『국제정치경제론: 이론, 정책, 실제』전정판, (서울: 법문사, 1994)

박관용(편),『통일문제의 이해』(서울: 한얼, 1988)

박세직,『하늘과 땅, 동서가 하나로』(서울: 고려원, 1990)

박영호,『미북관계의 변화와 한국의 대북정책 방향』민족통일연구원 (1997)

박철언,『변화를 두려워하는 자는 창조할 수 없다』(서울: 고려원, 1992)

백기완,『통일이냐 반통일이냐』(서울: 형성사, 1987)

백학순(편),『남북한 통일외교의 구조와 전략』(서울: 세종연구소, 1997)

산업연구원,『북방경제협력의 과제와 전망』(1991. 4)

서울시,『제24회 서울올림픽대회 백서』(1990)

서재진(외),『사회주의 체제 개혁, 개방사례 비교연구』(서울: 통일원, 1993)

石井貫太郎,『現代國際政治理論』(京都: シネルウア, 1993)

세종연구소,『탈냉전기 한국 대외정책의 분석과 평가』(1998)

＿＿＿＿＿＿＿,『한－러관계와 김영삼 대통령』(1994)

소치형, 송영우(공저),『중국의 외교정책과 외교』(서울: 지영사, 1992)

송병우,『한－중관계론』(서울: 지영사, 1994)

252

신정현(편), 『북한의 통일정책』(서울: 을유문화사, 1989)

_____, 『선진국방의 비전과 과제』(서울: 나남, 1996)

심성섭, 이윤, 『한국의 구소련, 동구 투자실태 분석』(서울: 산업연구원, 1994)

안병준, 『북방외교에 관한 연구』 외교안보연구원 정책연구자료 82-04, (1983. 2)

_____, 『중국정치외교론』(서울: 박영사, 1986)

양영식, 『북방외교를 위한 초당적 참여방안연구』, 정무장관제1실 정책자료 89-16, (1989)

양호민, 『북한의 대미접촉에 관한 고찰』(서울: 국토통일원, 1977)

_____, 이상우, 김학준(공저), "제2공화국 시대의 통일논의", 『민족통일의 전개』(서울: 형성사, 1986)

오기평, 『한국외교론』(서울: 오름, 1994)

_____, 『현대 국제기구정치론』(서울: 법문사, 1990)

외교안보연구원, 『국방대학원 강의안』 참고자료 89-4

_____, 『북방외교의 추진방향』, 정책연구자료 88-2, (1988. 4)

_____, 『북방외교』, 정책자료 83-07, (1983. 11)

외무부 특정외교정책 추진반, 『아·태 지역의 국제질서변화와 한국의 대응전략』 (1989)

외무부, 『대한민국 외교연표』(1993)

_____, 『북방정책회의 자료(안)』(1988. 3)

_____, 『외교백서』(1994)

_____, 『한국외교 30년』(1979)

_____, 『한국외교 40년』(1990. 6)

_____, 『한국의 북방외교』 집무자료 90-113, (1990. 8)

_____, 『외교문제해설』91-5(1991. 2. 20), 92-7(1992. 4. 24), 92-10(1992. 8. 26), 93-18(1993. 11. 8)

유석렬, 『6·23선언의 발전적 정책연구』 외교안보연구원 정책논문 77-01, (1977)

_____, 『남북한 관계론』(서울: 정음사, 1985)

_____,『북한정책론』(서울: 법문사, 1989)

윤덕희(역),『오늘의 동유럽』자크 루프닉(저), (서울: 문학과 지성사, 1990)

_____,『동구 정치개혁의 현황과 성격』(서울: 서울대 소련·동구 연구소, 1990. 4)

이 한(편),『북한의 통일정책 변천사: 1945-85年 주요문건』(충주: 온누리, 1989)

이 호,『외교는 사기다』(서울: 제일미디어, 1997)

이방원,『세울 코레아』(서울: 행림출판사, 1989)

이범석,『선진조국 창조를 위한 외교과제』(서울: 국방대학원, 1983)

이범준, 김의곤 (공편),『한국외교정책론』(서울: 법문사, 1995)

이상우,『한국의 북방정책』평양고보동문회-이북5도민회-조선일보, 북방정책과 통일 문제 토론회 발표, (1989. 3)

_____,『한국의 안보환경』제2집, 증보판 (서울: 서강대 출판부, 1986)

이세기,『올림픽과 국가발전』(서울: 전망사, 1984)

이영길,『한중수교에 따른 국방대책』한국국방연구소 연구보고 정92-706, (1992. 11)

이영일,『사회주의 체제변동의 연구』(서울: 통일원, 1990)

이용희,『한국과 세계정치』(서울: 민음사, 1987)

이장춘,『북한의 핵무기와 동북아세아의 안보』별쇄본 (1993)

이호재,『북방외교의 길』(서울: 홍사단출판부, 1984)

이홍구,『한국의 통일정책과 북방외교』(1988. 4. 29)

임동원 ,『남북관계의 현황과 전망』서울대 행정대학원 고위정책과정 및 총동창회, (1992)

전봉근,『통일안보정책 결정체제 연구: 북핵문제 대응을 중심으로』(서울: 세종연구소, 1998)

전인영, 신정현, 백종찬(공저),『북방3각관계의 변화와 한국의 정책방향』(서울: 국제평화연구소, 1988)

전현준, 안인해, 이우영,『북한의 권력 엘리트 연구』(서울; 민족통일연구원, 1992)

254

정무장관(1)실, 『남북관계에 대비한 북방정책 방향』(서울: 정무장관 1실, 1990)

정상환(외), 『한미관계의 재인식 2』(서울: 두리, 1991)

정세현, 『북방정책에 관한 북한의 반응』한국국제정치학회 북방정책에 관한 특별하계 학술대회, (1989. 8.25)

정일영(편), 『한국외교 반세기의 재조명』(서울: 세종연구소, 1993)

정주영, 『시련은 있어도 실패는 없다』(서울: 제3기획, 1991)

정진위, 『북방삼각관계 — 북한의 대중소관계를 중심으로』(서울: 법문사, 1985)

정창영, 『소련-동구의 최근 대외교역동향』전국경제인연합회, 한국외국어대, 소련 및 동구문제연구소 주최 소련·동구의 경제동향과 진출방안에 관한 세미나(1975. 5)

정한구, 『소련의 대한반도 정책 전망과 한소관계 증진 방안』외교안보연구원 정책 연구시리즈 88-22, (1988)

정해구, 『광주민주항쟁연구』(서울: 사계절, 1990)

조선중앙통신사, 『조선중앙연감 』(1981, 1989)

조순성, 박진욱, 『통일논의의 변천과정, 1945-1993』(서울: 민족통일연구원, 1993)

조순승, 『한국분단사』(서울: 형성사, 1982)

조인원, 『국가와 선택』(서울: 경희대 출판국, 1996)

조한범, 『중국과 러시아의 경제체제 개혁 비교 연구』(서울: 민족통일연구원, 1997)

중앙선거관리위원회, 『제13대 국회의원 선거 총람』(서울: 중앙선거관리위원회, 1998)

최동희, 『동유럽의 정치경제와 한반도』(서울: 나남출판사, 1991)

_____, 『탈냉전 시대의 한국 외교정책』(서울: 사회문화연구소, 1998)

_____, 『갈등의 평화론』(서울: 나남출판사, 1987)

최종기(편), 『한국외교정책』(서울: 한국국제관계연구소, 1988)

_____, 『소련과 동구관계론』(서울: 종로서적, 1985)

춘 군, 『북한핵의 문제, 협상과정, 진상』(성남: 세종연구소, 1995)

통계청, 『통계로 본 한국의 발자취』(1995. 8)

통일원, 『남북기본합의서 해설』(서울: 통일원 통일정책실, 1992)

_____, 『남북한 경제현황비교』(1991)

_____, 『북한 GNP추계방법 해설』(1988)

_____, 『북한·통일연구논문집(Ⅳ)』(1991)

_____, 『분단 45년 남북한 경제의 종합적 비교분석』(1990)

_____, 『통일백서』(1990, 1992)

하영선(편), 『한반도 군비경쟁의 재인식』(서울: 인간사랑, 1989)

_____, 『한반도의 전쟁과 평화』(서울: 청계연구소, 1989)

한국무역협회, 『주요경제지표』(1992. 2)

한국개발연구원, 『북한경제지표집』(서울: 한국개발연구원, 1996)

한국공산권연구협의회, 『한국공산권연구백서』(1989)

한국사회학회, 한국정치학회(편), 『한국의 국가와 시민사회』(서울: 한울, 1992)

한국은행, 『1996년 북한 GDP 추정결과』(1997. 7)

_____, 『북한 GNP추정결과』(1992-1995)

한국정치외교사학회(편), 『한국북방관계의 정치외교적 재조명』(서울: 평민사, 1990)

한국정치학회(편), 『한국 정치의 민주화와 통일방안』(서울: 을유문화사, 1990)

_____, 『민족공동체와 국가발전』(1989)

한종만(외 역), 『러시아 소련 독립국가연합 경제의 구조와 전망』폴 그레고리 & 로버트 스튜어트(저), (서울: 열린 책들, 1992)

해외경제연구소, 『시베리아 개발전망과 한국의 참여 가능성 검토』 연구보고 79-22, (1979)

허 만, 『한반도와 외교정책론』(서울: 교학과학사, 1998)

허민영, 『북한 통일연구논문집(Ⅳ)』(서울: 통일원, 1991)

허민영, 『북한의 대비정책 변화연구』(서울: 민족통일연구원, 1995)

황의각, 『북한경제론』(서울: 나남, 1992)

2. 영문 단행본 서적

Allision, Graham T. *Essence of Decision* (Boston: Little, Brown and Compamy, 1971)

Anderson, James E., *Public Policy－Making* (New York: Holt, Reinhart and Winston, 1979)

Base, Claude A., *The United States and the Republic of Korea: Background for Policy* (Stanford: Hoover Institution Press, 1983)

Bennett, Douglas C. and Sharpe, Kenneth E., *Transnational Corporations Versus the State: The Political Economy of Mexican Auto Industry* (Princeton: Princeton University Press, 1985)

Bhagwati, Jagdish N., *Foreign Trade Regimes and Economic Development: Anatomy and Consequences of Exchange Control Regimes,* (Cambridge: Ballinger Publishing Co., 1978)

Brecher, M., *The Foreign Policy System of Israel: Setting, Image, Process* (New Haven: Yale University Press, 1972)

Buss, Claude A., *The United States and Republic of Korea background for Policy* (Standford: Hoover Institute Press, 1982)

Carter, Jimmy, *Keeping Faith: Memoriors of a President* (New York: Bamatam, 1983)

Chin, O. Chung, *Pyongyang between Peking and Moscow: North Korea's Involvement in the Sino－Soviet Dispute, 1985－1975* (Alabama: The University of Alabama, 1978)

Chung, Chin－Wee (et al), *Korea and Japan in World Politics* (Seoul: Korea Association of International Relations, 1985)

Cobb, Roger W. & Elder, Charles D., *Participation in American Politics: The Dynamics of Agenda Building,* (Boston: Allyn & Bacon. In., 1972)

Crubb jr., Cecil V., *Doctrines of American Foreign Policy: The Meaning, Role and Future* (Boston Rouge: Louisiana University Press, 1982)

Deutsch, Karl, et. al., *Political Community in the North Atlantic Area:*

International Organization in the Light of Historical Experience (Princetion, N.J.: Princetion University Press, 1957)

Dror, Yehezkel, *Public Policy Making Reexamines* (Scranton, Pennslvania: Chandlev Publishing Company, 1968)

Dye, Thomas R., *Understanding Public Policy* (4th ed.), (Englewood Cliff, N.J.: Prentice Hall, Inc., 1981)

Ellman, Michael, *Socialist Planning* (Cambridge: Cambridge University Press, 1980)

Evans, Peter and Dietrich Rueschemeyer, Theda Skocpol(eds.), *Bringing the State Back In* (Cambridge: Cambridge University Press, 1985)

_____, *Dependent Development: The Alliance of Multinational, State, and Local Capital in Brazil* (Princeton, N. J.: Princeton Univ. Press, 1979)

Gourevitch, Peter, *Politics in Hard Times: Comparative Response to International Economic Crise* (Itaca, N. Y.: Cornell University Press, 1986)

Greenstein, Fred I., & Polsby, Nelson W.(eds.), *Handbook of Political Sciences*, Vol.5. (Reading Addition – Wesley, 1975)

Grindle, Merilee S. and Thomas, John W., *Public Choices and Policy Change: The Political Economy of Reform* (Baltimore: The John Hopkins University Press, 1991)

Haas, Earnst B., *The Uniting of Europe: Political, Social Economic Forces, 1950–1957* (Stanford: Stanford University Press, 1958)

Hall, Peter A. (ed.), *The Political Power of Economic Ideas: Keynesianism across Nations* (Princetion: Princetion University Press, 1989)

Han, Sung – Joo, *The Failure of Democracy in South Korea* (Berkeley: University of California Press, 1974)

Hayes, Peter, *Pacific Powderkeg: American Nuclear Dilemmas in Korea* (Lexington: Lexington Books, 1991)

Holsti, K. J., *International Politics: a Framework for Analysis* (Prince Hall

Press, 1988)

Huntington, Samuel P., *The Third Wave*, (Norman: University of Oklahoma Press, 1991)

Jervis, Robert, *The Logic of Images in International Relations* (Princeton: Princeton University Press, 1970)

Jones, Charles O., *An Introduction to the Studies of Public Policy* (2nd ed.), (North Scituate, Mass.: Duxbury Press, 1977)

Kazenstein, Peter J. (ed), *Between Power and Plenty: Foreign Economic Policies of Advanced Industrial States* (Madison: University of Wisconsin Press, 1978)

_____, *Small States in World Markets: Industrial Policy in Europe* (Itaca, N. Y.: Cornell University Press, 1985)

Kegley, Charles W. and Wittkof, Eugene, *World Politics: Trend and Transformation* (New York: St. Martin's Press, 1985),

Keohane, Robert O. and Nye, Joseph, *Power and Interdependence* (Boston: Little Brown, 1977)

Kim, Hakjoon, *Korea in Soviet East Asian Policy* (Seoul: Kyunghee University Press, 1986)

Kissinger, Henry, *Diplomacy* (N.Y.: Simon and Schuster, 1994)

Knorr, Klaus, *The Power of Nations* (New York: Basics Books Inc., 1975)

Koh, Byung Chul, *The Forign Policy Systems of North and South Korea*, (Berkeley: University of California Press, 1984)

Koo, Youngnok and Han, Sung-joo(eds.), *The Foreign Policy of the Republic of Korea* (New York: Columbia University Press, 1985)

Krasner, Stephen D., *Defending the National Interest: Raw Material Investments and US Foreign Policy* (Princetion: Princeton University Press, 1978)

Lane, David, *Soviet Society under Peresstroika*(Boston: Unwin Hyman, 1990)

Lee, Chae Jin, *China and Korea: Dynamic Relations* (Stanford: Hoover Institute Press, 1996)

Lee, Manwoo and Mansbach, Richard W., *The Changing Order in Northeast Asia and the Korean Peninsula* (Seoul: The Institute for Far Eastern Studies, Kyungnam University, 1993)

Lerche, Charles O. Jr., and Said Abdul Aziz, *Concepts of International Politics in Glorbal Perspective*, 3rd ed. (Englewood Cliffs: Prentice Hall, 1979)

Mason, David, *Revolution in East-Central Europe: The Rise and Fall of Communism and the Cold War* (Oxford: Westview Press, 1992)

Michael, Ellman, *Socialist Planning*, (Cambridge: Cambridge University Press, 1980)

Miliband, Ralph, *The State in Capitalist Society* (New York: Basic Books, 1969)

Morgenthau, Hans, *Politics among Nations*, 3rd ed. (N.Y.: Knopf, 1961),

Oberdorfer, *The Two Koreas* (Reading: Addison-Wesley, 1997)

Pouantzas, Nicos, *Political Power and Social Classes* (London: New Left Books, 1973)

Rosati, Jerel A., *The Politics of United States Foreign Policy* (Orlando, Florida: Holt, Rinehart and Winston, Inc., 1993)

Rosenau, James N, (ed.), *International Politics and Foreign Policy*, Revised edition (N.Y.: The Free Press, 1969)

_____, *The Analysis of International Politics*(New York: The Free Press, 1972)

Rotberg, Robert I. and Rabb, Theodore(eds.), *The Origin and Prevention of Major Wars* (Cambridge: Cambridge University Press, 1988)

Russett, Bruce and Star, Harvy, *World Political Process* (London: Macmillan, 1971)

Sanford, Dan C., *South Korea and the Socialist Countries: The Politics of Trade* (New York: St. Martin's Press, 1990)

Scabury, P. & Wildavsky, A.(eds.), *U.S. Foreign Policy for the 1970's* (New York: McGraw Hill, 1969)

Schnabel, James F., *United States Army in the Korean War* (Washington D. C.: US Government Printing Officer, 1972)

Swearingen, Rodger (ed.), *Siberia and the Soviet Far East: Strategic Dimension in Multinational Perspective* (Stanford, Calif.: Hoover Institute Press, 1987)

Synder, Glenn H. and Diesing, Paul, *Conflict Among Nations: Bargaining Decision Making and System Structure in Internatinal Crises* (Princeton, N.J.: Princeton University Press, 1977)

Wallace, William, *Foreign Policy and the Political Process* (London: Macmillan, 1971)

Waltz, Kenneth N., *Theory of International Politics*, (Massachusetts: Addision-Wesley Publishing Company, 1979)

Werner, Myron and Huntington, Samuel P.(eds.), *Understanding Political Development* (Boston: Little, Brown and Co., 1987)

Wilson, James Q., *Political Oranizations* (New York: Basic Books, 1973)

Zartman, I. William, (ed.), *The Negociation Process: Theories and Applications* (Beverly Hills: Sage, 1978)

3. 국문 정기간행물

강석승, "한국 북방외교의 추진현황과 과제", 『안전보장』(1988. 8)

강영진, "소위 「이적 표현물」", 『신동아』(1990. 9)

곽병찬, "박철언 작전상 후퇴 고려", 『옵져버』(1991. 5)

구영록, "국가이익과 한국의 대외정책", 『국제정치논총』 제31집 (1991)

구종서, "현 정부의 외교정책과 평가: 노대통령의 외교정책의 평가", 『외교』 (1992. 12)

권태준, "노태우 정권의 5년 성적표: 어정쩡한 통치, 어중간한 치적", 『신동아』(1993. 2)

김 덕, "남북한 관계의 특징과 체제경쟁", 『국제문제』 제7권 12호, (1976)

김 현, "한국 정치학에 있어서 외교정책 분석론의 연구 현황과 문제점",
1996년 한국정치학회 연례학술 대회, (1996. 12)

김광용, "중소의 대한반도 정책 비교연구", 한양대 중소연구소,『중소연구』
통권 53호, (1992. 봄)

김국진, "현 정부의 외교정책과 평가",『외교』(1992. 12)

김달중, "공산권 국가와의 비정치적 교류의 문제점 및 대책",『정책연구』제
87집

_____, "공존효과의 발생과 평화공존, 한국외교의 갈등외교의 적용과정에
서 제기되는 한 개념의 위치",『정경연구』제9집 (1972)

_____, "북방정책의 개념, 목표 및 배경",『국제정치논총』제29집 제2호,
(1989)

_____, "현 정부의 외교정책과 평가",『외교』제4호, (1992. 12)

김대환, "북방정책추진에 따른 북한의 대응전략 방향", 국제문제조사연구소,
『정책연구』제98호, (1990)

김명기, "북방정책과 통일정책", 안보문제연구원,『통일로』(1990. 1)

김명기, "유엔가입에 의한 북한 승인과 통일논의",『통일문제연구』제4권
제1호, (1992. 봄)

김병일, "중국의 개혁정책과 대외관계", 경희대 사회과학연구소,『사회주의
국가의 대외관계』(1992)

김부기, "고르바초프의 개혁과 동북아정세",『국제문제』통권 215호, (1988. 7)

김상범, "북한의 핵개발에 따른 대응 방향", 육군본부,『군사연구』제15집
(1994)

김석준, "국가위기 관리의 적실성과 제6공화국 국가위기의 경험적 분석",『한
국정치 학회보』제25집 1호, (1991)

김세균, "북방정책과 통일정책", 한국국제정치학회,『국제정치논총』제29집,
제2호, (1989)

김순규, "6·23선언과 안보개념의 위치",『정경연구』제10권 (1973. 7)

김영삼, "민자당은 도덕적 보수세력이 되어야 한다"『한국논단』(1990. 4)

김영준, "북방정책의 평가와 전망", 경희대 정치학과 동문회,『한국의 정치
상황과 북방정책』(1990. 6. 29)

김유남, "한국외교의 현안문제와 전망", 『국회보』(1983. 1)

김의곤, "한소관계의 발전과 남북한 관계의 전망", 『국제정치논총』 제30집 제1호, (1990)

김인혁, "폴란드 자유노조의 성립배경에 관한 고찰", 한양대 중소연구소, 『중소연구』 통권58호, (1993. 여름)

김일동, "청와대 북방정책 인맥", 『신동아』(1990. 9)

김정환, "한국의 대공산권 외교에 대한 북한의 대응태도 및 전략", 단국대 『미소연구』 제2집 (1988)

김태구, "북방정책 추진에 따른 북한의 대응전략 방향", 『정책연구』 제98집 (1990)

김태일, "통일문제에 대한 국민의식의 변화", 『통일연구논총』 제4권 1호, (1995)

김태현, "대북인식의 이중구조와 북한핵문제", 세종연구소, 『국가전략』 제2권 제2호, (1996. 8)

김학준, "대한민국의 북방정책: 그 기원들과 전개와 전망", 『외교』 제14호, (1990. 6)

_____, "한-소 화해와 남북관계", 대외경제정책연구원, 『북방경제』(1991)

_____, "현 정부의 외교정책과 평가: 제6공화국 외교의 중심과제", 『외교』 (1992. 12)

김화섭, "중국 산동성―새로운 신라방의 가능성과 한계", 산업연구원, 『공산권 경제』 제1권 제2호, (1988)

나창주, "한국의 북방정책의 과제와 전망", 북방정책연구소 주최 한국 북방정책 및 통일정책관련 세미나 발표논문, (1988. 12)

나필력, "북방정책의 근본문제점", 『민족지성』 통권 제38호, (1989. 4)

노태우, "북방정책", 고려대 언론대학원 특강(1995. 6. 4), 『월간조선』(1995. 7)

노희목, "한국의 대북방 경제교류 증진방안", 『국제정치논총』 제29집 제2호, (1989)

리왈수, "'교차승인론'은 민족의 분열을 영구화하기 위한 교활한 술책", 『근로자』(1988. 11)

문수언, "탈정치적 제도화의 역설과 북방정책", 서울대 국제문제연구소 『논

문집』 제15호, (1991)

문익환, "연방제 통일의 3단계 과정", 한길사, 『사회와 사상』(1988. 9)

민병기, "할슈타인 원칙과 그 변천과정: 사적 변화과정을 중심으로", 『국제 문제』 제1권 제3호, (1970. 11)

민병천, "한국 외교에 대한 국제적 도전: 중립성의 세계화 과정 속에서 우리의 지향을 제약하는 것", 『정경연구』 제9권, (1972)

박광식, "남북한 관계 변천과 오늘의 북방정책", 안보문제연구원, 『통일로』 (1991. 8)

박두복, "중국의 대한반도 정책과 한-중관계", 『국제정치논총』 제29집 제2 호, (1981)

박상변, "북방정책의 평가: 사회적·문화적 측면", 서울대 국제문제연구소, 『논문집』 제15호, (1991)

박상섭, "북방정책의 평가: 사회적·문화적 측면: 한국인의 국제정책인식의 변화를 중심으로", 서울대 국제문제연구소, 『논문집』 제15집, (1991)

박영호, "북방정책과 북한의 대외관계: 대소련·중국관계를 중심으로", 『국제정치논총』 제29집 제2호, (1989)

박인희, 엄재호, 강지한, "북방정책에 관한 국민의식조사", 경북대 평화문제연구소, 『평화연구』 제15집, (1992. 12)

박철언, "남북관계 정상화 무엇이 문제인가: 북방정책과 통일전략", 『민족지성』 통권 제77호, (1992. 2)

_____, "민족의 진운과 북방정책", 『민족지성』 통권38호, (1989. 4)

_____, "통일정책, 인기에 영합할 수 없다", 『신동아』 제31권 제9호, (1988. 9)

_____, "한반도 정세와 통일에의 길, 북방정책제의 길", 북방정책과 한-소 관계 세미나, 『민족지성』(1991. 4)

_____, "한소정상회담 이후, 북방정책의 과제", 『신동아』(1990. 9)

박치영, "한국 대통령선거와 외교정책 이슈", 『국제정치논총』 제29집 제1호, (1989)

박홍규, "남북한 관계 변화와 국민의식", 『통일문제연구』 제4권 제4호,

(1992. 겨울)

_____, "북방정책과 대미 – 일 관계", 『국제정치논총』 제29집 제2호, (1989)

배찬복, "오늘의 북방정책과 남북통일", 통일로 창간 3주년 특별세미나, 안보문제연구원, 『통일로』(1991)

변재진, "남북 간 경제협력의 추진현황과 과제", 『나라경제』 제11호, (1991. 10)

서두원, "김영삼 – 박철언 누가 승자인가?", 『신동아』(1990. 5)

서병철, "북방정책과 한국 · 동유럽 관계", 『국제정치논총』 제30집 제1호, (1990)

서석홍, "중소의 대내경제개혁 비교연구", 한양대 중소연구소, 『중소연구』 제16권 1호, (1992. 봄)

서재만, "약소국에 있어서의 국내정치와 외교정책과의 관계", 『국제정치논총』 제20집, (1980)

서진영, "고뇌하는 중국적 사회주의", 『신동아: 별책부록』(1991. 1)

손호철, "한국전쟁과 이데올로기 지형: 국가, 지배연합, 이데올로기", 경남대 국제문제연구소, 『한국과 국제정치』 제6권 제2호, (1990. 가을)

안기석, "차세대 전투기 F18 결정했으면 더 큰 말썽 났다: 김종휘 전 청와대 외교안보수석 단독 인터뷰", 『신동아』(1989. 9)

안병영, "북한의 외교행태와 그 대응: 현재의 갈등외교는 지속되어야 하는가", 『정경연구』 제9권, (1972)

안병준, "노태우 정권 5년 성적표: 북방정책의 성과, 전략이 아쉬웠다", 『신동아』(1993. 2)

_____, "북방외교의 과제와 전망", 『외교』 제6호, (1988. 7)

_____, "북방정책의 성과와 문제점 검토", 『정책연구』(1989. 4)

_____, "탈냉전기에 있어서 한국외교의 과제와 전망", 연세대 사회과학연구소, 『사회과학논총』 제23권, (1992)

엄재호, "한국의 북방외교", 『평화연구』 경북대 평화문제연구소, 제10집 제1호, (1985. 7)

오기평, "한국외교정책, 금후의 방향", 『정경연구』 제10권, (1973. 7)

오준근, "남북교류협력에 관한 현행법제와 그 개선 내용", 『통일문제연구』

제4권 제1호, (1992. 봄)

오진용, "중국에서 보는 한-중수교", 북방지역센터, 『북방경제』 제1권 7호, (1992. 7)

우재승, "한국외교정책·현상타파를 위한 조준: 통일·안보·번영＝외교기준 3원칙의 이념적 재정립", 『정경연구』 제9권, (1972)

유병화, "남북한 유엔가입과 한국통일의 법적 문제. 『통일문제연구』 제3권 제3호, (1991. 가을)

유석렬, "북방정책 전개에 따른 한국의 군사적 대응", 『국방학술 논총』 제4집, (1990. 8)

_____, "북방정책과 통일환경 개선", 『외교』 제20호, (1991. 12)

유선호, "남북기본합의서와 국내법의 관계: 남북기본합의서의 성격과 그 실현정도", 제1회 평화통일대토론회

유세희, "중소의 경제체제개혁 이론 비교연구", 한양대 중소연구소, 『중소연구』 통권 53호, (1992, 여름)

윤덕희, "동유럽의 정치·경제개혁과 북방정책", 서울대 국제문제연구소, 『논문집』 제15호, (1991)

이 철, "소련의 대한국 접근정책과 대소외교의 문제점", 『국토통일』(1974. 1)

이경숙, "북방정책과 통일정책", 숙명여대 통일문제연구소, 『통일논총』 제8 (1991. 12)

이기택, "한국의 대중소외교의 가능성", 『북한』(1974. 2)

_____, "한중공 대화의 길은 열렸는가", 『신동아』(1983. 6)

이명식, "대중공·대소련 접근 방식에 대한 가설 검토: 적응의 이론을 당위의 체결로 하여", 『정경연구』 제9권, (1972)

_____, "독립국가연합(구소련방)의 외교정책과 대외관계", 경희대 사회과학연구소, 『사회주의 국가의 대외관계』(1992. 5)

_____, "한국외교정책을 결정하는 제요인", 『중앙행정』(1970. 4)

이삼성, "한국전쟁이 냉전과 한미관계에 미친 영향: 전통적 시각과 비판적 시각의 비교", 『한국과 국제정치』 제6권 제2호,

이상우, "다극체제하의 남북한 관계: 국제관계 국면에서의 주요 가설들에 대한 검토", 『정경연구』 제10권, (1973. 7)

이상준, "한중 교역의 결정요인의 변화와 우리의 대응책", 북한경제와 남북
       한 경제 교류·협력에 관한 국제회의 발표논문, (1989. 8)

이서항, "남북한 협의, 이행기구의 과제와 전망", 『통일문제연구』 제4권 제
       4호, (1992. 겨울)

이석호, "한국 북방정책의 변천과정과 결정요인", 『국제정치논총』 제28집
       제2호, (1988)

_____, "한국의 북방정책: 현황과 전망", 『외교』 제9호, (1989. 3)

이영호, "냉전 이후 시대에 우리의 방위전략방향에 대한 소고", 세종연구
       소, 『국가전략』 제1권 1호, (1995. 2)

이장희, "남북기본합의서의 국제법적 성격", 『민족통일』 통권 제50호,
       (1992)

이조원, "최근 韓-中수교가 남북한관계에 미칠 영향 분석", 공안문제연구소,
       『공안 연구』(1992. 10)

이종석, "북에서 본 한·일협정과 '조·일회담'", 『역사비평』(1995. 봄)

이창휘, "한국사회의 민주변혁과 통일문제", 『경제와 사회』(1998. 겨울)

임동원, "현 정부의 외교정책과 평가: 통일외교", 『외교』 제4호, (1992. 12)

장명봉, "통일문제와 관계법의 괴리", 『사상과 정책』(1990. 가울)

전략희, "북방정책의 추진과 남북한 관계의 개선", 국가안전보장회의, 『국
       가안전보장 논총』 제16집 (1989)

전봉근, "탈냉전 시대의 핵확산 가능성과 대응방안 연구", 한국정치학회 발
       표 (1996)

전인영, "미·북관계의 지속과 변화", 『정책연구』 제5호, (1988)

_____, "중-소-북한 간 북방삼각관계의 변화", 경희대 사회과학연구소, 『북
       한 공산 체제의 대내외적 현황』(1986)

전정환, "한국의 대공산권 외교에 관한 북한의 대응태도 및 전략", 단국대
       미소연구소, 『미소연구』 제2집, (1988)

정대화, "남북한 교차승인의 가능성과 평가", 한길사, 『사회와 사상』(1990. 8)

정세균, "북방정책에 대한 북한의 반응", 한국국제정치학회, 북방정책에 관
       한 특별하계학술대회, (1989. 8. 25)

정세현, "남북기본합의서의 법적 성격과 정치적 의미", 『통일문제연구』 제4

권 1호, (1992. 봄)

_____, "북방정책에 관한 북한의 반응", 한국국제정치학회 북방정책에 관한 특별 하계 학술대회 발표논문, (1989. 8. 25)

정영록, "동북아 지역 경제협력 현황과 지역경제협력체 구성 전망", 서울대 국제문제 연구소,『논문집』제15집, (1991)

정용길, "부속합의서 발효와 남북한 관계변화 전망",『통일문제연구』제4권 4호, (1992. 겨울)

_____, "서독의 동방정책과 한국의 북방정책",『국제정치논총』제29집 제2호, (1989)

정용석, "남북한 교류시대의 좌경문제",『자유논총』제261호, (1988. 12)

정정길, "대통령의 정책결정: 경제정책을 중심으로", 서울대,『행정논총』제29권 제2호, (1991. 12)

정종욱, "북방정책의 평가: 외교적 측면", 서울대 국제문제연구소,『논문집』제15집 (1991)

_____, "북방정책 다변화가 북한 사회주의 국제관계에 미치는 영향", 서울대 국제 문제연구소,『논문집』제14집 (1990)

_____, "한국외교정책의 변천과 공산권외교의 등장", 단국대 미소연구소,『미소연구』제2집 (1988)

조갑제, "노태우의 육성 회고록",『월간조선』(1995. 5)

조순환, "민족교류를 통한 남북한 통일",『민족지성』제25호, (1988. 3)

조정현, "3당 통합의 원인: 3당 통합과정과 원인에 관한 정당체제론적 접근",『한국과 국제정치』제11권 1호, (1995. 봄)

진영수, "한중공 서울대회의 의미",『경향문화』(1983. 6)

차성덕, "외교정책결정에 있어서 정책결정체계의 영향에 관한 연구", 관악행정학회,『한국사회와 행정연구』제6권, (1995. 12)

최 영, "6·23선언에 대한 중－소의 반응과 북방정책의 개념에 대하여",『정경연구』제10권, (1973. 7)

_____, "한국의 북방정책과 서독의 동방정책",『현대공론』제1권 제9호, (1989. 1)

_____, "한국의 북방정책과 소련의 동방정책",『국제문제』통권 217호,

(1988. 9)

최광수, "한반도 주변정세와 우리 외교정책의 방향", 『신문연구』 최광수 외무장관 초청 관훈토론회, (1987. 여름)

최종기, "국제무대에서의 남북한각축의 전망과 한국 대외정책의 발전", 『정경연구』 제10권, (1973. 7)

_____, "한국의 북방정책과 관료의 역할", 서울대, 『행정논총』 제28권 제1호, (1990. 6)

최호중, "유엔동시가입 이후의 남북한 관계", 『통일문제연구』 제3권 제3호, (1991. 봄)

하영선, "한국외교정책 분석틀의 모색", 『국제정치논총』 제28집 제2호, (1988)

한배호, "남북한 정치사회구조와 남북한 관계", 『통일연구논총』 창간호, (1992)

허 만, "북방정책과 평화통일: 2000년대의 외교", 『외교』 제12집 (1989. 12)

홍권희, "중국 바람에 설레는 재계풍향", 『신동아』(1993. 3)

홍득표, "북방정책과 연계이론", 『민족지성』 통권 제38호, (1989. 4)

홍순호, "'북방'의 개념에 대한 제관점: 한국 북방정책의 국제관계사적 연구를 위한 방법론적 시론. "이화여대 법정대학, 『사회과학논총』 제9집, (1989. 12)

_____, "도전과 대응 속 한국외교의 평가", 『국제문제』 제7권 제12호, (1976)

_____, "올림픽의 국제정치학: 88서울올림픽과 국제정치", 『국제문제』 제19권 제12호, (1988)

4. 영문 정기간행물 서적

Adramowitz, Mortn, "Moving the Clacier: Two Koreas and the Powers", *Adelphi Papers*, No.80, (1971)

Ahn, Byung-Joon "The Soviet Union and the Korean Peninsula", *Asia Affairs*, Vol.11, No.4, (Winter, 1985)

Alt, James E. "Crude Politics: Oil and the Political Economy for Unemployment in Britain and Norway, 1970-1985", *British Journal of Politics*, (April, 1987)

Axlord, Robert, "The Gamma Paradigm for Studing the Domestic Influence on Foreign Policy", presented at the International Studies Association in 1987

Baker Ⅲ, James A. "America in Asia: Emerging Architecture for the Pacific Community", *Foreign Affairs*, Vol.7, No.5, (Winter, 1991)

Bhagwati, Jafdish, "Regionalism Vesus Multinationalism", *The World Economy*, Vol.15, No.5, (September, 1992)

Chee, Choung-Il, "South Korea's Foreign Ploicy in Transition", *Korea and World Affairs*, Vol.12, No.4, (1988)

Chung, Jae Ho, "South Korea-China Economic Relations: The Current Situations", *Asian Survey*, Vol.28, No.10, (1988)

Fukuyama, Francise, "The End of History", *The National Interest*, (Summer, 1989)

Ikenbery, G. John, "Conclusion: An Introduction Approach to American Foreign Economic Policy", *International Orgainzation*, Vol.42, No.1, (Winter, 1988)

Kim, Myong-Hwhai, "The New Outlook of Korean Diplomacy", *Korea Observer*, Vol.5, No.2-3, (Summer-Autumn, 1973)

Kim, Youn Soo, "The ROK, The DPRK, and Yugoslavia", *Korea and World Affairs*, Vol.2, No.2, (1978)

Kim, Youn Soo, "Toward the Opening of New Relations Between Korea and East European Counturies: The Soviet Unions as the Key Actor", *Korea and World Affairs*, Vol.1, No.2, (1977)

Kovalio, Jacob, "The 1989 Tinanmen Squar Incident", *Asian Perspective*, Vol.15, No.1, (1991)

Krueger, Anne O, "The Political Economy of the Rent—Seeking Society", *American Economic Review*, Vol.64, No.3, (1974)

Lee, Hong Young, "South Korea in 1991: Unprecedented Opportunity, Increasing Challenge", *Asian Survey*, Vol.32, No.1, (January, 1992)

Lee, Young Ho, "The Seoul Olympics: What They Mean to the Korean People", *Korea and World Affairs*, Vol.12, No.2, (Summer, 1988)

Lowi, Theodore, "American Business, Public Policy, Case Studies and Political Theory", *World Politics*, Vol.16, (July, 1964)

Lyman, Princeton N, "Korea's Involvement in Vietnam", *ORBIS*, (Summer, 1968)

Moon, Chung—in, "Complex Interdependence and Transnational Lobbying: South Korea in the United States", *International Studies Quarterly*, Vol.32, No.1, (March, 1988)

Park, Sang—seek, "Northern Diplomacy and Inter—Korea Relations", *Korea and World Affairs*, Vol.12, No.4, (Winter, 1988)

Park, Young—ho, "North—South Dialogue in Korea: Ways Toward Cooperation?" *Korea and World Affairs*, Vol.27, No.3

Pollak, Jonahan D, "China's Perceptions of The East Asia Security and Development", *ORBIS* (Winter, 1986)

Putnam, Robert D, "Diplomacy and Domestic Politics: The Logic of Two—Level Games", *International Organization*, Vol.42, No.3, (Summer, 1988)

Robinson, Tomas, "The Seoul Olympics: Catayst for Cross—Recognition and Inter—Korean Reconciliation?" *Korea and World Affairs*, Vol.12, No.2, (Summer, 1988)

Rosati, Jerel, "Developing Decision—Making Framework: Bureaucratic Politics in Perspective", *World Politics*, Vol.33, (January, 1981)

Rosegrant, Susan and Watkins, Michael D, "Carrots, Sticks, and Question Marks: Negotiating the North Korean Nuclear Crisis", *CASE Program Report*, John F. Kennedy School of Government,

Harvard University, (1991)

Ruggie, John Gerard, "Multiaterialism: The Anatomy of an Institution", *International Organization*, Vol.46, No.3, (Summer, 1992)

Sanford, Dan C, "ROK's Nordpolitik, Revisited", *Important*, Vol.7, No.1, (Winter/ Spring, 1993)

Scalapino, Robert A, "The Prospects for Peace on the Korean Peninsula", *Korea and World Affairs*, Vol.12, No.2, (Summer, 1988)

Stankevich, Sergei, "Russia in Search of Itself", *The International Interest*, No.28, (Summer, 1992)

Valknier, Elizabeth K, "New Trends in Soviet Economic Relations With the Third World", *World Politics*, Vol.Ⅶ, No.3, (April, 1970)

Z, Mr, "To the Stalin Mausoleum", *Daedalus* (Winter, 1990)

Zimmerman, William, "Issues Area and Foreign Policy Process: A Research Note in Search of a General Theory", *American Political Science Review*, Vol.67, No.4, (December, 1973)

· 저자 ·

임춘건 　·약　력·
　　　　경희대 정치외교학과 졸업
　　　　경희대 대학원 정치학 석사
　　　　경희대 대학원 정치학 박사
　　　　고황정치학회 회원
　　　　국제평화연구소 수석연구원

　　　　·주요논저·
　　　　「한국북방정책의 추진전략과 성과」
　　　　「한국의 중·러 수교와 남북관계의 변화」
　　　　「한국외교와 정책엘리트 분석」
　　　　외 다수

북방정책과 한국정치의 정책결정

· 초판 인쇄 ┃ 2008년 1월 21일
· 초판 발행 ┃ 2008년 1월 21일

· 지 은 이 ┃ 임춘건
· 펴 낸 이 ┃ 채종준
· 펴 낸 곳 ┃ 한국학술정보㈜
　　　　　　경기도 파주시 교하읍 문발리 513-5
　　　　　　파주출판문화정보산업단지
　　　　　　전화　031) 908-3181(대표) · 팩스　031) 908-3189
　　　　　　홈페이지　http://www.kstudy.com
　　　　　　e-mail(출판사업부)　publish@kstudy.com
· 등 　 록 ┃ 제일산-115호(2000. 6. 19)
· 가 　 격 ┃ 28,000원

ISBN　978-89-534-8027-8 93340 (Paper Book)
　　　　978-89-534-8028-5 98340 (e-Book)